KB200528

손에 잡히는
구약성서

창조에서 묵시까지
성서 시대로의 시간 여행

초판 1쇄 인쇄 2020년 10월 20일
초판 1쇄 발행 2020년 10월 27일

–

지은이 이사야
펴낸이 이방원
편 집 송원빈 · 김명희 · 안효희 · 정조연 · 정우경 · 최선희 · 조상희
디자인 박혜옥 · 손경화 · 양혜진 **영 업** 최성수 **마케팅** 이예희

–

펴낸곳 세창출판사
신고번호 제300-1990-63호 **주소** 03735 서울시 서대문구 경기대로 88 냉천빌딩 4층
전화 02-723-8660 **팩스** 02-720-4579 **이메일** edit@sechangpub.co.kr **홈페이지** http://www.sechangpub.co.kr
블로그 blog.naver.com/scpc1992 **페이스북** fb.me/Sechangofficial **인스타그램** @sechang_official

–

ISBN 978-89-8411-831-7 03230

ⓒ 이사야, 2020

이 책에 실린 글의 무단 전재와 복제를 금합니다.

이 도서의 국립중앙도서관 출판예정도서목록(CIP)은 서지정보유통지원시스템 홈페이지(http://seoji.nl.go.kr)와 국가자료종합목록 구축시스템(http://kolis-net.nl.go.kr)에서 이용하실 수 있습니다.(CIP제어번호: CIP2020042502)

세창출판사

구약성서의 목차

주제	권명	약어
오경	창세기	창
	출애굽기	출
	레위기	레
	민수기	민
	신명기	신
역사서	여호수아	수
	사사기	삿
	룻기	룻
	사무엘상	삼상
	사무엘하	삼하
	열왕기상	왕상
	열왕기하	왕하
	역대상	대상
	역대하	대하
	에스라	스
	느헤미야	느
	에스더	에
시가 문학	욥기	욥
	시편	시
	잠언	잠
	전도사	전
	아가	아

주제	권명	약어
예언서	이사야	사
	예레미야	렘
	예레미야 애가	애
	에스겔	겔
	다니엘	단
	호세아	호
	요엘	욜
	아모스	암
	오바댜	옵
	요나	욘
	미가	미
	나훔	나
	하박국	합
	스바냐	습
	학개	학
	스가랴	슥
	말라기	말

머리말

구약성서는 본질적으로 이스라엘 역사 속에 나타난 하나님의 역사를 기록한 책이다. 세계는 역사의 주인이신 하나님이 펼치신 무대이다Divine Imperium. 성서는 그 무대 위에서 있었던 역사의 기록이고, 의義와 공평으로 다스리시는 하나님은 진정한 역사의 주인Supreme Ruler이시다. 그래서 구약성서를 읽는다는 것은 다른 책들을 읽는 것과는 다른 의미를 지닌다. 그것은 세상과 역사의 주인이신 하나님을 인정하고 신앙을 고백하는 것과 다르지 않다.

이 책은 『강단과 목회』, 『기독교 세계』, 『성실문화』에 여러 해 동안 연재한 글들에서 시작되었다. 학문적 깊이를 추구하기보다 성서 읽기를 위한 가이드를 제시하는 마음으로 시작한 책이다. 구약성서에 나타나는 인물들을 중심으로 구약 시대 이스라엘 백성의 삶의 이야기, 그들의 신앙을 짚어 보고자 했다. 가급적 어려운 용어를 피하려고 노력했지만, 달리 표현 방법이 떠오르지 않는 부분에서는 어쩔 수 없이 독자들에게 다소 생소한 용어들도 사용할 수밖에 없었다. 아담부터 구약의 마지막 예언자인 말라기와 묵시문학의 주인공 다니엘에 이르기까지 구약성서라는 거대한 드라마를 구성하는 역사와 그 역사를 구성하는 사람들의 이야기를, 그들이 만난 하나님에 대한 경험, 그들이 들은 하나님의 말씀, 그리고 그들이 붙들고 살아야 했던 영성과 비전의 이야기로 전개했다.

성서의 역사 기록이 하나님 역사의 전반기라고 한다면, 우리가 살아가고 있는 시대는 그 역사의 후반기라고 할 것이다. 선지자 사무엘이 살았던 시대가 '여호와의 말씀이 희귀하여 이상이 흔히 보이지 않는' 시대였다면(삼상 3:1), 우리 시대는 하나님 말씀의 소중함이 잊혀져 가는 시대가 아닐까. 이 후반기의 시대를 살아가는 우리에게 들려오는 하나님의 말씀과 신실한 만남을 소망해 본다. 부끄럽지만 여기서 다시 듣는 하나님의 말씀이 그 말씀을 전해야 하는 이들에게도 조그마한 도움이 되기를 바라는 마음이 간절하다. 이 책의 원고를 꼼꼼하게 읽고 교정해 준 두 제자, 남서울대 교목실의 안현정, 강혜빈 선생님께 감사한 마음을 전한다. 아울러 세밀한 편집과 풍성한 그림자료를 통해 부족한 글을 좋은 책으로 만들어 준 세창출판사의 송원빈 선생님과 이방원 대표님께 감사드린다.

2020. 10. 이사야

차례

V. 역대기 역사서 역대상-느헤미야

VI. 시가 문학 욥기-아가

VII. 예언서 이사야-말라기

일러두기

1. 성서의 각 권과 장절 표기는 관례를 따라 각 권명을 약어로 표기하고, 장과 절을 숫자로만 표기하여 [약어 장:절]의 형식으로 적었다.
   예) 창세기 1장 1절 → 창 1:1
2. 성서의 장절 표기에서 장만 표기할 경우, 숫자 뒤에 '장'을 붙여 적었다.
   예) 창세기 1장부터 11장까지 → 창 1-11장
3. 성서의 동일한 절 내부에서 앞부분을 인용할 때는 (a)를, 뒷부분을 인용할 땐 (b)를 절 뒤에 붙여 적었다.
   예) 창세기 1장 26절의 앞부분 → 창 1:26a
4. 성서의 여러 부분을 연달아 표기할 때는, 권 또는 장의 구분이 있으면 쌍반점(;)을 적었고, 동일한 장 안에서 절의 구분이 있으면 쉼표(,)를 적었다.
   예) 창세기 1장 1절, 창세기 5장 6절, 레위기 2장 3절과 6절 → 창 1:1; 5:6; 레 2:3, 6
5. 신약성서의 경우 약어 표기를 하지 않고 전체 권명을 적었다.

Ⅰ. 전역사

창세기 1장-11장

...rgießen und
unsere gewisse sey
ligkeit.

Diese heilige Hand-
lung, o Erlösete, helfe
euch Gott anlegt mit
wahrer Andacht ver-
richten. Ihr müsset
schon durch Gebeth
und Selbstprüfung
dazu vorbereitet seyn,
und mit unverstellter
Reue über eure Sün-
den, mit aufrichtigem
Verlangen nach der
Barmherzigkeit
tes in Christo
und mit

muß
verfic...
und
verfahr...
Gott zum
ren Seelen
und euren
zur Erbauung
dig rühmen
bar ...
dem

... wir
... gessen
... werden
..., als wir kri-
... oft werden zu
...olchem Glauben an
die Menschwerdung
und den Tod Christi,
so hat er uns ein be-
sondres Gedächtnis
und eine feyerliche
Verkündigung seines
Todes, so oft wir wol-
len, befohlen, daß wir
äußerlich im
Sacrament, der Be-
verborgen, ...
Glauben an ...

창조

구약성서와 오경五經, Pentateuch의 첫 책인 창세기Genesis의 히브리어 이름은 브레쉬트(태초에, in the beginning)이다. 이는 히브리어 성서가 처음 등장하는 단어나 가장 중요하다고 여겨지는 단어를 책의 제목으로 삼는 데에서 얻은 이름이다. 창세기라는 말의 뜻은 '세상이 창조될 때의 기록'이라는 뜻이지만, 창세기에는 창조 이외에도 여러 이야기들이 담겨 있다. 전반부는 하나님의 세상 창조와 처음 사람들(최초의 사람들)의 이야기를 담고 있는 전역사pre-history(창 1-11장)를, 그리고 후반부는 이스라엘 민족 조상들의 이야기를 담고 있는 족장사patriarchal history(창 12-50장)를 담아낸다.

전역사라는 말의 의미는 '역사 이전의 역사'라는 말이다. 어떤 사건이 역사로 남기 위해서는 사건 자체도 있어야 하고, 그 사건을 기록하고 있는 사료도 있어야 하며, 그 사건과 사료를 해석하는 사관도 필요하다. 전역사 이야기에는 사료가 부족한 것이 사실이다. 성서에 대해서 가장 많은 질문이 집중되는 부분이 있다면 바로 전역사이다. 학자들은 전역사를 기록하고 있는 언어가 기본적으로 고백적 언어confessional language라는 데에 동의한다. 고백적 언어는 과학적 언어scientific language와는 성격이 다르다. 예를 들어 보자. 동요 중에 '펄펄 눈이 옵니다. 하늘에서 눈이 옵니다. 하늘나라 선녀님들이 송이송이 하얀 꽃송이 자꾸자꾸 뿌려 줍니다'라는 가사의 동요가 있다. 이 말이 과학적 사실인가? 아니다. 눈은 선녀가 뿌려 주어서 내리는 것이 아니라, 공기 중에 있는 물이 무게를 이기지 못해 떨어질 때 기온이 낮으면 눈이 되어 떨어지는 것이지 않은가? 하지만 전혀 과학적이지 못한 그 노래를 우리는 즐거운 마음으로 불러오지 않았는가? 그 노래의 언어는 과학적 언어가 아닌 동심의 언어였기 때문이다. 에덴동산이 어디에 있었는지, 그 당시의 뱀은 인간의 말을 할 수 있었는지, 살인을 저지른 가인이 만날까 두려워했던 사람은 과연 아담의 또 다른 자녀인지, 노아의 방주에 어떻게 그 많은 동물들이 들어갈 수 있었는지, 그 당시의 사람들은 수명이 정말로 길었는지 등, 수많은 질문들이 꼬리에 꼬리를 무는 이유는 여기에 기록된 언어가 과학적 언어가 아닌 고백적 언어이기 때문이다.

창조 이야기도 일종의 신앙고백적 언어로 시작된다. 창세기의 첫 구절은 기독교 신앙의 기둥인 창조 신앙에 대한 대선언이자 하나님이 계신다는 진리에 근원을 둔다. '태초에 하나님이 천지를 창조하시니라'(창 1:1)는 대선언은 모든 만물이 하나님께로부터 시작되었음을 선포한다. '창조하다'라는 히브리어 동사 '바라barah'의 어원에는 '아무런 재료 없이 만든다'는 의미가 있다. 구약성서에 49번 나오는 동사 '바라'의 주어는 언제나 하나님이다. 특히 하나님의 창조 업적 중 생명체가 생겨날 때 쓰이며, 인간 창조에는 3번이나 반복된다(창 1:27). 창세기 1장에만 '하나님'이란 단어가 30번

이상 나오는데, 이것은 우주의 만물과 모든 생명의 기초가 하나님이시라는 표현이다. 창세기 1장은 하나님의 천지창조 사역이 6일간에 걸쳐 이루어졌으며 마지막 일곱째 날에는 하나님이 안식하셨다고 말하고 있다. 첫째 날에는 빛을, 둘째 날에는 궁창穹蒼을 지으시고 궁창 위의 물과 궁창 아래의 물을 구분하셨다. 셋째 날에는 땅과 초목 그리고 바다를, 넷째 날에는 큰 광명과 작은 광명 그리고 별들을, 다섯째 날에는 물고기와 새들을, 마지막 여섯째 날에는 짐승들과 인간들을 지으셨다. 처음 세 날에 하나님이 일종의 무대를 지으셨다면, 나중 세 날에는 그 무대에서 살아가는 주인공들을 지으셨다는 구도가 형성된다. 하루가 지날 때마다 '하나님이 보시기에 좋았더라. 저녁이 되고 아침이 되니 이는 ○○째 날이니라'는 표현이 나타난다. 대개 일반적인 하루 개념이 자정에서 다음 날 자정까지인 것과는 달리, 유대인의 하루가 저녁 여섯 시에 다음 날 저녁 여섯 시까지인 것은 바로 이 표현 때문이다. 인간의 창조에 대해서는, 여러 면에서 그 특별함을 강조하는 여섯째 날의 창조를 살펴보자.

> 26하나님이 이르시되 우리의 형상을 따라 우리의 모양대로 우리가 사람을 만들고… 27하나님이 자기 형상 곧 하나님의 형상대로 사람을 창조하시되 남자와 여자를 창조하시고… 31하나님이 지으신 그 모든 것을 보시니 보시기에 심히 좋았더라 저녁이 되고 아침이 되니 이는 여섯째 날이니라
>
> — 창세기 1:26-27, 31

동사 '바라'가 인간의 창조에 집중적으로 3번이나 반복해서 사용되

었다(사람을 창조하시되 남자를 창조하시고 여자를 창조하시고…, 창 1:27). 6일간의 창조 사역 중 첫째 날부터 다섯째 날까지는 '첫째 날', '둘째 날', …로 표현하였지만, 히브리어 원문 성서를 보면 인간이 창조된 여섯째 날만은 '그 여섯째 날'(히브리어상의 표현)이라고 관사를 붙여 표현했다. 이로써 다른 창조 날과는 구별되는 날임을 명시하면서 하나님이 보시기에 심히 좋았다는 표현을 담고 있다(창 1:31). 그리고 무엇보다도 다른 피조물 창조의 경우, '그 종류대로' 창조하고(창 1:11-12, 21, 25) '빛이 있으라', '… 궁창이 있으라', '뭍이 드러나라' 식의 하나님의 일방적 의사표시인 3인칭 사역 형식(Let there be…)이 사용되지만, 인간 창조의 경우에는 '하나님의 형상대로'라는 표현(Imago Dei, 창 1:27)과 더불어 일방적 명령이 아니라 '의논의 형태'(우리가 사람을 만들고, 창 1:26)인 1인칭 복수 사역 형식(Let us…)이 사용된다. 전통적으로 이 구절은 삼위일체를 표현하는 것으로 해석되어 왔다. 그러나 현재는 천상회의Heavenly Council, 즉 하나님이 주재하는 회의의 모습으로 해석하는 것이 더 바람직하다. 이와 같은 천상회의 장면은 구약성서 여러 군데에서 나타나고 있다.[1]

인간이 '하나님의 형상대로' 창조되었다는 말은 고대 근동 지역에서 나오는 '신의 형상'이라는 말에서 그 의미를 찾을 수 있다. 고대 근동지역에서 신의 형상이란 한 나라를 통치하는 '왕'을 지칭하는 말로 나타난다. 시편 8편 5절에서 하나님은 자신이 창조한 인간에게 '영화와 존귀로 관을 씌우신다'는 말씀에 이어, 인간으로 하여금 '주의 손으로 만드신 것을 다스리게 하시고, 만물을 그 발아래' 두신다는 말씀 또한 이런 맥락에서 해석할 수 있다. 가장 존귀한 존재로 지음받은 인간은, 남자나 여자나 서로를 돕

1 창 3:22; 11:7; 왕상 22:19 이하; 시 82:1; 렘 23:18–22; 사 6:8; 40:1; 욥 1:6 참조.

Michelangelo Buonarroti, 〈아담의 창조〉, 시스티나 예배당 천장화 일부, 1511-1512년.

는 배필로서 동등하게, 하나님이 창조하신 다른 모든 피조물들을 잘 관리해야 할 책임을 지니고 있다. 최근 들어 심각한 문제로 대두되고 있는 환경문제와 생태학적 문제 또한 모든 기독교인들이 하나님의 창조질서를 지켜나가는 차원에서 새롭게 접근해야 할 과제임에 틀림없다.

성서에는 창조에 대해 기록된 부분이 그리 많지 않다. 기독교 신앙에서 창조 신앙이 차지하고 있는 비중을 생각할 때, 성서가 언급하는 분량은 미미하다고 할 정도이다. 그러나 창조 신앙은 구원 신앙과 더불어 기독교 신앙의 두 기둥 가운데 하나를 형성한다.[2]

2 창 1:1–3:24; 시 8편; 19편; 104편; 136편; 148편; 욥 38장; 잠 8:22–31; 사 40:22–26; [신약성서] 요한복음 1:1–3; 고린도전서 8:6; 10:26; 로마서 11:36 참조.

처음 사람들

구약성서에서 인류의 역사는 분명 하나님이 창조하신 아담Adam과 하와Hawwāh/Eve에게서부터 시작되었다. 이 이야기에서 하나님과 사람 사이에 있었던 처음 질서가 뱀의 등장과 함께 깨어진다. 뱀은 사탄Satan의 대변자, 더 나아가서 악마, 마귀와 동일시된다.[3] 뱀은 '하나님이 참으로 너희더러 동산 모든 나무의 열매를 먹지 말라 하시더냐?'(창 3:1)라며 인간에게 다가왔다. '눈이 밝아져 하나님과 같이 될 수 있다'는 유혹, 인간이 하나님처럼 될 수 있다는 유혹, 그것은 하나님과의 관계를 떠나서 스스로 자존할 수 있다는 유혹이었고, 인간이 접할 수 있는 최대의 유혹이었다. 결국 처음 사람은 창조주 하나님의 말씀에 순종하기보다는 뱀의 말에 넘어가 선악과善惡果를 먹었고, 이것이 바로 성서가 말하는 처음 사람의 타락이다.

3 [신약성서] 요한일서 3:8; 요한계시록 12:9; 20:2 참조.

Lucas Cranach, 〈아담과 이브〉, 1510년경.

선악과를 처음 먹은 사람은 누구인가? 하와(여자)이다. 그렇다면 여자가 선악과를 먹는 동안 아담(남자)은 어디에 있었을까? 바로 옆에 있었다(창 3:6). 먹지 말라는 하나님의 말씀을 직접 들은 아담은 차마 먼저 먹지는 않았지만, 하와가 먹는 것을 아무 말 없이 지켜보고 있다가 이내 건네받은 선악과를 함께 먹었다. 하와가 먹는 것을 말리지도 않았고, 건네주는 것을 마다하지도 않았다. 자세히 읽어 보면 처음 사람들이었던 아담과 하와의 잘못은 비단 선악과를 먹었다는 데에서 그치지 않는다. 문제는 그다음이다.

'내가 네게 먹지 말라 명한 그 나무 열매를 네가 먹었느냐'는 하나님의 물음에, 겁에 질린 아담은 '하나님이 주셔서 나와 함께 있게 하신 여자 그가 그 나무 열매를 내게 주므로 내가 먹었나이다'라고 대답한다(창 3:11-12). 모든 잘못을 사랑하는 여자, 하와에게 돌려 버린다. 그런데 하와 역시 아담과 다르지 않다. '네가 어찌하여 이렇게 하였느냐'는 질문에 하와는 '뱀이 나를 꾀므로 내가 먹었나이다'라고 대답한다. 하와는 남 탓하는 아담처럼 모든 잘못이 뱀 탓이라고 한다. 모두들 자기에게는 잘못이 없고, 남에게 책임을 전가하기에 급급하다. 앞서 뱀을 징벌하신 하나님은 먼저 하와에게 '내가 네게 임신하는 고통을 크게 더하리니 네가 수고하고 자식을 낳을 것이며 너는 남편을 원하고 남편은 너를 다스릴 것이니라' 하시고, 아담에게는 '네가 흙으로 돌아갈 때까지 얼굴에 땀을 흘려야 먹을 것을 먹으리라'고 선언하신다(창 3:13-19).

하나님이 그들의 범죄 사실을 몰라서 물으셨던 것이 아니다. 그들 범죄의 자초지종이 궁금해서 물어보신 것도 아니다. 어린 자녀의 실수를 잘 알고 있는 부모가 자녀를 다그치는 이유는 한 가지뿐이다. 잘못했다는 고백을 듣고 싶기 때문이다. 이미 그 질문에는 용서를 위한 준비가 담겨 있었다. 금지된 열매를 먹었다는 것도 잘못이지만, 그보다 더 큰 잘못은 잘못을 알고도 회개하지 않았다는 것, 그리고 남자는 여자에게, 여자는 뱀에게 그 책임을 전가하기에 급급했다는 것이다.

그런데 이 이야기에서 그냥 넘길 수 없는 또 다른 소재가 하나 있다. 그것은 징벌을 받아 동산에서 쫓겨나는 남자와 여자에게 하나님이 손수 가죽옷을 지어 입히셨다는 사실이다. 하나님이 직접 빚어 만든 인간에게 이번에는 직접 제작한 옷을 입히신다. 동산 중앙에 있던 나무의 열매를 흔히 선악과라고 한다. 우리는 그 선악과의 종류도, 하나님이 지어 입히신 가죽의 종류도 알지 못한다. 아니 알 수가 없다. 성서의 기록자는 처음부터 그것이 어떤 종류의 가죽인지에 대해서는 말하지도, 관심을 기울이지도 않기 때문이다. 여기서 가죽옷은, 창조의 질서를 어기고 살아가는 사람, 그리고 그 책임을 누군가에게 전가하며 살아가는 사람마저도 포기하지 않는 하나님의 은혜를 상징하고 있는 것이다. 이렇게 성서의 처음 사람 이야기는 인간의 범죄에 대한 '하나님의 징벌' 그리고 징벌하시면서도 포기하지 않으시는 '하나님의 사랑'이라는 구도를 형성하고 있다. 이와 같은 [범죄-징벌-은혜]라는 구도는 다음에 이어지는 이야기들에서도 반복되어 나타난다.

아담과 하와의 두 아들 가인Cain과 아벨Abel은 각각 농사짓는 자와 양치는 자로 등장한다. 인류학적으로 이 두 사람의 직업은 중요한 의미를 지닌다. 성서를 탄생시킨 고대 근동의 문화에서 사람들은 농사를 짓는 정착민 계열과 양을 치는 유목민 계열로 분류되기 때문이다. 두 사람(혹은 두 계열의 사람들)은 하나님을 섬기는 제사를 드렸으나, 하나님이 받으신 제사는 아벨의 제사뿐이었다. 분을 이기지 못한 가인은 동생을 죽였고, 하나님은 그에게 '네 아우 아벨이 어디 있느냐?'고 물으셨다. 이와 비슷한 질문을 받은 아담과 하와는 책임을 누군가에게 전가시켰지만, 가인의 상황은 달랐다. 책임을 전가할 사람이 없었다. 결국 그는 모른다고 거짓말을 했고, '내가 내 아우를 지키는 자니이까?' 하며 성을 내기까지 했다(창 4:9). 구약성서에서 범죄한 인간과 하나님 사이에서 대화가 오고 간다는 것은 회복의 가능성이 남아 있다는 것이다. 아담도, 하와도, 그리고 가인도 그 가능성을 살려 내지 못하고 말았다. 결국 가인은 자신의 부모처럼 하나님의 징벌을 받고야 만다. 하나님은 땅에서 농사를 짓던 가인에게 '밭을 갈아도 땅이 다시는 그 효력을 네게 주지 아니할 것이요 너는 땅에서 피하며 유리하는 자가 되리라'고 하신다(창 4:12). 자신이 땀 흘리던 일터인 땅, 그 땅으로부터 멀어져야만 했다. 농사를 짓는 정착민이 자기 땅을 잃어버리고 남의 땅을 유리하며 살아가는 징벌을 당하게 된 것이다. 그러나 그렇게 유리하는 가인에

Peter Paul Rubens, 〈아벨을 살해하는 가인〉, 1608-1609년.

게 하나님은 세상에서 죽임을 당하지 아니하도록 어떤 표mark를 주신다(창 4:15). 아담과 하와에게 입혀 주신 가죽옷이 무엇인지 알 수 없는 것처럼 가인에게 주신 표가 무엇인지 우리는 알 수 없다. 그 또한 가인을 포기하지 않으신다는 '하나님의 은혜'를 상징한다는 사실만 알 수 있을 뿐이다.

사람의 범죄는 계속되었다. 땅 위에 번성한 사람들의 죄악이 세상에 가득하고, 그들의 마음에 생각하는 모든 계획이 항상 악해지자, 하나님은 땅 위에 사람 지으셨음을 한탄하고 마음에 근심하셨다(창 6:5-6). 아마도 창세기의 전역사를 기록하던 사람이 살던 시대도 우리 시대와 크게 다르지는 않았을 것이다. 그들이 절대적 가치를 부여하고 있는 그 무엇 때문에 사람들은 개인적으로도, 사회적으로도 잘못된 생각과 행동에서 벗어나지 못하고 있었던 것이다. 급기야 하나님은 모든 혈육 있는 자의 포악함이 땅에 가득하므로 그 마지막 날이 내 앞에 이르렀으니 내가 그들을 땅과 함께 멸하리라고 결심하셨다(창 6:13). 인류의 창조 이야기에 이어 멸망이 눈앞에 이른 것이다. '포악함'이라는 히브리어 단어 '하마스hamas'는 '사회적 불의social violence'를 말한다. 지금까지의 이야기가 개인적인 범죄였다면, 노아 시대의 범죄는 집단적, 사회적 범죄로 확대되고 있었다. 스스로 창조한 모든 것을 멸하실 정도로 인간의 사회적 범죄는 한계치에 이르렀다. 인간의 악한 생각과 사회적, 집단적 불의라는 범죄에 하나님은 멸망이라는 극단적인 징벌을 동원하신 것이다.

사실 고대 근동에서 홍수 이야기는 비단 구약성서에만 나오는 것은 아니다. 인류의 4대 문명지 가운데 하나인 메소포타미아 지역은 '두 강 사이에 있는 땅'이라는 의미를 갖고 있다. 두 강이란 유프라테스강과 티그리스강을 말한다. 이 두 개의 강에서는 홍수가 잦았고, 유역을 중심으로 홍수와 관련된 「아트라하시스Atrahasis 서사시」와 「길가메시Gilgamesh 서사시」 같은 고대 신화가 전해져 내려왔다. 「아트라하시스 서사시」에 나타나는 홍수 이야기에서는, 신들이 창조한 사람들의 수가 늘어나자 그들이 만들어 내는 소음이 신들을 불편하게 만들기 시작한다. 결국 신들은 자기들의 조용한 시간을 지켜 내기 위해 인간들을 홍수로 쓸어버리기로 작정한다. 그러나 구약성서가 말하고 있는 홍수 이야기는 신들의 한거閑居를 보장하기 위해서가 아니라, 인간을 단죄하기 위한 하나님의 징벌이라는 점에서 그 성격이 다르다. 여기에서도 하나님의 은혜가 뒤따른다. 사실 모든 인간이 다 징벌을 받는 것이 아니었다. '그러나 노아는 여호와Jehovah께 은혜를 입었더라'(창 7:8) 전역사의 모든 이야기에 빠지지 않고 나타나는 하나님(여호와)의

Simon de Myle, 〈아라랏산 위에 있는 노아의 방주〉, 1570년경.

은혜라는 요소가 직접적으로 표현된다.

노아Noah의 홍수 이야기는 세상의 멸망에 대한 이야기가 아니다. 그것은 세상의 새로운 시작의 이야기, 새로운 창조의 이야기이다. 방주에 들어가 살아남은 일부 생명체들과 함께 노아는 새로운 창조 이야기의 주인공이 된다. 특히 '새가 그 종류대로, 가축이 그 종류대로, 땅에 기는 모든 것이 그 종류대로' 생명을 보존하게 되었고(창 6:20; 7:14), 그들이 땅에서 '생육하고 번성하리라'는 축복(창 8:17)은 창조 기사記事에 나오는 표현을 그대로 반복하고 있다.[4] 홍수가 그치고 배에서 나온 노아와 그의 가족에게 하나님은 다시는 모든 생물을 홍수로 멸하지 아니하리라고 약속하시고 그 언약言約의 증거로 무지개를 보여 주신다. 얼핏 무지개는 노아의 홍수 시대 이후에 처음 생겨난 것으로 생각하기 쉽지만, 반드시 그렇게 생각할 필요는 없다. 홍수 이전부터 있었던 무지개라도 얼마든지 언약의 증거가 될 수 있기 때문이다.

전역사의 마지막을 장식하는 이야기는 바벨탑The Tower of Babel 이야기다. 바벨탑 이야기의 무대는 성서의 중심 무대인 가나안 땅Canaan(오늘날의 이스라엘-팔레스타인)에서 볼 때 동쪽에 위치한 시날 평지Shinar, 곧 메소포타미아를 말한다(이에 그들이 동방으로 옮기다가 시날 평지를 만나 거기 거류하며, 창 11:2).

메소포타미아의 두 강, 유프라테스강과 티그리스강은 비단 홍수만 일으켰던 것은 아니다. 이 홍수로 인해 상류 지역에서 흘러내려오는 고운 진흙은 최초의 벽돌문명을 탄생시켰다. 진흙을 일정한 모양으로 빚고 불에 구워 돌을 대신하는 발명품이 생겨난 것이다. 이 새로운 발명품으로 인

4 창 1:11–12, 22, 28 참조.

해 인간은 새로운 문화를 접할 수 있게 되었다. 인간의 주거문화의 향상을 불러일으킨 건축술이 생겨나고, 동시에 건축술의 발전을 불러일으킨 수학, 기하학 등의 학문이 생겨났다. 이곳은 높은 산이라고는 전혀 찾아볼 수 없는, 말 그대로 평지이다. 동서고금을 막론하고 인간의 종교성은 높은 곳과 연관이 있다. 종교적 중심지와 예배 처소는 대개 산이나 높은 언덕에 자리 잡곤 한다. 시날 평지에서는 사람이 만든 높은 탑이 높은 산을 대신하고 있다. 시날 평지의 사람들은 '자, 성읍과 대를 건설하여 그 탑 꼭대기를 하늘에 닿게 하여 우리 이름을 내고 온 지면에 흩어짐을 면하자'고 계획한다(창 11:4). 이른바 바벨탑 건설 계획이다. 일견 여기에는 특별한 인간의 범죄를 찾아보기 힘들다. 성읍, 즉 도시를 건설하자는 생각이나 그 성읍 안에

Pieter Bruegel, 〈바벨탑〉, 1563년.

살면서 흩어지지 말고 뭉쳐 살자는 생각이 결코 악한 일일 수는 없기 때문이다. 아리스토텔레스Aristoteles의 말처럼 인간은 '사회적 동물'이기에 말이다. 문제는 탑에 있었다. 아니 그 탑의 꼭대기가 가리키고 있는 지점에 있었다. 인간은 바벨탑의 꼭대기를 하늘에 닿게 하고자 했다.

여기서 우리는 이 이야기가 성서의 전역사에 있는 이야기임을 다시 한번 생각해야 한다. 하늘은 하나님이 거주하는 곳이다. 사람이 하나님의 거주지에 오르고자 한다. 말인즉, 하나님의 자리를 사람이 차지하려는 것이다. 기술과 문명이 발전하면서 어느덧 인간은 하나님만이 있어야 할 자리를 대신 차지하려 하고, 하나님만이 하셔야 할 일을 대신하려고 했던 것이다. 하나님의 존재가 인간이 쌓는 탑의 꼭대기에 의해 위협받고 있는 것이다. 하나님을 하나님으로 인정하지 않는 것, 그리고 그 자리를 대신하려는 교만, 그것이 전역사가 말하는 인간의 범죄였던 것이다. 이 범죄에 따라온 하나님의 징벌은 특별했다. 하나님은 인간이 쌓는 탑을 무너뜨리지도, 그들을 죽이지도 않았다. 예상치 못한 전혀 다른 방법이 등장한다. 사람의 언어를 혼잡하게 하여 그들이 서로 알아듣지 못하게 분열시키신 것이다. 서로의 언어를 알아듣지 못하는 인간들은 점차 도시 건설과 탑 쌓기에서 손을 놓을 수밖에 없었다(창 11:8).

사람의 언어가 혼잡하게 되었다는 말이 무슨 뜻일까? 하나의 언어를 사용하던 사람들이 어느 날 갑자기 서로 다른 언어를 사용했다는 말일까? 히브리어를 사용하던 사람들의 입에서 갑자기 영어나 중국어가 튀어나오기 시작했다는 말일까? 그것은 아마도 같은 언어를 사용하면서도 마음과 마음이 통하지 않는 세상이 되었다는 의미가 담겨 있지 않을까? 언어가 통하지 않는다는 말은 마음과 생각이 전달되지 않는다는 말이다. 기술과 문명이 발달하고 한층 더 바쁘게 살아가는 변화된 세상 속에서 '당신을 사랑한다'는 진심 어린 말이 어느 순간부터 더 이상 진심으로 들리지 않는 각박한 관계로 전락해 버린 것이 아닐까? 분주한 일상을 살아가면서 놓쳐서는 안 되는 중요한 가치들을 잃어 가고 있는 우리 시대의 모습이 어쩌면 바벨탑을 쌓던 이들의 모습에서 비치고 있는 것은 아닐지 생각해 볼 필요가 있다. '온 지면에 흩어짐을 면하자'는 당찬 계획으로 시작된 이들의 계획은 결국 땅의 언어가 혼잡케 되고, 하나님이 그들을 온 지면에 흩으신 징벌로 끝나 버리고 만다.

그렇다면 여기서 우리가 놓쳐서는 안 되는 중요한 질문이 하나 있다. 그것은 바로 하나님의 은혜에 대한 질문이다. 전역사에 등장하는 모든 이야기마다 빠지지 않고 나타났던 '하나님의 은혜'는 어디에 있느냐 하는 것이다. 아담과 하와 이야기에서 나타났던 가죽옷, 가인과 아벨 이야기에 있는 표, 홍수 이야기에 등장하는 노아의 방주와 무지개. 여기에 상응하는 하나님의 은혜를 어디에서 찾아야 할까? 전역사를 마무리하는 바벨탑 이야기에서는 하나님의 은혜가 없었던 것일까? 아니다. 창세기를 지금의 형태로 편집한 사람은 바벨탑 이야기를 마무리하면서 창세기를 통틀어 가장 중요한 누군가를 소개하고 있다. 바로 아브라함이다. 창세기의 구조상 아브라함은 12장부터 전개되는 족장사의 첫 주인공으로 소개된다. 그 아브라함을 전역사가 마지막에 소개하고 있는 것은 결코 우연이 아니다(창 11:10-32). 이제부터 펼쳐질 새로운 역사의 주인공 아브라함의 등장은, 바벨탑 이야기와 지금까지의 모든 이야기의 결말을 장식하는 하나님의 은혜로 나타나고 있는 것이다.

Ⅱ. 족장사

창세기 12-50장

…oft, als wir vergessen
…welchem Glauben werden wir bei
…s in die Menschwerdung zu
…en, und und den Tod Christi, an
…ung am so hat er uns ein be-
…hat sondres Gedächtniß
der und eine feyerliche
Verkündigung seines
Todes, so oft wir wol-
len, befohlen, daß wir
auch äußerlich im
…crament, der Be-
…verborgen, als
…n Glauben an
…sten Chri…

unsere … vergießen … und
lichkeit. gewisse seyn
Diese heilige Hand-
lung, o Erlösete, helfe
euch Gott anjetzt mit
wahrer Andacht ver-
richten. Ihr müsset
schon durch Gebeth
und Selbstprüfung
dazu vorbereitet seyn,
und mit unverstellter
Reue über eure Sün-
den, mit aufrichtigem
Verlangen nach der
Barmherzigkeit Got-
tes in Christo
und mit …

…muß … verste… und derfahren … Gott zum … ren Seelen und euren zur Erbauung dig rühmen bar … dem …

아브라함 이야기

아브라함Abraham의 원래 이름은 아브람Abram이다. 흔히들 아브람의 이야기가 본격적으로 시작되는 창세기 12장에 앞서 아버지 데라Terah가 하란Haran에서 죽었다는 말이 나오기 때문에(창 11:32) 아브람이 아버지의 죽음 이후 가나안으로의 이주를 시작했다고 생각한다. 그러나 아브람이 하란을 떠날 때의 시점이 과연 정말로 아버지 데라가 죽은 이후를 말하는가를 생각해 보아야 한다. 데라가 아브람을 낳을 때의 나이가 칠십 세였다고 하고(창 11:26), 이백오 세에 하란에서 죽었다고 말하고 있다(창 11:32). 아브람이 하란을 떠날 때의 나이는 칠십오 세였다(창 12:4). 그렇다면 그때 아버지 데라의 나이는 백이십오 세였다는 단순한 계산이 나온다. 데라는 여전히 살아 있다. 여전히 살아 있는 아버지를 남겨 두고 아브람이 가나안으로 떠날 수 있었던 유일한 이유는 '여호와의 말씀'에 있었다. 그리고 그곳 가나안에서 아브람이 가장 먼저 했던 일은 바로 하나님 앞에 제단을 쌓는 일이었다.

이에 아브람이 여호와의 말씀을 따라갔고 롯도 그와 함께 갔으며 아브람이 하란을 떠날 때에 칠십오 세였더라

— 창세기 12:4

생각해 보면, 아브람이 원래 살던 갈대아 우르Chaldea Ur라는 곳은 원래 바벨론 사람들이 살던 땅에 속해 있다. 바벨탑의 문명이 화려하게 빛나던 땅을 뒤로하고 도착한 곳이 하란이었고, 그 하란에서 아버지를 두고 다시 정착한 곳이 가나안이었다. 아브람에게 그의 고향과 아버지의 집은 자연인自然人 아브람을 보호해 주는 인간적 보호 영역이었다. 하나님은 이제 인간적 보호 영역으로부터 떠나라고 말씀하신다. 그리고 하나님께서 보여 주시는 새로운 땅에서 새로운 백성을 이루라고 말씀하신다. 이 말은 이제 아브람이 안전하게 지내고 있던 인간적 보호 영역으로부터, 하나님께서 친히 인도하시고 보호해 주시는 하나님의 보호 영역으로 옮길 때가 되었다는 말이다. 이제는 바벨탑을 쌓던 교만에서 벗어나 하나님께서 친히 지켜 주시는 보호 속으로 들어오라고 말이다. 세상이 홍수로 심판받을 때에 하나님은 여호와의 말씀대로 준행하던(창 6:22; 7:5) 노아를 선택하셔서 새로운 창조의 역사를 시작하셨다. 다시 노아의 후손들이 하나님 없는 탑을 쌓아 갈 때에 하나님은 여호와의 말씀을 따르는(창 12:4) 아브람을 통해 새로운 믿음의 제단祭壇을 쌓게 하셨던 것이다.

믿음으로 안정된 고향을 떠나 하나님께서 지시한 땅으로 간 아브람에게, 하나님은 그의 자손이 증대할 것이고 가나안 땅을 그와 그의 자손들에게 주실 것이며 땅의 모든 족속이 아브람으로 인해 복을 얻을 것이라는 엄청난 말씀을 하셨다. 얼마나 가슴 벅찬 약속인가? 실제로 그 약속들은

성서의 역사 속에서 하나씩 성취되었다. 땅에 대한 약속은 여호수아 시대에 성취되었다. 여호수아서는 '여호와께서 이스라엘의 조상들에게 맹세하사 주리라 하신 온 땅을 이스라엘에게 다 주셨다'고 말한다(수 21:43). '이스라엘이 정복했다'고 말하지 않고 '하나님께서 주셨다'고 한다. 인간이 자기 능력으로 정복했다는 말과 하나님이 주셨다는 말에는 엄청난 차이가 있다. 이스라엘의 능력과는 상관없는 하나님의 은혜라는 말이다. 땅의 모든 족속이 복을 얻으리라는 약속은 더 많은 세월이 지난 후인 예수님에게서 비로소 실현되었다. 그렇다면 후손에 대한 약속은 어찌 되었는가? 그 약속에 대한 성취는 출애굽기 1장에서 확인할 수 있다. 창세기에 등장하는 모든 조상들이 죽은 후 이스라엘 자손은 애굽Egypt(이집트)에서 노예의 신분으로 전락했다. 비록 환경은 절망적이었지만 하나님의 약속은 이스라엘을 위한 새로운 역사를 준비하고 있었다.

> 이스라엘 자손은 생육하고 불어나 번성하고 매우 강하여 온 땅에 가득하게 되었더라
>
> — 출애굽기 1:7

그런데 아브람에게 주신 후손의 약속은 아브람 당대에 이루어지지 않았다. 그 약속이 성취되기까지는 참으로 오랜 기다림의 시간이 필요했다. 그 기다림의 시간 속에서 아브람과 그 아내 사래Sarai는 얼마나 많은 사건들을 경험했을까? 기록된 것으로 남아 있는 사건들을 추려 보면 이렇다. 분명 하나님은 아브람에게 셀 수 없이 많은 후손을 약속하셨다.[5] 사래는 원래 잉태하지 못하는 여인이므로(창 11:30) 도저히 믿어지지 않은 이 하나님

의 약속에 대해 아브람은 조급해하기도 했다. 점차 늙어 가는 그들에게 하나님의 약속은 요원해 보이기만 했기 때문이다. 그래서 아브람은 하나님을 향해서 거의 항변하다시피 한다. 기다림에 지친 아브람은 결국 다메섹Damascus(다마스쿠스) 출신의 엘리에셀Eliezer이라는 사람을 양자로 정한다. 그러나 하나님은 아브람이 선택한 인간적인 방법을 부정하신다(창 15:4). 하나님께서는 캄캄한 밤에 아브람을 밖으로 데리고 나가 밤하늘을 바라보게 하시며 말씀하신다. '하늘을 우러러 뭇 별을 셀 수 있는가 보라. 네 자손이 이와 같으리라'(창 15:5) 지금 당장 한 명의 아들이 없어 항변하는 아브람의 현실에 비추어 볼 때 밤하늘의 별처럼 그의 후손이 많아지리라는 약속은 믿기 어려운 것이었다. 그러나 아브람은 하나님의 말씀을 믿었다.

> 아브람이 하나님을 믿으니 여호와께서 이를 그의 의로 여기시고
>
> — 창세기 15:6

도저히 믿기 힘든 하나님의 약속, 하나님의 말씀을 믿은 것이다. 이것이 신앙의 본질이다. 믿음이란 아무리 믿을 수 없는 약속이라 할지라도 그 약속을 주신 약속의 주체인 하나님을 절대적으로 신뢰하는 것이다. 당신을 향한 이 절대적인 믿음을 하나님은 아브람의 의로 여기셨다. 믿음이 의로 인정받는다는 이신칭의以信稱義 사상은 구약이나 신약이나 한결같다.

그러나 그 믿음은 다시 흔들리기 시작했다. 아브람이 가나안에 거주한 지 십 년 후, 즉 그의 나이 팔십오 세 때의 이야기이다. 사래가 여전

5 창 12:2; 13:16; 15:5; 22:17 참조.

히 아이를 배지 못하자 아브람과 사래는 그 당시 사람들이 흔히 행하던 관습에 의해 자식을 낳으려고 한다. 구약 시대에는 부인이 아이를 낳지 못하면 부인의 몸종을 통해서 아이를 낳는 관습이 있었다. 결국 아브람은 하갈Hagar이라는 몸종을 통해 아랍인의 조상이 되는 이스마엘Ishmael을 낳는다. 하나님과의 약속이 이루어지지 않을 것처럼 보이자, 아브람은 초조한 나머지 인간적인 편법이라도 써서 하나님의 약속을 이루어 보려고 했던 것

Barent Fabritius, 〈아브라함을 떠나는 하갈과 이스마엘〉, 1650년경.

이다. 지금도 이어지고 있는 이스라엘과 아랍인의 갈등 배경에는 '인간' 아브람의 실수가 짙게 배어 있다.

창세기 17장은 아브람이 나이가 많이 들었음을 다시 한번 강조하면서 시작된다. 아브람은 이미 구십구 세의 나이에 접어들었다. 이렇게 아브람의 많은 나이를 강조하는 것은, 인간적인 능력으로는 후손에 대한 희망이 있을 수 없음을 보여 주려는 데에 있다고 할 것이다. 그러나 하나님은 이 희망 없는 노인 아브람의 이름을 아브라함(열국의 아버지)으로, 그의 아내 사래의 이름을 사라Sarah(열국의 어머니)로 바꾸어 주시기까지 하셨다. 이때부터 성서는 아브람의 이름을 아브라함으로, 사래는 사라로 부르기 시작한다. 이에 대한 아브라함과 사라의 첫 반응은 웃음이었다. 그러나 그것은 자식을 기대하며 기뻐하는 웃음이 아니라 이미 모든 희망을 포기해 버린 쓰라린 웃음이었다.

> **쓰라린 웃음 1** 아브라함이 엎드려 웃으며 마음속으로 이르되 백 세 된 사람이 어찌 자식을 낳을까 사라는 구십 세니 어찌 출산하리요 하고
>
> — 창세기 17:17

행여나 자기가 웃는 것이 들킬까 두려워 엎드려 웃는 아브라함의 마음이 씁쓸하다. 아니 씁쓸하다 못해 아프기까지 하다. 더 이상 하나님의 약속에 기대를 걸지 않는 아브라함은 용기 내어 '이스마엘이나 하나님 앞에 살기를 원하나이다'라고 대답한다(창 17:18). 오죽 마음이 힘들었으면 이렇게 말했을까? 이에 대해 하나님은 아브라함이 낳을 아들의 이름(이삭)까

지 지어 주시며 아브라함을 꾸중하시지만, 인간적인 실수로 만들어 낸 이스마엘에게도 복을 주어 큰 나라의 조상이 되게 하리라고 약속하셨다(창 17:20). 실제로 이스마엘은 후에 열두 명의 아들을 낳는데, 이들은 각각 아랍 족속의 열두 지도자들이 된다(창 25:12-18). 이스라엘 역사 속에서 열둘이라는 숫자가 완전한 공동체를 상징하듯이, 아랍 족속에게도 열둘이라는 숫자는 매우 중요하다. 오히려 시기적으로 보면 이스라엘보다 아랍 쪽에서 열두 조상이라는 구조가 먼저 조성되었다.

그 후로 얼마나 시간이 더 흘렀을까. 아브라함의 쓰라린 웃음은 아내 사라에게로 이어진다. 십 년 정도에 한 번꼴로 찾아오시던 하나님이 자주 아브라함을 찾아오신다. 그리고는 '내년 이맘때 내가 반드시 네게로 돌아오리니 네 아내 사라에게 아들이 있으리라'고 말씀하신다. 그동안 몇 번에 걸친 하나님의 약속이 있었지만 이번처럼 하나님이 명확한 때를 말씀하셨던 적은 없었다. 하나님의 약속은 이제 그 성취를 눈앞에 두고 있었던 것이다. 그러나 이미 노부부의 마음은 믿음에서 멀어지고 있었다. 이미 생리가 끊어진(창 18:11) 사라는 장막 문 뒤에서 이 대화를 엿듣고 아브라함처럼 쓰라린 웃음을 짓는다.

> **쓰라린 웃음 2** 사라가 속으로 웃고 이르되 내가 노쇠하였고 내 주인도 늙었으니 내게 무슨 즐거움이 있으리요
>
> — 창세기 18:12

자기에게는 아무런 즐거움이 남아 있지 않다는 사라의 혼잣말에는 아이를 낳지 못하는 한 여인의 아픔이 고스란히 배어 있다. 그렇게 아브라

함이 엎드려 웃은 것이나 사라가 속으로 웃은 것은 모두 쓰라린 인생의 웃음이다. 사라의 웃음을 들으신 하나님은 아브라함에게 '(밖에 있는) 사라가 왜 웃으며 내가 늙었거늘 어떻게 아들을 낳으리요 하느냐'고 물으신다. 사실 이 말씀은 하나님이 몰라서 물으시는 것이 아니다. 이들의 웃음의 의미가 무엇인지 아시는 하나님은 '여호와께서 능하지 못한 일이 있겠느냐?'(창 18:14)는 말씀으로 그들이 이미 포기해 버린 아들에 대한 약속을 다시 한번 확인시켜 주신다. 이윽고 때가 이르렀다. 하나님이 말씀하신 그 시간이 되었다. 마침내 하나님의 약속은 오랜 기다림에 마침표를 찍었다.

> [1]여호와께서 말씀하신 대로 사라를 돌보셨고 여호와께서 말씀하신 대로 사라에게 행하셨으므로, [2]사라가 임신하고 하나님이 말씀하신 시기가 되어 노년의 아브라함에게 아들을 낳으니
>
> — 창세기 21:1-2

이 짧은 구절 속에 아브라함의 '노년'과 하나님의 '말씀'이 대비된다. 인간적인 능력으로는 불가능하다는 의미가 노년에 담겨 있다면, 세 번에 걸쳐 강조되는 하나님의 말씀, 그것은 아브라함의 변덕스러운 믿음과 대비되는 변함없이 신실信實한 약속이었다. 하나님의 처음 약속이 있은 후부터 무려 25년이 지났고, 아마도 그 약속이 있기 훨씬 오래전부터 기다려 왔을 아들의 울음소리가 드디어 터져 나왔다. 아들 이삭을 품에 안고 있는 사라가 이렇게 외친다.

환희의 웃음 하나님이 나로 웃게 하시니 듣는 자가 다 나와 함께 웃

으리로다

— 창세기 21:6

이 웃음은 더 이상 쓰라린 인생의 웃음이 아니다. 하나님의 신실하심에 감격하여 터져나오는 환희의 웃음이다. 사실 이 웃음은 이미 하나님이 알고 있었던 웃음이었다. 하나님이 미리 지어 주신 아들의 이름인 이삭(이츠하크)의 뜻이 바로 '웃음'이었으니 말이다(창 17:19). 인간의 쓰라림을 환희로 바꾸시는 하나님의 신실하심이 바로 그 웃음에 묻어나고 있다.

그러나 이것으로 하나님의 약속이 온전히 성취된 것은 아니다. 하나님이 주신 약속이 아들 한 명으로 그치는 것은 아니었기 때문이다. 아브라함은 이삭 외에도 여섯 명의 아들을 더 두었으나(창 25:1-2), 이것으로도 후손에 대한 약속이 성취되기에는 역부족이었다. 우리는 아브라함의 아들 이삭에게서도 후손에 대한 약속이 등장하는 것을 볼 수 있다(창 26:4). 그 약속은 애굽에서 강성한 민족이 된 아브라함 후손들의 출出애굽 역사에서 성취된다. 그리고 하늘의 별과 바다의 모래처럼 아브라함의 후손이 무수히 번성하리라는 하나님의 약속과 인간의 쓰라린 웃음을 환희의 웃음으로 바꾸시는 하나님의 역사는 여전히 진행형이다.

이삭 이야기

족장사 이야기에서 이삭Issac의 이야기는 다른 믿음의 조상들에 비해 그 분량이 많지 않은 것이 사실이다. 그러나 그 믿음의 중요성은 결코 무시할 수 없다. 이삭에 대해 말하는 구약의 이야기들은 거의 아브라함의 축소판이라고 할 수 있다. 일찍이 아버지 아브라함이 저질렀던 결정적인 실수를 그대로 답습하기까지 한다. 아브라함이 애굽과 그랄Gerar 땅에서 자신의 목숨을 부지하고픈 마음에 아내 사라를 누이라고 속였던 일이 있었던 것처럼,[6] 이삭 역시 그랄에서 아비멜렉Abimelech을 만날 때 '내가 네게 지시하는 땅에 거주하라'는 하나님의 말씀을 듣는다. 하나님이 지시하는 땅은 바로 그랄이었다. 거기서 이삭은 아내를 누이라 속인 아버지의 실수를 답습한다(창 26:7).

6 창 12:10-20; 20:1-18 참조.

그러나 다행스럽게도 블레셋Philistine 왕 아비멜렉은 이삭이 아내 리브가Rebekah를 껴안은 것을 목격한다. 이삭의 거짓말을 알게 된 아비멜렉은 이삭을 심하게 꾸짖은 후 하마터면 일어날 뻔한 범죄를 스스로 예방한다. 아브라함의 이야기와는 달리, 이삭의 경우, 하나님의 개입이 나타나지 않고 있다는 점 외에는 두 부자의 이야기가 너무도 비슷하다. 아브라함이 애굽을 떠날 때 창세기 기자는 '아브라함에게 가축과 은금이 풍부하였더라'(창 13:2)고 묘사한다. 이삭 역시 그랄 땅에서 많은 재산을 소유하게 된다(창 26:12-14).

이삭이 소유한 많은 재산은 블레셋 사람들의 시기를 불러일으켰다. 블레셋 사람들은 아브라함 때 아브라함의 종들이 팠던 우물을 흙으로 메워 버렸다. 이삭이 그 우물을 다시 팠으나 그랄의 목자들은 그 우물의 소유권을 주장한다(창 26:20). 이삭은 자기 권리를 주장하지 않고 계속해서 밀려난다. 그랄 목자들과의 다툼을 피하기 위해 장소를 옮겨 다니는 이삭의 모습은 마치 땅과 재산의 문제에 있어 싸우는 대신 스스로의 권리를 포기하던 아버지 아브라함의 모습(창 13:1-13)과 너무도 닮아 있다. 창세기 26장에는 이삭이 장소를 옮겨 다니면서 우물을 팠다는 기록이 무려 다섯 번이나 등장한다.[7] 그리고 무엇보다도 이삭은 그곳에 제단을 쌓고 거기서 여호와의 이름을 부르며 장막을 쳤다(창 26:25). 아버지 아브라함이 가나안 땅에서 옮겨 다니며 장막을 칠 때마다 여호와께 제단을 쌓고 여호와의 이름을 불렀던 것처럼 말이다.[8]

7 창 26:18–19, 21–22, 25 참조.
8 창 12:8; 13:3–4 참조.

그러나 무엇보다도 이삭이 아브라함을 가장 빼닮은 이야기는 그들이 함께 드렸던 예배에서 발견할 수 있다. 구약성서에 등장하는 많은 예배 중에서 가장 극적인 장면을 연출하는 부분이 있다면 단연 아브라함이 이삭을 제물로 바치려 했던 예배, 더 정확히 말하자면 아브라함이 아들 이삭과 함께 드린 예배일 것이다. 창세기 22장에 나타나는 이 예배는 아브라함이 구약성서의 전역사와 족장사라는 두 역사의 흐름을 이어 주는 역할을 하면서, 이어지는 모든 이스라엘 역사를 넘어 신약성서에 이르기까지 하나님의 말씀에 순종한 믿음의 표상, 신앙의 귀감으로 자리 잡을 수 있도록 한 결정적인 사건이다.

아브라함은 많은 이별을 경험해야 했다. 처음에는 갈대아 우르에서 아버지를 따라 하란이라는 낯선 땅으로 떠났었다. 이미 갈대아 우르에 있었을 때 사라와 결혼을 했던 것으로 보면(창 11:29), 우르에서 유년시절과 청년시절 그리고 성년 시절의 일부를 보냈을 것이다. 친구들과의 옛정이 고스란히 남아 있는 우르를 떠나야 했던 것은 순전히 아버지 데라를 따르기 위함이었을 것이다. 그런데 목적지였던 가나안으로 가기 전에 하란에서 아버지를 잃는 아픈 경험을 한다(창 11:32). 하나님의 약속을 믿고 가나안으로 들어갔던 아브라함은 애굽으로 내려가 아내를 잃을 뻔한 경험도 한다. 물론 그 사건은 아브라함의 그릇된 판단 때문에 일어난 일이었다. 애굽에서 다시 가나안으로 돌아온 아브라함은 땅과 재산의 문제 때문에 조카였던 롯Lot과 이별을 경험한다. 당시로서는 아들이나 다름없었던 조카와의 이별은 아브라함에게 생이별의 아픔을 주었을 것이다. 아이를 낳기 위해 하갈을 후처로 맞아들였으나 본부인 사라와의 갈등으로 인해 하갈이 도망하는 사건이 있었고(창 16:6), 급기야 하갈에게서 태어난 아들 이스마엘은 이삭의 출생 이후 광야에서 죽을 고비를 넘긴 뒤 애굽으로 건너가 살게 된다(창 21:21).

아버지, 조카, 이스마엘로 이어지는 이 모든 이별의 고통이 있었음에도 불구하고 하나님은 인간 아브라함으로서는 그의 일생에 있어서 가장 힘들었을 시험을 주신다. 그것은 오랜 기다림 끝에 얻은 약속의 아들 이삭과의 이별이었다. 일찍이 하나님은 아브라함을 가나안으로 불러오신 때부터 아들에 대한 약속을 주신 바 있다. 단순히 아들을 주시겠다는 약속을 넘어 그 후손을 통해 하늘의 별과 바닷가의 모래와 같은 무수한 번성을 꿈꾸게 하셨다. 그 약속은 아브라함이 하나님께 먼저 구했던 것이 아니었다. 아무것도 구하지 않은 아브라함에게 하나님이 먼저 약속하신 일이었다. 그리고 우여곡절 끝에 아들 이삭이 태어났고, 아무런 문제없이 자라고 있었다. 그러나 아브라함이 장밋빛 미래가 보장된 꿈을 꾸고 있을 무렵, 어렵게 얻은 독자 이삭을 모리아 땅에 있는 한 산에서 제물로 바치라는 청천벽력과도 같은 하나님의 말씀을 듣는다.

우리는 이 일이 하나님이 아브라함을 시험하시기 위함인 것을 알기에(창 22:1) 앞으로 펼쳐질 감동적인 드라마를 기대하지만, 당사자인 아브라함의 입장에서 볼 때 이 일은 시험이 아니라 한 인간의 모든 소망을 꺾어 버리는 일이었다. 하나님의 명령 가운데 등장하는 '네 아들, 네 사랑하는 독자, 이삭'이라는 표현은 아들 이삭이 아브라함에게 있어서 모든 것이었음을 말해 준다. 인간이 지니고 있는 감정 중에 가장 지고한 마음인 자식에 대한 사랑을 깨어 버리라는 말씀이다. 지금까지 아브라함이 그를 둘러싼 모든 과거를 청산했듯이 이제는 그의 미래마저도 청산해 버리라는 말씀이다. '내가 네게 일러 주는 한 산으로 가서'라는 말씀은 처음 아브라함을 부르실 때 '내가 네게 보여 줄 땅으로 가라'(창 12:1)고 하셨던 말씀을 떠올리게 한다. 창세기 12장 1-3절에서 아브라함이 떠나야 할 과거가 [고향—친척—아버지의 집]의 삼중구조로 나타나듯, 이 이야기에서 아브라함이 떠나보내야 할 미래 역시 [네 아들—네 사랑하는 독자—이삭]이라는 삼중구조로 나타나고 있다. 또한 창세기 12장 1절이 '가라'로 시작하는 것처럼 이 이야기의 서두 역시 모리아 땅으로 '가서' 아들을 번제[9]로 바치라는 여호와의 명령을 담고 있다. 이는 아브라함이 이전에 행했던 이주와 이 번제 사건이 모두 하나님의 시험이라는 공통분모를 지니고 있음을 보여 준다(창 22:1). 하나님은 다시 한번 모든 것을 버리라고 아브라함을 부르고 계신 것이다. 동시에 이 명령은 '내가 너로 큰 민족을 이루게 하겠다'(창 12:2), '하늘의 뭇별을 바라보라… 네 자손이 이와 같으리라'(창 15:5) 하셨던 하나님의 약속을 하나님 스스로 깨어 버리는 일이었다. 아브라함의 입장에서는 얼마든지 하나님께 항변할 구실이 있었다. 하나님이 약속하신 것을 왜 하나님이 깨뜨리냐고 말이다. 그러나 아브라함은 그러지 않았다.

처음에 아브라함이 가나안을 향해 갈 때 그가 붙들었던 유일한 기준이 '여호와의 말씀'이었듯이 이번에도 그는 하나님의 말씀에 아무런 토를 달지 않는다. 그는 아침에 일찍 일어나 묵묵히 나귀에 안장을 지우고, 두 종과 그의 아들 이삭을 데리고서 번제에 쓸 나무를 쪼개어 가지고 길을 떠난다(창 22:3). 두 종과 아들 이삭을 데리고 떠나는 장면 역시, 창세기 12장에서 '여호와의 말씀을 따라' 그의 아내와 조카 롯과 여러 사람들을 이끌고

9 번제(燔祭, Burnt Offering): 구약성서에서 가장 대표적인 제사. 제사장이나 백성이 전혀 먹는 일 없이 태워서 제물을 바쳤던 제사로, 번제단의 불은 늘 꺼지지 않아야 했다.

가는 아브라함의 모습을 떠올리게 한다. 이주 사건 때 아브라함 주위에 롯을 비롯한 친척들이 함께 있었다면, 이번에는 아브라함을 따라가는 이삭 주위에 두 종이 있었다는 점이 두 이야기의 구조를 비슷하게 만들기 때문이다. 여기서 롯과 이삭은 하나님의 명령에 비추어 볼 때 각각 반드시 단절시켜야 할 '과거'와 새롭게 나아가야 할 '미래'로 나타나고 있는 것이다.

아직도 그곳이 어디인지 모르는, 하나님이 자기에게 일러 주신 곳으로 가기까지는 무려 삼 일이 걸렸다. 같이 길을 나선 이들과는 어떤 대화를 나누었을까? 따라 나선 아들 이삭의 모습을 보면서는 무슨 생각을 하고 있었을까? 그 삼 일이 아브라함에게는 얼마나 긴 고통의 시간이었을까?

이윽고 하나님이 일러 주신 산에 도착했다. '하나님이 자기에게 일러 주신 곳으로 가더니 제삼일에 그 곳을 멀리 바라본지라'(창 22:3-4) 또한 '가나안 땅으로 가려고 떠나서 마침내 가나안 땅에 들어갔더라'(창 12:5)를 떠올리게 한다. 어쩌면 아브라함 역시 그 옛날 하나님의 말씀에 순종하여 길을 떠나 온 자신의 모습을 한 번 더 생각했을지도 모른다. 모리아 땅에 있었던 산이 정확히 어디인지는 확실하지 않으나, 많은 학자들은 그 산이 지금의 예루살렘을 가리킨다고 믿고 있다. 산 아래에 도착한 아브라함은 종들과 나귀를 남겨 두고 이삭과 함께 번제를 드릴 장소를 찾아 산에 오른다. 예루살렘의 높이는 해발 800m를 훌쩍 넘는다. 지금의 예루살렘도 이스라엘의 모든 도시들 중 가장 높은 곳에 위치해 있다. 백 세를 훨씬 넘긴 나이에 그 산에 오르는 일 또한 쉽지 않았을 것이지만, 그보다 더 힘든 일은 이제 곧 아들 이삭을 자기 손으로 죽여야만 한다는 것이었으리라. 노년의 아브라함은 번제 나무를 가져다가 아들 이삭에게 지우고 자기는 불과 칼을 들고 하나님이 일러 주신 장소에 이른다. 그리고 그곳에서 아브라함은 아

Caravaggio, 〈이삭의 희생〉, 1603년경.

들 이삭을 제물로 바치기 위해 결박한다.

> [9]하나님이 그에게 일러 주신 곳에 이른지라 이에 아브라함이 그 곳
> 에 제단을 쌓고 나무를 벌여 놓고 그의 아들 이삭을 결박하여 제단
> 나무 위에 놓고 [10]손을 내밀어 칼을 잡고 그 아들을 잡으려 하니
>
> — 창세기 22:9-10

신약성서 중 히브리서 11장 19절에서는 하나님이 능히 이삭을 다시 살리실 것으로 아브라함이 생각했다 말하고 있으나, 창세기 22장에는 그 어디에도 그런 단서는 나타나지 않는다. 그저 철저하게, 너무도 철저하게

하나님의 말씀이기에 아브라함과 이삭은 따르고 있을 뿐이다. 너무도 철저했던 이 두 사람의 믿음에 하나님은 사자使者를 보내 그들을 말리시고야 만다.

> 그 아이에게 네 손을 대지 말라 그에게 아무 일도 하지 말라 네가 네 아들 네 독자까지도 내게 아끼지 아니하였으니 내가 이제야 네가 하나님을 경외하는 줄을 아노라
>
> — 창세기 22:12

그 순간 아브라함은 수풀에 뿔이 걸려 있는 한 숫양을 본다. 그 숫양이 처음부터 그 자리에 있었는지 아니면 바로 그 순간 하나님이 보내 주신 것인지는 알 수 없다. 그러나 그 양이 언제 나타났든 하나님이 미리 준비해 두신 것이었음에는 틀림없다. 아브라함은 그 준비된 숫양을 가져다가 아들을 대신하여 번제를 드리고 그 땅 이름을 '여호와 이레'[10]라 하였다. 아브라함이 하나님이 준비한 숫양으로 번제를 드린 후에 낯익은 하나님의 약속이 다시 등장한다.

> [16]이르시되 여호와께서 이르시기를 내가 나를 가리켜 맹세하노니 네가 이같이 행하여 네 아들 네 독자도 아끼지 아니하였은즉 [17]내가 네게 큰 복을 주고 네 씨가 크게 번성하여 하늘의 별과 같고 바닷가

10 여호와 이레(תהוה ירא): 히브리어로 '여호와께서 보여 주셨다'는 뜻. 우리말 성경에서는 '여호와의 산에서 준비되리라'고 설명한다(창 22:14).

의 모래와 같게 하리니 네 씨가 그 대적의 성문을 차지하리라 [18]또 네 씨로 말미암아 천하 만민이 복을 받으리니 이는 네가 나의 말을 준행하였음이니라

— 창세기 22:16-18

일찍이 아브라함에게 '땅의 모든 족속이 너(아브람)로 말미암아 복을 얻을 것이라'(창 12:3) 하신 하나님이 예전의 약속을 다시 한번 확증해 주고 계신 것이다. 많은 기독교인들에게 '여호와 이레'라는 유명한 이름으로 알려진 창세기 22장의 이 예배 이야기가, 유대인들 해석가들에게는 '아케다 Aqedah'라는 이름으로 더 알려져 있다. 아케다는 본래 '제사에 쓸 짐승의 발을 묶다'라는 히브리어에서 비롯된 용어로, 행위자의 입장에서 볼 때 '묶음'으로, 피행위자의 입장에서 볼 때는 '묶임'으로 해석될 수 있으며, '이삭의 결박'이라는 의미로 사용되고 있다. 창세기 22장이 하나님과 아브라함 사이의 이야기로 나타나고 있으면서도 이삭의 '아케다'라고 불리는 이유는 이 이야기가 아브라함과 이삭의 믿음을 확증하는 이야기이기 때문이다.

여기 등장하는 이삭의 나이는 어느 정도였을까? 아브라함이 백 세에 얻은 아들 이삭이 번제에 사용할 나무를 지고 산을 올라갈 수 있을 만큼 세월이 흐른 후의 일이니까 거기 등장하는 이삭은 대략 스무 살 정도의 청년으로 보면 무리가 없을 듯하다. 그렇다면 아버지 아브라함의 나이는 대략 백이십 세 정도가 된다. 여기서 우리는 한 가지 중요한 질문을 던질 수밖에 없다. 정말 아브라함이 아들을 결박한 것일까? 분명 아브라함은 아들 이삭을 묶었을 것이다. 그러나 그것은 아브라함이 이삭을 결박했기 때문이 아니라 아들 이삭이 아브라함을 위하여 결박을 당해 주었기 때문에 가

능한 일이었으리라. 생각해 보라. 힘으로 서로 겨루었다면 이미 노년이 된 아브라함이 청년이었던 아들 이삭을 당해 내지 못했을 것이다. 산 위로 올라가는 도중 이삭은 아브라함에게 '내 아버지여… 불과 나무는 있거니와 번제할 어린 양은 어디 있나이까?' 하고 물었다. 아브라함은 '내 아들아 번제할 어린 양은 하나님이 자기를 위하여 친히 준비하시리라'고 대답했다. 하나님이 준비하신 어린 양이 바로 자기 자신이라는 사실을 알았을 때 이삭은 아무런 저항 없이 아버지의 손에 결박을 당하도록 자신의 몸을 내어놓았고, 그 목을 내밀었을 것이다.

하나님께 바쳐질 어린 양으로 스스로를 내어놓는 이삭의 모습을 생각해 보라. 아브라함이 당한 시험 이야기에서 믿음으로 순종의 길을 떠난 아브라함 못지않은 이삭의 믿음이 비쳐지는 것은 왜일까. 이삭은 흔들림 없이 아버지 아브라함의 뜻을 따르는 모습으로만 나타난다. 아버지를 따라 모리아산으로 이동하고, 짐을 지고, 산에 오르고, 묶이고, 죽는 것까지 순종할 뿐이다. 아브라함이 여호와의 말씀을 따라 길을 떠났던 것처럼, 이삭은 여호와의 말씀을 따라 아버지 아브라함에게 순종하고 있는 것이다. 자신을 죽이려는 아버지의 결정에 순복하고 스스로 결박당할 수 있었던 것은 이삭이 철저하게 아버지의 신앙을 이어받은 아들이었기 때문이다. 바로 그것이 이삭이 스스로 아케다를 선택할 수 있었던 이유였다. 그렇다면 이 이야기에서 나타나는 하나님의 인정은 비단 아브라함만이 아닌 또 다른 아브라함인 이삭까지 포함되어 나타난 것임을 생각할 수 있다. 아브라함 입장에서 볼 때 창세기 22장은 이삭을 데리고 떠난 사건이지만, 이삭의 입장에서 볼 때 이는 단순히 아버지를 따라 나서는 수동적 이주 이야기(창 11:31-32)가 아니라, 스스로를 제물로 바치는 이야기가 된다. 즉 자신이

제물로 바쳐질 번제물인 것을 알면서도 말씀에 순종하며 죽음의 길을 떠나는 이삭의 아케다는 '여호와의 말씀'을 유일한 잣대로 삼는 계대繼代를 이어 가는 믿음의 신실성을 말하고 있다. 즉 또 다른 아브라함인 말없는 이삭을 통해 다시 한번 아브라함의 순종에 대한 인정이 나타나고 있는 것이다. 부전자전이라고 했던가. 긍정적이든 부정적이든 이삭의 모습 안에서는 또 다른 아브라함의 모습이 분명 그대로 반영되고 있다.

여호와 이레와 이삭의 아케다에서는 누군가의 마음이 전해진다. 바로 '자기 아들을 아끼지 아니하시고'(롬 8:32) 죽음에까지 내어 주신 하나님의 마음이다. 또한, 자신의 몸을 제물로 삼으신 골고다Golgotha의 그리스도의 모습이 여기서 비친다. 어쩌면 하나님은 아브라함과 이삭의 모습을 통해서 자신의 마음을 보고 계셨는지도 모르겠다.

야곱 이야기

구약성서에서 야곱Jacob은 출세의 대명사라고 할 수 있다. 대부분의 기독교인은 야곱의 이야기를 익히 잘 알고 있다. 이스라엘 관습에서는 장자가 가계를 잇고 대부분의 유산을 상속받는다. 그런 점에서 이삭의 차남으로 태어난 야곱은 형 에서Esau보다 불리한 위치에 서 있었다. 그러나 형을 속이고 아버지도 기만하면서 치밀하게 장자권을 받아 내고, 형에게 맞아 죽을 것이 두려워 외삼촌 라반Laban의 집으로 도망한다.

그곳에서 그는 라반의 두 딸 중 자신이 원하는 상대인 동생 라헬Rachel과 결혼하기 위해 칠 년 동안이나 머슴으로 살았지만, 라반에게 속아 엉뚱하게도 그녀의 언니 레아Leah와 첫날밤을 보내고, 두 여인을 동시에 아내로 맞이하게 된다. 그리고 다시 칠 년을 더 머슴살이 한다(창 29:30). 장자권을 얻어내기 위한 노력에서 드러났던 것처럼, 사랑하는 사람을 얻기 위해 야곱이 보여 주는 욕망과 집념은 놀랍기만 하다. 한번 가정해 보자. 만

Govert Flinck, 〈야곱을 축복하는 노인 이삭〉, 1638년.

일 어떤 사람이 나와 결혼하기 위해 내 집에 들어와 종살이하는데, 무려 십사 년 동안이나 매일 그 사람의 얼굴을 보아야만 한다고 말이다. 그것이 얼마나 두려운 일인가? 겉으로 보면 무슨 소설에나 나올 법한 순애보 같지만, 실상 여기에는 자신의 외삼촌 라반의 모든 것을 차지하고자 하는 야곱의 치밀한 간교가 들어 있었다. 이미 아버지 이삭으로부터 장자권을 얻어내고 축복을 받아 낸 그가 이번에는 가까운 친척의 모든 것을 노렸다. 야곱의 계략은 성공했다. 빈손으로 라반의 집에 들어갔다가, 원하는 모든 것을 거머쥐고 나오는 야곱에게 들려 있는 것은 원래 전부 라반의 것이었다. 부창부수夫唱婦隨라고 했던가. 야곱의 아내가 된 라헬은 남편을 따라 아버지의 집을 나오면서 드라빔(househod idol, 家神像)까지 훔쳐서 나온다. 집에서 값나가는 재산은 모조리 들고 나온 것이다. 야곱은 자기의 아내들이 외삼촌 라반의 딸들이라는 점을 십분 이용해서 재산도 차지하고 예상된 곤경도 쉽게 벗어날 수 있었던 것이다. 그는 이제 모든 것을 다 가졌다. 나름대로는 불세출의 사나이가 되었다고 자부했을 것이다. 그토록 염원했던 부, 큰 가정, 족장의 지위 … 이 모든 것을 이루어 내고야 만 것이다. 성서 본문은 일련의 사건들에 대해서 어떤 윤리적인 판단을 내리지 않는다. 그저 사실적으로만 표현할 뿐이다. 한때 유행하던 '인내는 쓰다 그러나 그 열매는 달다'라는 말이 마치 야곱을 두고 하는 말처럼 들린다.

그러나 구약성서는 여기서부터 본격적으로 야곱의 실존적인 문제를 다루기 시작한다. 그의 실존적 문제는 그가 다시 자신의 집으로 돌아가려 하는 데에서 시작된다. 집으로 돌아가기 위해서는 반드시 해결해야 할 문제가 남아 있었다. 자신이 속이고 떠난 아버지와 형과의 갈등을 해결해야만 했다. 이미 아버지 이삭은 세상을 떠난 후였기 때문에 문제가 되지 않았지만, 형 에서와의 문제는 여전히 남아 있었다. 몸에는 털이 북실북실하고 싸움 잘하는 형, 그가 이를 갈면서 자기 동생을 기다리고 있다. 이십 년이라는 세월이 흘렀지만, 그는 여전히 자기를 향해서 칼을 갈고 있으리라는 것을 야곱은 잘 알고 있었다. 이 해묵은 과제 앞에서 야곱은 고민한다. 화해하고 싶지만 두려움이 앞선다. '형님이 나를 만나면 나를 어떻게 대할까? 나 때문에 그 오랜 기간 이를 갈았을 형님이 나를 만나면 어떻게 나올 것인가? 나를 죽일까?' 이때 자신을 만나기 위해 형이 사백 명이나 되는 사람들을 거느리고 길을 떠났다는 소식까지 접했다. '그처럼 많은 사람을 데리고 온다는 것은 싸우자는 말인데, 그냥 맞붙어 버릴까?'

두 사람이 다시 만나기 전의 분위기는 마치 전쟁 직전의 위태로운 상황과 같았다. 떨어져 있는 동안 쌍방의 힘은 너무 커져 이제는 한 개인이 아니라 서로를 위협할 수 있는 공동체가 되어 있었다. 이때 야곱은 늘 그랬듯이 야곱다운 화해의 수단을 쓴다. 야곱의 계획은 매우 구체적이었다. 예물과 가축들을 종들에게 맡겨서 여러 떼에 나누어 에서에게 보낸다. 마지막에는 자녀들과 아내들까지 보낸 후에 유사시에는 자기 혼자 도망가려고 계획한다(창 32:22-23). 인간적인 수단과 방법을 총동원해서 그가 할 수 있는 모든 일을 다 해 보았다. 그러나 그럴수록 얻는 것은 아무것도 없었다. 시간이 지날수록 불안은 깊어져 갔고, 야곱은 결국 홀로 남아 있는 자신을 발견한다. 여전히 불안한 야곱은 마침내 절대적인 고민에 빠져든다. 다시금 혼자가 된 그의 모습은 그동안 쌓아 온 것을 모두 잃고 원점으로 돌아오고야 말았음을 보여 준다.

야곱의 인생에서 그가 이만큼 진지했던 적이 없었다. 지금까지는 하나님을 만나지 않아도 모든 문제가 다 해결 가능한 것들이었다. 굳이 기도하지 않아도 아무 문제가 없어 보였다. 자신에게는 나름대로 인생의 문제를 해결하는 명철이 있었고, 스스로 그것이 삶을 살아가는 처세술, 지혜라고 믿고 있었다. 그렇게 살아가는 자신이 '똑똑'하다고 믿었을 것이다. 그러나 지금 이 순간 그 '똑똑'이라는 카드가 더 이상 통하지 않게 되었다. 결국 궁지에 몰린 그 순간이, 하나님을 붙드는 시간이 되었다.

> [24]야곱은 홀로 남았더니 어떤 사람이 날이 새도록 야곱과 씨름하다
> 가 [25]자기가 야곱을 이기지 못함을 보고 그가 야곱의 허벅지 관절을
> 치매 야곱의 허벅지 관절이 그 사람과 씨름할 때에 어긋났더라
>
> — 창세기 32:24-25

'야곱은 홀로 남았더니…' 그러나 사실 혼자가 아니었다. 얍복Jabbok 강에서 홀로 남은 그 시간에 야곱은 다른 누군가와 마주친다. 홀로 남은 야곱을 찾아온 누군가가 있었다. 그 사람이 누구인지는 분명히 밝히기 어려운 문제이다. 히브리어를 그대로 읽을 때 '하나님'으로도 볼 수 있고, 하나님의 '천사'로도 해석 가능하기 때문이다. 혹은 어떤 '초인적인 힘'을 뜻할 수도 있다. 야곱은 그 초인적인 힘과 겨루어 이길 정도로 강한 집념을 드러낸다. 흔히들 이를 야곱이 기도하는 장면으로 해석한다. 야곱은 분명 그 순간에 하나님과의 관계가 먼저 회복되어야 한다는 것을 절실히 깨달았던 것이다. 다른 사람들의 눈은 다 속일 수 있을지라도 하나님의 불꽃같은 눈길은 피할 수 없음을 알았다. 그랬기에 고통과 고민으로 가득 찬, 아무도 없는 얍복 강가에서 하나님을 붙잡고 기도했다. 야곱이 하나님 앞에서 처음으로 진지해지는 시간이었다. 그 진지한 기도가 문제를 점점 해결점으로 이끌기 시작했다.

야곱이 붙들고 씨름한 대상은 아마도 하나님의 천사였을 것이다. 성서 본문이 씨름이라고 표현하고 있는 이날의 싸움을 상상해 보자. 밤하늘에는 별이 총총히 떠 있고, 주변에는 아무도 없어 고요함이 감돈다. 거기서 헉헉거리며 씨름하는 소리가 들려온다. 야곱은 사람의 모습으로 온 천사를 만나서 자신의 고민을 털어놓았을 것이다. 그 호소가 씨름으로 이어졌고 아마도 야곱은 그날 밤 격렬하게 통곡하며 통사정을 했을 것이다. 그 모습이 오죽 간절해 보였으면 그걸 씨름이라고 표현했을까? 이 본문을 읽다가 문득 이런 생각이 들었다. 반드시 이 씨름을 해야 시름이 사라진다고….

그날 밤 천사는 야곱의 통사정에 쉽게 넘어가지 않은 것 같다. 야곱 또한 그런 천사를 쉽게 놓아주지 않았다. 씨름은 새벽까지 계속되었다. 결

Rembrandt, 〈천사와 씨름하는 야곱〉, 1659년경.

국 천사는 야곱을 뿌리치기 위해 야곱의 허벅지 관절을 친다. 그러나 허벅지 관절이 어긋나는 부상을 입고도 야곱은 결코 천사를 놓지 않았다. 드디어 지친 천사가 묻는다. '네 이름이 무엇이냐'고. 아니 그렇다면, 천사는 상대방이 누군지도 모르고 밤새도록 붙들고 늘어졌다는 말인가? 아니다. 몰라서 묻는 것이 아니다. 이 말은 '너는 도대체 어떤 놈이냐'를 묻는 것이다. 야곱이 대답한다. '내 이름은 야곱입니다'라고. 야곱의 자기소개에는 자신의 인생이 고스란히 담겨 있다. 형의 발뒤꿈치를 잡은 사람,[11] 욕심을 제어하지 못한 사람, 다른 사람을 속여 온 사기꾼, 남의 것을 약탈해 온 사람 등등. 야곱은 자신의 이름을 소개하는 것이 아니라 지금까지 살아온 자신의 인생을 말하고 있다. 삐걱거려 온 여정을 토로한다. 하나님의 은혜로 살려 하지 않고 남의 것을 훔쳐서 살려 했던 인생, 자기의 노력과 방법으로만 살려고 했던 과거를 다 드러내 놓는 인생에 대한 고백이 '야곱'이라는 이름 하나로 다 설명되는 것이다. '하나님, 내가 엉터리로 살아왔다는 것 잘 압니다. 내가 지금까지 잘못 살았다는 것도 압니다. 그러니 이제 하나님의 축복 없이는 살 수가 없습니다'라고 말이다. 자신은 자격이 없는 사람이기 때문에 더더욱 이렇게 하나님을 붙들 수밖에 없다는 고백이다. 지금까지는 잔머리 굴려가면서 사는 것이 지혜롭다고 생각했고, 그 인간적인 방법이 통했지만, 이제는 자신이 자랑하던 그 똑똑함이 거대한 장벽에 가로막혀 있음을 고백하는 말이다.

잠언 3장 5-6에는 '너는 마음을 다하여 여호와를 신뢰하고 네 명철을 의지하지 말라 너는 범사에 그를 인정하라 그리하면 네 길을 지도하시리라'는 구절이 나온다. 사람의 명철을 의지하지 말라는 말씀이 어쩌면 '하나님 앞에서 잔머리 굴리지 말라'는 말씀으로 들린다. 자신의 삶을 가식 없이 고백하는 야곱에게 천사는 이제부터 그의 인생이 야곱이 아닐 것이라고 선언한다.

11 야곱이란 남의 '발꿈치를 잡다'라는 뜻이다. 쌍둥이 중 둘째로 태어났으면서도 형의 발꿈치를 잡고 나온 데서 붙여진 이름이 아니던가(창 25:26).

그가 이르되 네 이름을 다시는 야곱이라 부를 것이 아니요 이스라엘이라 부를 것이니 이는 네가 하나님과 및 사람들과 겨루어 이겼음이니라

— 창세기 32:28

드디어 역사상 처음으로 이스라엘Israel이라는 이름이 등장한다. 그것은 단순히 야곱이라는 이름만 바꾸는 것이 아니라, 지금까지의 야곱이라고 하는 삶의 방식과 사고방식, 가치 체계를 가지고는 미래가 없고 희망이 없으니, 삶의 전환과 변화를 이루라는 말씀이다. 그의 존재가 변화되어야 한다는 말이었다. 비록 지금까지는 야곱처럼 살아왔지만, 이제는 이스라엘이라는 새로운 존재로 거듭날 수 있다는 말이다. 마치 아브람이 변하여 아브라함이 되고, 시몬Simon이 변하여 베드로Peter가 되고, 사울Saul이 변하여 바울Paul이 된 것처럼 말이다. 지금까지는 야곱이라는 이름으로 남의 것, 남의 인생을 훔치며 살았고, 생의 모든 목적이 보다 많은 것을 소유하는 데 있었지만, 이제는 삶의 방식이 완전히 뒤바뀐 새로운 사람으로 살아가야 한다는 책임을 지워 주는 말이기도 하다. 기독교가 전할 수 있는 가장 강력한 메시지 가운데 하나 역시 '사람이 변할 수 있다는 것'이다.

'당신의 이름도 알려 주소서' 하며 묻는 야곱에게 천사는 '어찌하여 내 이름을 묻느냐'며 자신의 이름을 알려 주지 않는다. '문제는 내가 아니라 바로 너, 야곱'이라는 말이다. 천사는 '지금껏 나와 씨름하며 분투하던 그 모습과 그 자세로 이제 남은 일생을 그렇게 살라'고 하는 것이다. 그렇다. 문제는 우리에게 있다. 우리가 지금까지 가지고 왔던 옛 사람, 야곱과 같은 인생을 벗어 버리고, 이제 하나님이 주시는 복된 새 이름, 새 예루살

렘, 새 땅을 누리며 살 수 있는가 하는 것이다. 이제 우리는 그리스도 안에 사는 사람, 새로운 존재이기 때문이다.

흔히들 예배드리고 기도한 후에 은혜를 받았다는 말을 습관처럼 한다. 그러나 은혜의 정의를 다시 내리고 싶다. 은혜란 우리 안에 있는 새로운 추진력impellent force이다. 은혜를 받았다는 것은 단순히 좋은 말씀을 들었다거나 좋은 체험을 했다는 것이 아니다. 그것은 내 삶이 바뀔 수 있는 추진력이 생겼다는 것이다. 야곱이 그랬다. 성서는 그가 더 이상 예전과 비슷한 삶을 살았다고 보도하지 않는다.

> 그가 브니엘을 지날 때에 해가 돋았고 그의 허벅다리로 말미암아 절었더라
>
> — 창세기 32:31

이 일 후에 야곱, 아니 이스라엘은 일생동안 절룩거리며 살았을지도 모른다. 그러나 성서는 이전의 '야곱으로 사는 삶'보다 다리를 절며 사는 '이스라엘의 삶'이 그에게 복된 삶이었음을 암시한다. 성서는 지금 이 순간의 모습을 '절룩거리며 걸어가는 한 남자를 솟아오른 태양이 비추었다'고 표현한다. 마치 어떤 영화의 마지막 장면 같지 않은가? 지금까지와는 다른 새로운 희망의 서곡이다. 얍복강 나루터에서 맞이하는 새 아침은 분명 야곱에게 새로운 삶이 시작되었음을 의미한다.

창세기 33장으로 넘어가면 드디어 이스라엘(야곱)이 형 에서를 만난다. 만나기만 한 것이 아니라 서로 얼싸안고 춤을 추는 감격의 순간을 맛본다. 얼마나 멋있는 장면인가? 야곱이 하나님께 제단을 쌓은 시점이 바로

Jan van den Hoecke, 〈야곱과 에서가 화해하다〉, 17세기.

이때이다. 이날 에서가 돌아간 후에 야곱은 처음으로 하나님 앞에 제단을 쌓고 그 이름을 '엘-엘로헤-이스라엘(이스라엘의 하나님)'이라고 부른다(창 33:20).

요셉 이야기

야곱에게는 네 명의 아내, 레아와 라헬, 그리고 이 두 여인의 몸종이었던 빌하Bilhah와 실바Zilpah가 있었다. 야곱과 레아 사이에서 르우벤Reuben, 시므온Simeon, 레위Levi, 유다Judah, 잇사갈Issachar, 스불론Zebulun이 태어나고, 라헬은 요셉Joseph과 베냐민Benjamin을 낳았다. 그리고 라헬의 여종 빌하는 단Dan과 납달리Naphtali를 낳았고, 레아의 여종 실바는 갓Gad과 아셀Asher을 낳았다(창 35:23-25). 이들은 후에 이스라엘이라는 민족을 구성하는 열두 지파支派의 조상이 된다. 이 중 야곱의 사랑을 독차지했던 요셉의 이야기는 창세기에서 가장 많은 분량을 차지한다(창 37장; 39-50장). 요셉 이야기가 시작되는 창세기 37장에는 유독 요셉을 편애하는 야곱과 이를 시기하는 형제들의 모습이 나타난다.

[3]요셉은 노년에 얻은 아들이므로 이스라엘이 여러 아들들보다 그를

더 사랑하므로 그를 위하여 채색옷을 지었더니 [4]그의 형들이 아버지가 형들보다 그를 더 사랑함을 보고 그를 미워하여 그에게 편안하게 말할 수 없었더라

— 창세기 37:3-4

야곱이 가장 사랑했던 아내 라헬은 막내아들 베냐민을 낳으면서 목숨을 잃는다. 베냐민의 이름이 처음에 베노니Benoni(내 고통의 아들)였던 것은 그의 출생 당시의 상황이 어떠했는지를 짐작하게 해 준다. 아버지 야곱의 사랑은 라헬이 낳은 요셉과 베냐민에게 집중되었고, 특히 요셉에 대한 그의 사랑은 각별했다.

편애를 받던 요셉은 더군다나 눈치 없는 철부지였던 것처럼 보인다. 요셉은 두 가지 꿈을 꾸게 된다. 요셉의 형제들이 묶은 곡식 단이 자신이 묶은 곡식 단에 절하는 꿈, 그리고 해와 달과 열한 개의 별이 자신에게 엎드려 절하는 꿈이었다. 그런데 요셉은 아무 생각 없이 형들에게 자신의 꿈 이야기를 한다. 누가 듣더라도 형제들이 요셉을 섬기게 되리라는 꿈이었다. 이 유명한 '꿈' 이야기로 인해 요셉이 형들의 미움을 한 몸에 받던 어느 날, 요셉에 대한 야곱의 편애는 급기야 화를 부르고 말았다. 야곱은 양 떼를 치는 아들들의 상황이 궁금하여 요셉을 보낸다. 당시 야곱과 요셉이 남아 있던 장소는 헤브론Hebron이었고, 요셉의 형들은 여러 날 가야 도달할 수 있는 세겜Shechem이라는 곳에서 양을 치는 중이었다. 그러나 요셉이 세겜에 도착했을 때 어떤 사람으로부터 형들이 이미 그곳을 떠나 북쪽으로 25km나 더 떨어진 도단Dothan이라는 곳으로 이동했다는 사실을 알게 된다. 이스라엘 땅이 북쪽으로 갈수록 비옥하다는 것을 생각하면 아마도 요셉의 형들이 더

비옥한 목초지를 찾아 옮겨 다니고 있었음을 짐작할 수 있다(창 37:17).

형들을 만나기 위해 요셉이 걸어간 길은 결코 짧지 않았다. 그러나 아버지가 입혀 준 채색옷을 입고 오는 동생을 보면서, 형들은 먼 길을 온 요셉을 맞이하기보다 지금이 동생을 죽일 수 있는 좋은 기회라고 생각하고 구덩이를 파기 시작했다. 들판에서 일하던 형들은 이 '꿈꾸는 자'(창 37:19)를 구덩이에 던져 버렸지만, 차마 죽일 수는 없었다. 때마침 길을 지나가는 미디안Midian 사람들이 있었고, 형들은 은 20세겔을 받고 동생을 팔아넘긴다. 여기서 은 20세겔이라는 값은 레위기에 나오는 사람의 서원 값(하나님 앞에 맹세하여 소원을 올릴 때 드리는 돈)과 정확히 일치한다(레 27:5). 요셉을 팔아넘긴 형들은 요셉의 옷에 숫염소의 피를 적시고 이를 우연히 발견한 것처럼 아

Domenico Fiasella, 〈야곱에게 전달된 요셉의 외투〉, 1640년경.

버지 야곱을 속인다(창 37:35).

야곱은 자신의 아들들에게 철저히 속아 넘어간다. 야곱이 어떤 사람이던가. 평생 누군가를 속이는 데에는 일가견이 있던 사람이었다. 형 에서를 속여 장자권을 가로채고, 아버지 이삭을 속여 장자의 축복을 한 몸에 받았던 사람이다. 외삼촌 라반을 속여 그의 모든 재산을 한 손에 거머쥐고 나온 사람이 바로 야곱이었다. 그런 야곱이 지금 속고 있다. 그것도 자신의 아들들에게 말이다.

미디안 상인에게 끌려간 요셉은 애굽 왕의 신하, 친위대장 보디발Potiphar의 집에서 종으로 살아가게 된다. 그곳에서 요셉은 더 이상 예전의 철부지가 아니었다. 아버지 야곱이 라반의 집에 복을 갖다주었듯이(창 30:27), 성실한 요셉은 보디발의 집에 복덩어리와 같은 존재가 되었다. 요셉의 성실함은 이미 형들을 찾아 먼 길을 걸어갔던 모습에서도 찾아볼 수 있지 않은가. 주인 보디발의 인정을 받은 요셉은 그 집안의 모든 소유를 관장하게 된다.

> [3]그의 주인이 여호와께서 그와 함께 하심을 보며 또 여호와께서 그의 범사에 형통하게 하심을 보았더라 [4]요셉이 그의 주인에게 은혜를 입어 섬기매 그가 요셉을 가정 총무로 삼고 자기의 모든 소유를 다 그의 손에 위탁하니
>
> — 창세기 39:3-4

그러나 보디발 집에서의 요셉의 행복은 잠시뿐이었다. 용모가 빼어나고 아름다웠던(창 39:6) 요셉을 탐낸 보디발의 아내가 그에게 접근하기 시

작했다. 요셉은 동침을 청하는 안주인의 유혹을 거절했지만, 여인의 유혹은 날마다 계속되었다(창 39:10). 어느 날, 급기야 보디발의 아내는 요셉의 옷을 붙잡고 늘어졌고, 그 자리를 뛰쳐나가는 요셉의 옷을 움켜쥔다. 남겨진 옷이 빌미가 되어 요셉은 보디발의 아내를 겁탈하려 했다는 누명을 쓰고 왕의 죄수를 가두는 감옥에 갇히게 된다.

감옥은 보디발의 집 안에 있었다. 그러나 감옥에 갇힌 요셉의 일상에는 변화가 없었다. 보디발의 집에서 그랬던 것처럼, 그는 여전히 성실했고, 하나님은 요셉과 함께하시며 그의 범사를 형통케 하셨다. 하나님이 함께하시는 삶이었기에 그의 삶은 감옥 안에서도 형통하였다(창 39:23). 많은 구약학자들은 요셉 이야기가 온전한 형태로 완성된 시기가 솔로몬 왕 때

Guido Reni, 〈요셉과 보디발의 아내〉, 1630년경.

였을 것으로 보고 있다. 솔로몬 당시 이스라엘과 애굽 두 나라 사이에는 문화적인 교류가 활발했었다. 요셉 이야기가 이 두 나라 사이를 오고 가면서 펼쳐지고 있을 뿐만 아니라, 여기 등장하는 요셉이 자신은 '하나님을 경외敬畏하는 사람'임을 분명히 밝히면서 이방 애굽 여인의 유혹을 단호하게 거절하는 모습 등이 솔로몬 시대에 기록된 잠언의 말씀 속에 자주 등장하는 것과 결코 무관하지 않다고 보기 때문이다.[12]

왕의 죄수를 가두는 감옥에서 간수장의 일을 대신하며 살아가던 요셉은 꿈과 관련된 또 다른 사건들을 맞이한다. 첫 번째 꿈 이야기와 다른 점이 있다면, 지금부터는 자신의 꿈이 아니라 다른 사람들의 꿈을 해몽해 주었다는 점이다. '왕의 죄수를 가두던 감옥'에는 애굽 왕의 노여움을 사서 수감된 왕의 술 맡은 자와 떡 굽는 자가 있었다. 그들은 스스로 해몽할 수 없는 난해한 꿈을 꾸었다. 요셉은 그들의 꿈을 각각 길몽과 흉몽으로 해몽해 주었고, 복직과 사형이라는 결과로 신기하게 맞아 떨어졌다. 꿈의 뜻을 풀어 준 삯으로 요셉은 술 맡은 자에게 억울하게 끌려온 자신의 처지를 애굽 왕에게 잘 말해 줄 것을 부탁하지만, 그는 이내 요셉을 잊어버렸다.

그렇게 감옥 안에서의 시간은 계속 흘러가고 있었다. 그런데 예상하지 못한 일이 일어났다. 요셉을 완전히 잊어버린 줄 알았던 술 맡은 자가 요셉을 기억해 낸 것이다. 바로 자신이 모시는 애굽 왕이 꿈을 꾼 사건 때문이었다. 애굽 왕 또한 해몽이 어려운 꿈을 꾸었고, 술 맡은 자의 소개로 요셉은 왕의 꿈 해몽을 위해 불려 갔다. 꿈의 해몽뿐 아니라 장차 애굽에 닥칠 재난에 대한 대비책까지 완벽하게 제안하는 요셉의 지혜는 왕과 모

12 잠 3:1–8; 5장; 6:20–7:27 참조.

든 신하들을 감복시켰다. 이 일이 계기가 되어 요셉은 왕 다음가는 총리의 지위에 오르게 된다.

전통적으로 요셉 당시의 애굽은 힉소스Hyksos 왕조가 치리했던 것으로 알려져 있다. 요셉은 사브낫 바네아Zaphenath Paneah라는 애굽 이름을 갖게 되었고, 애굽 여인 아스낫Asenath과 결혼하여 므낫세Manasseh와 에브라임Ephraim이라는 두 아들을 낳는다(창 41:45-52). 아스낫은 애굽의 태양신을 섬기는 제사장 보디베라Potiphera의 딸이었다. 요셉이 이방 신을 섬기는 제사장의 사위가 된 것 때문에 많은 학자들은 아마도 이 본문이, 이스라엘이 외국의 신들에 대해 개방적인 자세를 취했던 솔로몬 시대에 기록되었을 것으로 생각한다.

요셉의 두 아들 므낫세와 에브라임은 각각 '(애굽에서의 고난을) 잊어버리다'와 '번성하다'라는 뜻을 지닌다. 이 두 아들은 후에 이스라엘을 대표하는 열두 지파 명단에 오르게 되고, 대신 요셉의 이름과 제사장 지파의 선조였던 레위는 명단에서 빠지게 된다.

요셉이 대비하던 재난의 범주는 애굽뿐 아니라 전 근동 지역에 걸쳐 일어났다. 아버지와 형제들이 살고 있던 가나안 땅 역시 그 재난을 피해가지는 못했다. 식량을 구하기 위해 찾아온 형들은 애굽의 총리가 자신의 동생 요셉이리라고는 상상도 하지 못했다. 요셉은 일부러 통역까지 세워가면서(창 42:23) 신분을 숨겼다. 자신에게 머리를 숙이는 형들을 보면서, 한때 자신이 꾸었던 꿈이 현실로 이루어지고 있음을 보았다(창 42:9).

요셉은 일부러 형들을 정탐꾼으로 몰아 함께 오지 않은 막냇동생 베냐민을 불러오게 했다. 그렇게 아끼는 동생과 재회한 그는 형제들이 돌아갈 때 베냐민의 짐 속에 자신의 은잔을 일부러 숨겨 둔 뒤 적발하곤, 베냐민을 애굽에 포로 명목으로 남겨 두려 한다. 베냐민이 자신처럼 라헬의 소생이었다는 점과 자신을 팔아넘겼던 형들을 생각하면 동생 베냐민 또한 걱정되었기 때문이었는지도 모른다. 그러나 이때의 형들은 예전에 자신을 죽이려 하고 팔아넘기던 때의 형들이 아니었다. 형제들 중 유다가 차라리 자신을 죄인으로 남겨 두어 종으로 삼고 동생 베냐민은 아버지 야곱에게로 돌려보내 달라고 간청한다(창 44:33-34). 게다가 베냐민을 데려올 때에 이미 맏형 르우벤은 아버지 야곱에게 자신의 두 아들의 생명을 담보하면서까지 베냐민을 지키겠노라고 약속하기까지 했었다. 가나안 땅에서 있었던 이 일을 요셉이 알았을 리는 없다. 그러나 유다의 행동만으로도 요셉의 마음은 주체할 수 없는 감정에 휩싸이고 만다. 그 자리에서 요셉은 주위의 다른 사람들을 다 물러가게 하고 큰 소리로 울며 자신의 정체를 밝힌다.

> [4]요셉이 형들에게 이르되 내게로 가까이 오소서 그들이 가까이 가니 이르되 나는 당신들의 아우 요셉이니 당신들이 애굽에 판 자라
> [5]당신들이 나를 이 곳에 팔았다고 해서 근심하지 마소서 한탄하지 마소서 하나님이 생명을 구원하시려고 나를 당신들보다 먼저 보내셨나이다
>
> — 창세기 45:4-5

형들을 향해 '애굽에 판 자'라고 표현하는 것은 요셉의 정체를 밝히는 결정적인 증거가 된다. 이는 요셉과 형들만이 알고 있었던 비밀이었기 때문이다. 그러면서 동시에 요셉은 지금까지 일어난 모든 일이 가족의 생명을 구원하시기 위한 하나님의 계획이었음을 상기시킨다.

이 일은 비단 요셉과 형제들의 기쁨으로만 그치지 않았다. 요셉의 형들이 왔다는 소식은 애굽 왕과 모든 신하들의 기쁨으로까지 이어졌다(창 45:16). 애굽 왕은 요셉의 모든 가족이 애굽으로 와서 함께 살 것을 제안한다. 그리고 자신이 타는 수레를 보내어 야곱을 데려오게 한다. 요셉이 살아 있다는 소식이 야곱에게는 꿈만 같은 일이었을 것이다. 그 소식을 접하고 어리둥절해하던 야곱은 왕이 타는 수레를 보고서야 그 말을 믿는다(창 45:26-27).

아버지 야곱이 죽을 무렵에 요셉도 죽음을 맞이한 것 같다. 이스라엘의 선조들 이야기를 마무리하는 창세기의 마지막 두 장(49-50장)은 야곱과 요셉의 죽음을 묘사하고 있다. 앞서 이야기한 것처럼, 야곱의 열두 아들은

Rembrandt, 〈에브라임과 므낫세를 축복하는 야곱〉, 1656년.

후에 이스라엘을 대표하는 각 지파의 조상이 되는데, 요셉 지파라는 이름은 역사 속에서 사라지고 대신 그의 두 아들 에브라임과 므낫세가 그 자리를 대신한다.

Ⅲ. 출애굽 이야기

출애굽기–신명기

die Menschwerdung an
und den Tod Christi,
so hat er uns ein be-
sondres Gedächtniß
und eine feyerliche
Verkündigung seines
Todes, so oft wir wol-
len, befohlen, daß wir
auch äußerlich im
Sacrament, der Ver-
t verborgen, al-
n Glauben aus

unsere gewisse Se-
ligkeit.
Diese heilige Hand-
lung, o Erlösete, helfe
euch Gott anjetzt mit
wahrer Andacht ver-
richten. Ihr müsset
schon durch Gebeth
und Selbstprüfung
dazu vorbereitet seyn,
und mit unverstellter
Reue über eure Sün-
den, mit aufrichtigem
Verlangen nach der
Barmherzigkeit Got-
tes in Christo

나일강에서 시내산까지

창세기를 전역사와 족장사로 구분한다면, 오경은 모세 이전의 이야기(창세기)와 모세 이야기(출애굽기에서 신명기까지)로 구분된다. 구약성서의 두 번째 책인 출애굽기Exodus는 애굽에서 '생육하고 불어나 번성하고 매우 강하여 온 땅에 가득하게'(출 1:7) 된 야곱의 후손들이 어떻게 종살이를 하게 되었는지와 어떻게 그들이 애굽을 빠져나왔는지를 알려 준다. 출애굽기의 시대적 무대는 '요셉을 알지 못하는 새 왕'(출 1:8)이 애굽을 통치하던 시기로부터 시작된다. 요셉이 총리로 있던 애굽의 왕조는 사라졌다. 여기서 말하는 요셉을 알지 못하는 새 왕이란, 이전 힉소스 왕조를 무너뜨리고 강력한 새 왕조를 형성시킨 세티Seti 1세를 말한다. 어느 나라에서나 한 왕조가 무너지고 새로운 왕조가 들어서면 이전 왕조에 충성하여 소위 '잘나가던' 집안은 몰락하기 마련이다. 이렇게 몰락한 집안의 구성원은 종이나 죄수로 전락한다. 우리나라의 경우만 하더라도 조선이 개국하면서 고려 시대에 인정받던 충신들의 집안이 몰락할 수밖에 없었던 것과 마찬가지다. 그런데 구약성서는 야곱의 후손이 몰락하게 된 이유를 '왕조가 바뀌어서'라고 말하지 않고, '요셉을 알지 못하는 새 왕'이 일어났기 때문이라고 말한다. 이는 구약성서가 가지고 있는 독특한 역사의식 때문이다. 창세기와 출애굽기 사이에는 약 430년 정도의 긴 공백이 있었고 그동안에 총리의 집안 사람들이 노예로 전락하는 일들이 벌어졌지만, 출애굽기의 이야기는 창세기를 잇고 있다는 점과 역사의 주인은 하나님이시라는 점을 암시하고 있는 것이다.

노예로 전락한 야곱의 후손은 새로운 왕조에게 두 가지 의미를 가졌다. 하나는 재산으로서의 가치이고, 다른 하나는 전쟁이 일어났을 때 적으로 돌아설 수도 있다는 잠재적인 위협이었다. 세티 1세는 이미 애굽 백성보다도 더 많은 수로 늘어난 이스라엘 자손에 대한 두려움을 이렇게 말한다.

> 이 백성 이스라엘 자손이 우리보다 많고 강하도다. 자, 우리가 그들에게 대하여 지혜롭게 하자 두렵건대 그들이 더 많게 되면 전쟁이 일어날 때에 우리 대적과 합하여 우리와 싸우고 이 땅에서 나갈까 하노라
>
> — 출애굽기 1:10

그래서 나름 지혜로운 방법이라고 선택한 것이 두 가지였다. 하나는 이스라엘 자손을 학대하여 국고성 비돔Pithom과 라암셋Rameses을 건축하게 했던 것이고, 다른 하나는 산파들을 이용해 히브리 여인이 남자아이를 낳을 때마다 죽여서 그 백성의 수를 줄이고자 했던 일이었다. 그러나

애굽 땅에서 나가지 못하도록 막기 위한 이 조처들이 오히려 출애굽 사건을 초래하게 만들고 만다. 흥미로운 것은 남아학살 정책을 펼쳤던 왕의 이름은 등장하지 않는 데 반해, 일개 산파에 불과했던 여인들의 이름, 십브라Shiphrah와 부아Puah는 등장하고 있다는 점이다. 산파들은 '하나님을 두려워하여 애굽 왕의 명령을 어기고 남자아이들을 살려 주었다'(출 1:17). 급기야 애굽 왕은 직접 나서서 태어나는 모든 히브리 남자아이를 나일강에 던져 죽이는 대대적인 학살 정책을 펼치게 된다. 출애굽 사건의 주인공 모세Moses가 태어난 것은 바로 이 때였다.

모세를 낳은 요게벳Jochebed이라는 여인은 아이가 잘생긴 것을 보고 석 달 동안 숨겨 키우다가 갈대 상자를 가져다가 아이를 담아 띄워 보낸다. 어느 어머니가 자기 자식을 보면서 못생겼다고 할 수 있겠는가? 그렇다고 꼭 외모가 훌륭해야만 살려 둘 가치가 있다는 말도 아니다. 아이가 잘생겼다는 말은 아마도 어머니 요게벳의 평가가 아니라 이 본문을 기록한 사람의 평가라고 보아야 할 것이다. 이 아이를 통해 앞으로 이루어질 위대한 역사를 미리 암시하고 있는 것이다. 목욕하기 위해 나일강으로 내려온 바로(파라오)의 딸이 갈대 상자를 발견한다. 파피루스로 만든 이 상자는 노아의 홍수 이야기에 나오는 방주를 연상시킨다. 실제로 방주와 상자에 해당하는 히브리어는 모두 '테바tebah'라는 용어를 사용하고 있다. 비록 그 크기는 서로 다르지만 그 안에 들어 있는 생명을 살리는 역할을 한다는 점에서는 같은 기능을 하고 있는 것이다. 모든 히브리 남자아이를 죽이라고 명령한 장본인의 딸이 직접 상자를 열어 보고는 그 안에 있는 아이가 히브리 사람의 아이인 것을 알아본다. 위기의 순간이다. 더군다나 지금 있는 장소가 학살의 장소로 지명된 나일강이 아닌가? 하지만 이 장면을 지켜보던 모세의 누이 미리암Miriam이 지혜롭게 개입하여 자기 어머니를 유모로 천거함으로써 아이는 죽음을 모면했고, 다시 친어머니의 품으로 돌아올 수 있었다. 더군다나 요게벳은 공주가 주는 삯까지 받아가면서 자기 아들을 키울 수 있게 되었다.

아마도 여기에는 모종의 약속이 있었을 수도 있다. 아이를 발견한 공주는 곧바로 그를 왕궁으로 데리고 가지 않았고, 요게벳은 아이가 어느 정도 자랄 때까지 키우다가 공주에게 다시 데려다주었던 것을 보면 말이다. 공주는 어느 정도 자란 아이에게 모세라는 이름을 지어 주었다. 애굽 말로는 '아들'이라는 뜻이고, 이와 비슷한 히브리 말로는 '건져 내다'라는 뜻을 지닌다. 구약성서에는 서로 같은 이름을 사용하는 사람들이 많다. 하

Nicolas Poussin, 〈강에서 구해지는 모세〉, 1638년.

지만 모세라는 이름을 가지고 있는 이는 단 한 명뿐이다. 그 이유는 이 이름이 요게벳이 지어 준 히브리 이름이 아니라 바로의 딸이 지어 준 애굽 이름이기 때문이다. 애굽 왕들의 이름 중에 모세라는 이름이 종종 나타나는 것을 보아 이 이름은 왕족과 관련된 귀한 이름이었을 것으로 보인다. 공주의 양자가 된 어린 모세를 친어머니 요게벳이 직접 길렀다는 것은 중요한 의미를 지닌다. 그것은 모세의 정체성이다. 아마도 모세는 일찍부터 자신이 히브리 사람이라는 사실을 알았을 것이다. 어른이 된 후, 학대받는 노예들에게 연민과 연대감을 가졌던 것을 보면 말이다.

> 모세가 장성한 후에 한번은 자기 형제들에게 나가서 그들이 고되게 노동하는 것을 보더니 어떤 애굽 사람이 한 히브리 사람 곧 자기 형제를 치는 것을 본지라
>
> — 출애굽기 2:11

이를 보다 못한 모세는 그 애굽 사람을 죽이고 만다. 비록 공주의 양자이긴 했지만, 히브리 사람이 애굽 사람을 죽인 일은 왕의 노여움을 샀다. 한순간에 왕이 직접 찾아나설 정도의 중죄인으로 전락한 모세는 애굽 왕의 힘이 미치지 않는 미디안 땅으로 도망한다.

불혹의 나이에 도망자가 된 모세는 사십 년의 기간을 양치는 자로 살아간다. 별생각 없이 도착한 시내산(호렙산)에서 모세는 팔순의 나이에 자기를 찾아오신 하나님을 경험한다. 하나님은 모세에게 자신이 이스라엘 조상들의 하나님이심을 알렸다. 그리고는 모세를 바로에게 보내어 학대받고 있는 이스라엘 자손을 인도해 젖과 꿀이 흐르는 땅, 가나안으로 이끌리

라고 하신다. 구약성서는 가나안 땅을 가리켜 '젖과 꿀이 흐르는 땅'이라는 표현을 20여 회나 사용하지만, 사실 그곳은 풍요로운 비유와는 전혀 어울리지 않는 곳이다. 아마도 처음부터 그 땅이 비옥하기 때문에 생겨난 표현이라기보다는, 그렇게 좋은 땅으로 만들어 가야 한다는 사명을 담고 있는 표현으로 읽어야 할 것이다.

야곱 시대에 스스로 걸어 들어간 애굽 땅에서 다시 그의 후손들을 데리고 나온다는 것은 불가능에 가까운 일이었다. 들어갈 때는 칠십 명 정도의 적은 수였으나, 지금은 육십만이 넘는 수로 늘어났기 때문이다. 게다가 노예를 재산으로 생각하고 있는 애굽의 왕이 그들을 순순히 내어줄 리 만무했다. 무엇보다도 애굽에서 도망쳐 나온 자신의 입장을 생각해 본다면 다시 그 죽음의 땅으로 들어간다는 것은 죽는 것만큼이나 두려운 일이었으리라. 더군다나 지금 모세의 나이가 새로운 모험을 하기보다는 인생의 쉼을 추구하고픈 팔십이 아닌가? 보내려 하시는 하나님과 이를 거절하는 모세 사이에는 한 치의 양보가 없었다. 네 번에 걸친 하나님의 파송派送 명령에도 불구하고 모세는 이러저러한 이유를 들어 이를 거절한다.

자신이 누구이기에 그처럼 큰일을 감당할 수 있겠느냐고(출 3:11), 이스라엘 자손이 자기를 보내신 하나님의 이름을 물을 때 무엇이라 대답해야 하느냐고(출 3:13), 그들이 자기 말을 믿지 않을 것이라고(출 4:1), 그리고 자기는 입이 뻣뻣하고 혀가 둔하여 말을 잘 못한다고(출 4:10) 변명한다. 하나님은 모세가 이런 변명을 할 때마다 자신이 함께할 것이고, '스스로 있는 자(여호와)' 곧 이스라엘 조상의 하나님이 보내셨음을 전하라 하셨다. 지팡이가 변하여 뱀이 되는 기적을 보이시고, 말을 잘 못하는 모세에게 할 말을 가르쳐 주겠다고까지 하셨지만 모세는 '오 주여 보낼 만한 자를 보내소서'라고 물러선다. 급기야 하나님은 모세에게 화를 내시고 말 잘하는 아론Aaron을 붙여 주시면서 불안에 떠는 모세를 억지로 보내신다. 그리고 아내와 아들들을 나귀에 태우고 애굽으로 돌아가는 모세의 손에 '하나님의 지팡이'를 들려 주셨다! 하나님의 지팡이라니, 하나님도 지팡이를 사용하실 정도로 나이를 먹는다는 말인가? 아니다. 그것은 방금 전까지도 모세가 사용하던 지팡이를 말한다. 모세 자신처럼 볼품없이 작은 막대기에 불과한 이 지팡이는, 모세가 출애굽이라는 거대한 사명의 첫발을 내딛는 순간, '하나님의 지팡이'라는 새로운 이름을 얻은 것이다.

애굽으로 돌아온 모세가 만난 바로는, 예전에 자신을 찾아 죽이려 했던 세티 1세가 아니라, 그의 아들 람세스Ramses 2세였다. 람세스 2세는 비돔과 라암셋이 있는 동부 나일 삼각주에 새로이 큰 왕궁을 지으려 했다. 히브리인들을 비롯한 노예들은 이 건축 사업에 동원되어 있었다. 모세와 바로는 첫 대면부터 서로 강경하게 대립했다.

모세의 요구 [1]이스라엘의 하나님 여호와께서 이렇게 말씀하시기를 내 백성을 보내라 그러면 그들이 광야에서 내 앞에 절기를 지킬 것이니라 하셨나이다

바로의 반응 [2]여호와가 누구이기에 내가 그의 목소리를 듣고 이스라엘을 보내겠느냐 나는 여호와를 알지 못하니 이스라엘을 보내지 아니하리라

— 출애굽기 5:1-2

모세의 이 요구는 우리에게 구약성서가 말하는 출애굽의 진정한 목

적이 무엇인지를 알려 준다. 출애굽 사건은 인류 역사에서 억압받는 이들의 모델로 가장 많이 나타나고 있으나, 구약성서가 말하는 출애굽의 가장 중요한 목적은 하나님 앞에 절기를 지키는 일, 곧 이스라엘이 '예배하는 공동체'로 다시 태어나는 일이었다. 이 분명한 목적은 출애굽 사건에서 거듭 강조된다.[13]

바로가 백성을 내어 달라는 모세의 요구에 순순히 응했을 리는 만무했다. 애굽의 왕에게 있어 히브리인의 하나님은 한낱 노예의 신에 불과했기 때문이다. 더군다나 애굽에서는 바로 역시 신의 아들, 즉 신으로 통하고 있었다. 눈에 보이는 신인 자신이 눈에 보이지 않는 히브리인의 신의 요구를 받아들이는 것은 일종의 굴복과 굴욕으로 다가왔을 것이다.

거듭되는 모세의 요구에 바로는 오히려 노예들이 감당해야 할 짐을 한층 무겁게 만들어 기선을 제압하려 한다. 이 두 리더의 싸움은 결국 열 가지 재앙으로 이어진다.

나일강을 비롯한 애굽의 모든 물이 피로 변하여 강의 고기가 죽고 악취가 나는 첫 재앙이 닥쳤다. 바로는 이를 재앙으로 여기기보다는 강력한 마술 정도로 생각하고 관심을 가지지도 않았다.

두 번째 재앙은 개구리가 나일강에서 무수히 생기고 온 땅을 덮은 일이었다. 애굽에서는 개구리를 다산의 상징으로 여겨, 헤케트Heket라는 개구리 여신도 있었다. 이 재앙에서 개구리는 더 이상 애굽의 풍요를 가져오는 신이 아니라 역겨운 재앙의 도구로 변해 있었다. 그러나 애굽의 요술사들도 같은 능력을 보여 주어 바로의 마음을 돌리는 데는 실패한다.

13 출 3:18; 5:3; 8:1, 27; 9:1, 13; 10:3 참조.

세 번째 재앙은 애굽 온 땅의 티끌이 이가 되어 사람과 가축에게 오른 일이었다. 애굽의 요술사들이 따라 하지 못한 것으로는 첫 재앙이었다.

네 번째 재앙은 애굽 사람의 집집마다 파리 떼가 들끓는 것이었다. 이 네 번째 재앙은 두 가지 면에서 이전 재앙과는 구별된다. 히브리 백성이 거주하던 고센Goshen 땅에는 이 재앙이 내리지 않았으며 이때부터의 재앙이 애굽 사람과 히브리 사람을 구별하기 시작했다는 점이고, 다른 하나는 바로가 일종의 타협을 제시해 오기 시작했다는 점이다. 바로는 '이 땅', 즉 애굽에서 하나님께 제사 드리는 것을 허용하지만 모세와 아론은 광야로 나가기를 고집한다. 바로는 다시 한발 물러선다. '광야에서 제사를 드릴 것이나 너무 멀리 가지는 말라'고 제안한다(출 8:28). 그러나 파리 떼의 재앙이 멈춤과 동시에 바로는 입장을 번복하고 이스라엘 백성을 내보내지 않았다.

다섯 번째 재앙은 애굽의 모든 살아 있는 가축에게 심한 돌림병이 생긴 일이었고, 여섯 번째는 애굽의 모든 사람과 가축에게 악성 종기가 생긴 일이었다. 일곱 번째는 번개와 천둥을 동반한 우박이었고, 여덟 번째는 애굽의 온 지면을 덮은 메뚜기 떼였다. 구약성서에서 하나님은 이스라엘의 적을 치실 때 종종 우박을 사용하신다는 표현이 나타나고, 메뚜기 역시 가장 가혹한 하나님의 심판 도구 가운데 하나이다. 메뚜기 재앙은 다시 바로의 마음을 흔들 정도로 심각했다. 모세와 아론은 바로에게 불려 가 '너희 장정만 가서 여호와를 섬기라'(출 10:11)는 지시를 받고 쫓겨난다. 그러나 재앙이 그치자 바로는 이번에도 이스라엘 자손을 보내지 않았다. 애굽 땅 위에 흑암이 덮이는 아홉 번째 재앙이 있자, 바로는 양과 소 등 가축은 남겨두고 모든 사람은 나가도 좋다고 말한다. 모세는 하나님이 제물을 결정하시기 때문에 모든 가축을 가지고 나가겠다고 맞선다.

이윽고 마지막 열 번째 재앙이 닥친다. 애굽의 모든 처음 난 것들 곧 '왕위에 앉아 있는 바로의 장자로부터 맷돌 뒤에 있는 몸종의 장자와 모든 가축의 처음 난 것까지'(출 11:5) 죽임을 당하게 된다. 일찍이 세티 1세가 히브리인들에게 저질렀던 그 끔찍한 일이 애굽의 모든 장자에게도 닥치게 된 것이다. 이 마지막 재난이 닥치기에 앞서 하나님은 이스라엘 백성이 애굽에서 보내는 마지막 밤에 해야 할 일을 가르치신다. 양이나 염소 중에서 흠 없고 일 년 된 수컷을 취하여 그 피를 각 집의 좌우 문설주와 문지방에 바르고, 그 밤에 고기를 불에 구워 무교병(누룩을 넣지 않고 구운 빵)과 쓴 나물을 함께 먹어야 한다는 것이다. 바로 구약성서에서, 그리고 오늘날까지 유대인들이 가장 중요한 절기로 지키고 있는 유월절踰月節, Passover의 시작이었다.

첫 유월절의 밤, 하나님은 애굽 땅에서 모든 처음 난 것을 치셨다. 흥미로운 것은 살아 있는 모든 장자를 죽이실 때 '애굽의 모든 신'을 함께 심판하셨다는 것이다(출 12:12). 사실 고대 근동에서 민족과 민족의 싸움은 신과 신의 싸움으로 이해되었다. 어느 한 민족이 다른 민족과 싸워서 이겼다는 것은 그 민족의 신이 승리했다는 의미를 지닌다. 출애굽기에 나타나는 열 가지 재앙 이야기는 이스라엘이 믿고 있는 신과 애굽에서 섬기고 있는 각종 신들의 싸움을 말해 주기도 한다. 참 신이신 하나님이 애굽의 각종 신들을 이겼을 뿐 아니라, 그들의 힘을 마음대로 사용하고 있는 형국을 보여 주는 이야기로 볼 수 있는 것이다. 그날 밤 하나님이 모세에게 미리 말씀하신 대로 모든 일이 벌어졌다. 스스로를 신이라고 생각했던 바로도 결국 하나님 앞에 무릎을 꿇었다. 유월절의 밤이 채 지나기도 전에 바로는 모세와 아론을 불러 아무 조건 없이 이스라엘 백성을 놓아주기로 한다. 이스라엘 자손이 애굽에 거주한 지 430년 만의 일이었다(출 12:40).

애굽에서 가나안으로 가는 가장 가까운 길은 지중해 해안을 따라 가는 길이다. 출애굽기 본문이 이 길의 이름을 '블레셋 사람의 땅의 길The way of the land of Palestine'(출 13:17)이라고 부르는 것을 보아 아마 이 본문을 기록한 사람은 블레셋 사람들이 가나안에 진입해 들어와 살던 역사를 경험한 사람이었을 것으로 보인다. 이스라엘의 조상 아브라함도 아마 이 길을 걸어 애굽을 다녀왔을 것이며, 요셉이 종으로 팔려 가고, 야곱과 그의 가족들이 다녔던 길도 아마 이 길이었을 것으로 추정된다. 그러나 이 길에는 잘 훈련된 애굽의 변경수비대가 위치하고 있었기 때문에 이스라엘 백성은 불필요한 마찰을 피해 '홍해의 광야 길The way of the wilderness of the Red Sea'(출 13:18)로 돌아서 갔다. 홍해의 광야 길이라는 길은 존재할 수 없는 길이다. 홍해를 건너 광야로 들어가는 길이라는 의미이기 때문이다. 이 즈음 이스라엘 백성을 내보낸 바로는 후회하고 있었다. 그는 곧 애굽의 군대 중 정예군이라 할 수 있는 있는 병거부대를 동원하여 이스라엘 백성을 추격하기 시작했다. 하나님과 바로 사이의 마지막 싸움이 시작되는 순간이다. 홍해 앞에서서 뒤따라오는 바로의 말과 병거들이 가까이 오고 있는 것을 알게 된 이스라엘 백성이 두려움에 떨며 불평하기 시작하자, 모세는 '여호와께서 오늘 너희를 위하여 행하시는 구원을 보라'며 위로한다(출 14:13). 하나님은 이스라엘과 애굽 사이에 서서 자기 백성을 지키셨고, 그사이 홍해는 점차 갈라지기 시작했다.

> 모세가 바다 위로 손을 내밀매 여호와께서 큰 동풍이 밤새도록 바닷물을 물러가게 하시니 물이 갈라져 마른 땅이 된지라
>
> — 출애굽기 14:21

Frederick Arthur Bridgman, 〈홍해에 휩싸인 파라오의 군대〉, 1900년.

구약성서의 중심 무대에서 볼 때 지중해에서 불어오는 서풍은 촉촉한 습기를 머금은 반면, 동풍은 사막에서 불어오는 메마른 바람이다. 이 동풍이 밤새도록 불었다는 것을 보면 홍해 사건은 순식간에 일어난 일이 아니라 오랜 시간에 걸쳐 일어난 일이다. 마침내 이스라엘은 마른 땅을 건너갔고, 바로의 군대가 그들을 추격하던 새벽녘에는 바다의 힘이 회복되어 추격하던 자들을 덮쳐 버리고 말았다. 이 사건을 유대인들은 지금까지도 그들 역사 속에서 일어난 가장 중요한 사건, 뿌리경험root experience으로 받아들이고 후손에게 전하고 있다.

시내산에서 요단강까지

홍해를 건넌 이스라엘 자손은 광야로 들어가 남쪽으로 방향을 튼다. 애굽에서 나온 지 석 달 만에 시내 광야에 있는 산에 이르렀다. 시내산이다. 시내 광야라는 이름도 이 산의 이름을 딴 것이다. 오늘날 시내산은 아랍어 '예벨무사Jebel Musa', 즉 '모세의 산'이라는 이름으로 불린다. 일찍이 모세가 출애굽의 지도자로 소명을 받은 산이고, 또 바로 이곳에서 그가 십계명을 받았기 때문에 붙여진 이름이다. 여기에서 모세와 이스라엘 자손은 하나님과 언약을 맺는다.

> 4내가 애굽 사람에게 어떻게 행하였음과 내가 어떻게 독수리 날개
> 로 너희를 업어 내게로 인도하였음을 너희가 보았느니라 5세계가
> 다 내게 속하였나니 너희가 내 말을 잘 듣고 내 언약을 지키면 너희
> 는 모든 민족 중에서 내 소유가 되겠고 6너희가 내게 대하여 제사장

> 나라가 되며 거룩한 백성이 되리라 너는 이 말을 이스라엘 자손에게 전할지니라
>
> — 출애굽기 19:4-6

이른바 '모세 언약'이다. 이 언약의 특징은 이스라엘 자손이 하나님의 말을 '잘 듣고 지키면' 하나님 백성으로서의 지위를 갖는다는 점이다. 이스라엘이 하나님의 백성이 된다는 것, 곧 선택된 백성, 선민選民이 된다는 것은 크나큰 특권이 아닐 수 없다. 그러나 그 이면에는 선택된 백성답게 살아야 한다는 의무가 있는 것이다. 하나님이 이스라엘을 선택하시면서 듣고 지키라고 한 말씀을 '토라Torah'라고 한다. '가르치다'라는 뜻의 '야라yarah'에서 나온 명사 '가르침teaching'이다. 그 가르침이 주로 율법의 형태로 되어 있기 때문에 흔히 토라를 율법이라고도 부르고, 이 율법을 담고 있는 오경을 율법서라고도 부른다. 토라는 전부 613개의 가르침으로 구성되어 있다.

이 토라의 핵심이 바로 십계명이다. 구약성서를 경전으로 사용하고 있는 유대교와 가톨릭, 개신교는 모두 십계명을 구약성서에서 가장 중요한 법으로 간주하고 있지만, 십계명의 내용과 분류 방식은 서로 조금씩 달리한다. 일례로 십계명은 '나는 너를 종 되었던 애굽 땅에서 인도해 낸 여호와니라'는 말씀으로 시작한다. 유대교에서는 첫 번째 계명으로 인정하는 이 말씀을 가톨릭과 개신교에서는 서문으로 분류한다.

> **서문** [1]하나님이 이 모든 말씀으로 말씀하여 이르시되 [2]나는 너를 애굽 땅, 종 되었던 집에서 인도하여 낸 네 하나님 여호와니라

1계명 3너는 나 외에는 다른 신들을 네게 두지 말라

2계명 4너를 위하여 새긴 우상을 만들지 말고 또 위로 하늘에 있는
것이나 아래로 땅에 있는 것이나 땅 아래 물 속에 있는 것의 어떤 형
상도 만들지 말며 5그것들에게 절하지 말며 그것들을 섬기지 말라…

3계명 7너는 네 하나님 여호와의 이름을 망령되게 부르지 말라…

4계명 8안식일을 기억하여 거룩하게 지키라… 11이는 엿새 동안
에 나 여호와가 하늘과 땅과 바다와 그 가운데 모든 것을 만들고 일
곱째 날에 쉬었음이라 그러므로 나 여호와가 안식일을 복되게 하여
그 날을 거룩하게 하였느니라

5계명 12네 부모를 공경하라 그리하면 네 하나님 여호와가 네게
준 땅에서 네 생명이 길리라

6계명 13살인하지 말라

7계명 14간음하지 말라

8계명 15도둑질하지 말라

9계명 16네 이웃에 대하여 거짓 증거하지 말라

10계명 17네 이웃의 집을 탐내지 말라 네 이웃의 아내나 그의 남종
이나 그의 여종이나 그의 소나 그의 나귀나 무릇 네 이웃의 소유를
탐내지 말라

— 출애굽기 20:1-17

이 십계명은 이스라엘 자손이 광야생활을 마무리하는 즈음 모압 평지에 이르렀을 때 다시 한번 선포된다(신 5장). 출애굽기에 나오는 십계명이 출애굽 세대에게 선포된 것인 반면, 신명기의 십계명은 사십 년의 세월

이 흐르는 동안 광야에서 태어난 새대를 위한 것이라고 할 수 있다. 흥미로운 것은 두 십계명이 완전히 일치하지는 않는다는 점이다. 네 번째 계명에서 안식일을 지켜야 하는 이유가 출애굽기 십계명에서는 하나님이 일곱째 날 쉬셨기 때문이라고 말하는 반면(창조 신앙), 신명기 십계명에서는 하나님이 이스라엘 자손을 애굽 땅에서 인도해 내셨기 때문이라고 말한다(구속 신앙). 또 열 번째 계명의 경우, 출애굽기 십계명에서는 '네 이웃의 집'을 탐내지 말라는 말이 먼저 나오는 반면, 신명기 십계명에서는 '네 이웃의 아내'를 탐내지 말라는 말이 먼저 나온다. 집이 먼저 나올 경우, 아내는 재산 목록 가운데 들어가지만, 아내가 먼저 나올 경우에는 그 아내가 집을 포함한 모든 재산을 관리하는 인격체로 나타난다. 이와 같은 변화는 아마도 구약성서 안에서 생겨난 인식의 변화를 드러내는 것으로 보인다.

구약성서는 모세가 십계명을 선포하기 위해 시내산에 두 번 올라갔다고 말한다. 처음 올라가서 사십 일 동안 아무 소식이 없자, 이스라엘 자손은 애굽에서 가지고 나온 금제 장신구들을 빼어 아론에게 주었고, 아론은 그것으로 금송아지 신상을 만들었다. 눈에 보이지 않는 하나님 대신 '보이는 신'을 만들어 스스로 위로받고자 했던 것이다. 고대 근동의 모든 종교는 눈에 보이는 신상을 가지고 있다. 그러나 구약성서는 어떤 종류의 신상도 만들지 말 것을 요구하며 심지어 하나님의 형상도 만들지 못하게 엄격히 금하고 있다. 본질적으로 하나님을 믿는 신앙은 신상이 없는 종교이다. 세상을 만든 신이 있고, 사람이 만든 신이 있다. '세상을 만든 신'인 하나님이 '사람이 만든 신'이 되어선 안 되기 때문이다. 산에서 내려온 모세는 이스라엘 자손이 만든 금송아지를 보고 격분하여, 들고 있던 두 개의 십계명 돌판을 산 아래로 던져 깨뜨려 버렸다. 이 금송아지 사건으로 인해 이스라

Rembrandt, 〈십계명을 깨뜨리는 모세〉, 1659년.

엘 자손 중 3,000명가량이 죽임을 당했고, 모세는 하나님께 용서를 구하는 기도를 한다.

> 그러나 이제 그들의 죄를 사하시옵소서 그렇지 아니하시오면 원하건대 주께서 기록하신 책에서 내 이름을 지워 버려 주옵소서
>
> — 출애굽기 32:32

한때, 자기 목숨을 부지하기 위해 애굽에 있던 형제들을 버리고 미디안으로 도망갔던 모세가 아니던가. 그랬던 모세가 지금은 자기 백성을 위해 목숨을 내걸고 있다. 자신보다 공동체를 우선시하는 진정한 리더의 모습이다. 모세는 돌판 둘을 처음 것과 같이 다듬어 새로 만든 후 다시 시내산에 올라간다. 그곳에서 사십 주야를 물조차 마시지 않고 보낸 후 십계명 돌판을 들고 내려오는 그의 얼굴에선 광채가 나고 있었다. 히브리어로 광채 혹은 빛을 뜻하는 '카란qaran'이라는 단어는 '뿔'로도 번역된다. 중세시대에 사용된 벌게이트 성서[14]는 카란을 뿔로 번역했다. 이 때문에 성서를 읽는 사람들은 이때부터 모세의 머리에 뿔이 달린 줄로 생각했다. 미켈란젤로Michelangelo를 비롯한 많은 예술가들이 모세의 얼굴에 뿔을 그리거나 만들어 놓은 이유가 바로 이 때문이다.[15]

레위기Leviticus는 구약성서에 나타나는 이스라엘의 종교적 특성을 가장 잘 보여 주는 책이다. 이스라엘의 열 두 지파 중 하나이자 이스라엘 역사에서 제사장 지파로 자리를 잡은 레위의 이름을 따서 지은 이름이다. 여기에는 번제, 소제Cereal Offering, 화목제Peace Offering, 속죄제Sin Offering, 속건제Compensation Offering 등 구약성서의 각종 제사와 유월절, 맥추절Feast of Weeks, 초막절Feast of Booths, 안식년Sabbath Year, 희년Jubilee 등의 절기와 축제들을 위한 종교적 의식과 규정들을 담고 있다. 특히 성결법전Holiness Code으로 불리는 19-26장은 이스라엘이 거룩한 백성으로 살아가야 할 이유와 방법

14 벌게이트(Vulgate): 제롬(Jerome Klapka Jerome)에 의해 4세기 후반에 번역된 라틴어 성서. 벌게이트는 라틴어로 '통속적인'이라는 뜻을 갖는다. 루터의 종교 개혁이 일어나기 전까지 중세교회의 중요한 성서였다.

15 대표적으로 미켈란젤로가 교황 율리오 2세의 무덤을 조성하면서 제작한 모세상(1513–1515)을 보면 머리에 뿔이 달려 있는 것을 볼 수 있다.

을 제시하고 있다.

> 너는 이스라엘 자손의 온 회중에게 말하여 이르라 너희는 거룩하라 이는 나 여호와 너희 하나님이 거룩함이니라
>
> — 레위기 19:2

출애굽기의 마지막 부분이 성막聖幕 건립에 대한 규정들을 담고 있다면, 레위기는 그 성막에서 이스라엘이 어떤 제사를 드려야 하는지, 그리고 그 성막을 중심으로 어떤 삶을 살아야 하는지를 일러 준다고 할 수 있다. 흔히들 레위기는 읽기 지루하고, 주로 제사장을 향한 말씀으로 생각하기 쉬우나, 사실은 전체 이스라엘 백성들의 구체적인 종교적 삶에 대해 자세히 다루고 있다. 레위기에서 말하는 종교적 삶에 대한 규정들은 지금도 이스라엘 사람들에게 지대한 영향을 끼치고 있다.

지금도 유대인들은 음식법이 세계에서 가장 까다로운 민족이다. 예를 들어, 이스라엘의 식사법을 코셔Kosher라고 하는데, 유대인들이 운영하는 식당에서는 전부 코셔 식사를 제공한다. 코셔 식사에 따르면, 첫째, 돼지고기 종류는 대표적으로 부정한 음식이라서 돼지고기를 담았던 식기까지도 부정한 것이 된다. 이는 특히 한국인 유학생들에게 식기를 빌려주지 않는 가장 큰 이유가 된다. 빌려준 식기에 돼지고기를 담아서 먹을 가능성이 크기 때문이다. 둘째, 고기와 우유를 절대로 함께 먹지 않는다. 출애굽기 23장에 '너는 염소새끼를 그 어미의 젖으로 삶지 말지니라'(출 23:19)라는 말씀을 고기와 우유를 함께 먹어서는 안 된다는 뜻으로 해석하기 때문이다. 실제로 젖으로 고기를 삶는 경우는 옛날에도 없었을 것이다. 고기를

먹고 난 다음에 커피에 크림을 타지 않으며, 탈 경우에는 식물성 프림을 사용한다. 또 고기 담은 그릇과 우유 담았던 그릇을 혼용하지 않는다. 짐승을 잡을 때에는 최대한 고통을 주지 않는 방법으로 빨리 죽여야 하고 동물의 피는 반드시 땅에 쏟아 버려야 한다. 피를 먹어서는 안 되는 규정 때문이다.

레위기 11장, 17장 등의 음식 규정에 따르면 이스라엘 사람들이 가까이해서는 안 되는 몇 가지 음식이 있다. 동물의 경우 발굽이 갈라져서 쪽발이 되어 있고, 되새김질을 하는 동물은 정한 동물이다. 이 두 가지 조건 가운데 한 가지만 부족해도 부정한 동물에 속하여 먹어서는 안 되는 것으로 분류된다. 신구약 중간기 역사에 보면 이방인들이 하나님의 제단에 돼지고기를 올려놓은 것이 발단이 되어 전 민족적인 독립운동이 발생하기까지 했다. 물고기의 경우에는 지느러미와 비늘이 있는 것만 먹을 수 있다. 그래서 우리가 좋아하는 새우나 굴 종류는 부정한 음식으로 취급된다. 새 종류에 대해서는 독수리, 솔개, 까마귀, 타조, 갈매기, 올빼미, 부엉이 등을 부정한 것으로 금하고 있다.

몇 년 전 한국·이스라엘 친선협회(KIFA: Korea·Israel Friendship Association)의 소속 회원들이 광릉수목원을 찾은 적이 있다. 필자의 스승이 회장으로 계시던 그 모임에는 이스라엘 대사를 비롯해서 한국에 들어와 살고 있는 여러 이스라엘 사람들이 함께했고, 필자 또한 협회 회원으로 그 모임에 참석했다. 그런데 점심식사 시간에 예상치 못한 일이 벌어졌다. 오전 내내 수목원 구석구석을 돌아다닌 후라 모두들 허기져 있는 상태였다. 한국 측 회원들이 주문한 도시락이 도착했다. 하나에는 밥이 들어 있고, 다른 하나에는 반찬이 들어 있는 하얀색 스티로폼 도시락이 지급되었다. 그런데 반찬이 들어 있는 도시락을 열어 본 우리는 깜짝 놀랐다. 그 안에는 유대인들이 절대 먹지 않는 돼지고기가 일부 들어 있었던 것이다. 견본으로 보았을 때는 없던 것이었는데, 업체 측에서 인심을 써서 추가해 넣은 것이었다. 이스라엘 측 사람들은 우리의 실수를 이해했다. 반찬통에 들어 있는 음식은 손을 대지 않고, 맨밥과 물로만 허기진 배를 채우는 모습을 보았다. 흥겨워야 할 점심시간을 말없이 때우던 그들의 모습은 지금도 필자의 머릿속에 깊이 각인되어 있다. 그들은 구약에 나타나는 음식 규정을 철저히 지켰던

국내 유대인 커뮤니티센터에서 판매하는 사과 소스. 설명란에 코셔 푸드임을 명시하고 있다.
Parve란 육류, 유제품과 함께 먹을 수 있는 음식이라는 뜻이다.

깨끗하고 안전한 식품 인증 코셔(KOSHER)

모세 오경과 유대교 전통을 바탕으로 만들어진 카슈롯(Kashrut)이라는 음식법에 따라 '유대교에서 먹을 수 있다'고 인정한 음식이다. 채소나 과일 등 식물성 재료를 허용하지만 육류 중 야생조류와 육식조류, 돼지고기 등은 일정 허용되지 않는다.

코셔 인증은 식재료 선정부터 조리까지 엄격한 기준과 절차를 거치기 때문에 '깨끗하고 안전한 식품'으로 인정받고 있다.

대상 종가집은 2014년부터 맛김치 제품에 코셔(Kosher)인증을 획득했으며 현재까지 그 인증을 유지하고 있다.

국내 김치 브랜드인 〈대상 종가집〉이 코셔 인증을 받아 김치를 수출하고 있다.

것이다.

민수기Numbers라는 이름은 라틴어 성서의 '누메리Numeri', 즉 숫자들이라는 제목에서 생겨난 것이다. 이는 이 책 안에 광야에서 있었던 두 번의 인구조사가 등장하고 있기 때문이다(민 1-4장; 26장). 그러나 민수기의 히브리어 이름은 '베미드바르Bemidbar'로, 그 의미는 '광야에서in the wilderness'이다. 히브리어 성서가 강조하는 민수기의 핵심 내용은 이스라엘의 인구를 조사하는 데 있는 것이 아니라, 광야 여정 중에 이스라엘과 함께하신 하나님의 임재와 은혜, 보호하심에 있다. 출애굽한 지 1년 1개월 열흘이 지난 후에 이스라엘 자손은 시내 광야를 떠난다(민 10:11-12). 그렇다면 그들이 시내산 근처에 머물러 있던 기간은 대략 11개월 정도에 불과하다. 무척 짧은 기간이지만 구약성서에서 이 시내산 단락(출 19:1-민 10:10)이 차지하는 비중은 매우 중요하다. 왜냐하면 바로 여기에서 하나님이 모세를 통해 율법을 수여했기 때문이다. 시내산 단락에서 특히 눈길을 끄는 것은 하나님을 만나 뵙는 장소인 성막 건축이다(출 24:15-31:17). 이동식 성전이라고 할 수 있는 성막 건축이 실제로 광야생활 중에 가능했겠느냐는 의문을 제기하는 학자들도 많이 있으나, 성막 건축은 예배공동체의 형성이라는 출애굽의 목적과 부합한다. 레위기에 나타나는 각종 제사와 절기, 정결 등 또한 성막을 중심으로 이루어지는 종교 의식들이다. 오늘날 현대인들에게 레위기에 나타나는 여러 종교 의식 규정들은 낯선 것이 사실이다. 실제로 구약성서의 제사 규정들은 폐기되었다. 그러나 제사를 통해 하나님과 사람 사이의 교제가 이루어지고, 피조물인 인간이 창조주인 하나님께 자신과 자신의 것을 아낌없이 드린다는 제사의 근본정신은 지금도 이어지고 있다.

이스라엘은 낮이면 여호와의 구름기둥이 이끄는 곳으로 이동하였고, 밤이면 불기둥이 있는 곳에 머물면서 약속의 땅을 향해 나아갔다. 민수기는 이렇게 사람이 살 수 없는 악조건으로 가득한 광야 한가운데서 하나님이 어떻게 자신의 백성을 인도하셨는지, 이스라엘에게 필요한 모든 것들을 어떻게 공급하셨는지를 담고 있다. 그러는 중 여정의 고됨으로 인한 백성의 불평과 모세의 리더십에 대한 비방 등이 발생하기도 했다. 가데스 바네아Kadesh-Barnea라는 곳에 이르러 가나안 진입을 눈앞에 두었지만, 강력한 원주민이 살고 있다는 정탐꾼들의 부정적인 보고에 좌절한 백성들은 '차라리 애굽에서 죽었거나 광야에서 죽었으면 좋았으리라'고 불만을 토하면서 다시 '환還애굽'하자는 목소리를 높이기도 했다(민 14:1-3). 그로 인해 많은 사람들이 하나님 앞에서 재앙으로 죽었고, 광야에서의 여정은 40년 동안이나 이어지게 된다.

> 32너희의 시체는 이 광야에 엎드러질 것이요 33너희의 자녀들은 너희 반역한 죄를 지고 너희의 시체가 광야에서 소멸되기까지 사십 년을 광야에서 방황하는 자가 되리라 34너희는 그 땅을 정탐한 날 수인 사십 일의 하루를 일 년으로 쳐서 그 사십 년간 너희의 죄악을 담당할지니 너희는 그제서야 내가 싫어하면 어떻게 되는지를 알리라 하셨다 하라 35나 여호와가 말하였거니와 모여 나를 거역하는 이 악한 온 회중에게 내가 반드시 이같이 행하리니 그들이 이 광야에서 소멸되어 거기서 죽으리라
>
> — 민수기 14:32-35

가데스 바네아에서의 사건 이후에도 이스라엘의 불평과 반역은 끊

이지 않았다. 고라Korah 일당을 중심으로 모세와 아론의 리더십에 문제를 제기한 반역이 있었고, 먼 길을 가는 여정에 물과 음식의 부족 등으로 원망하던 백성들이 불뱀(독사)에 물려 죽게 되는 일도 벌어졌다.[16] 그러는 과정에도 여정은 계속되었고, 하나님은 이스라엘을 향한 은혜를 거두지 않았다. 이스라엘이 경험한 광야생활은 극심한 고생과 여러 가지 고난의 연속이었다. 그러나 신앙적으로 볼 때 이 기간은 하나님께서 이스라엘에게 하나님의 백성으로 살아가야 할 모든 규범과 규율을 마련해 주신 은총의 기간이었다. 고난의 기간이 은총의 기간이었다는 것이다. 민수기의 히브리어 제목 '광야에서'는 말 그대로 그 광야생활 중에 깃든 하나님의 은총을 말하고 있는 것이다. 우여곡절 끝에 이스라엘은 요단Jordan강 동쪽 땅에 이르러 전쟁을 통해(아모리 왕 시혼Sihon과 바산 왕 옥Og 등 원주민과의 전쟁) 그 땅을 정복하고 열 두 지파 중 일부인 르우벤, 갓, 므낫세 지파에게 땅의 첫 분배를 실시한다(민 32장). 민수기 제일 마지막을 보면 이스라엘 사람들이 약속의 땅에 거의 다 도달했음을 알 수 있다. 즉 모압 평지까지 도달한 것이다(민 36:13). 이제 요단강만 건너면 바로 가나안 땅이다. 가나안 땅에 들어가기 일보 직전에 민수기는 끝나고 신명기로 이어진다.

신명기Deuteronomy는 약속의 땅에서 이스라엘 사람들이 어떻게 살아야 할 것인가를 설명한 책으로 모세가 행한 세 번의 설교 형식으로 되어 있다. 히브리어 성서에서 신명기의 이름은 '드바림(말씀들)'이다. 이 책의 시작이 '엘레 핫드바림(이는… 말씀들이다)'이라는 말로 시작되기 때문이다. 영어 성서의 이름 듀트라노미Deuteronomy는 '두 번째 주어진 말씀'이라는 의미를 지닌다.

16 민 16장; 21장 참조.

이는 신명기 17장 18절의 '이 율법서의 등사본謄寫本'이라는 말에서 생겨난 것으로 이전에 시내산에서 받은 율법을 다시 반복한다는 의미를 담고 있다. 하나님께서 이스라엘 백성에게 주신 율법은 오경에 두 번 등장한다. 시내 광야에서 주어진 말씀(출 19:1-민 10:10)이 첫 번째이고, 두 번째 주어진 말씀의 기록이 바로 신명기에 있기 때문에 붙여진 이름이다. 우리말 성서에서의 이름인 신명기는 새로운新 계명이라는 뜻이 아니라 신명기 1장 5절의 '이 율법 설명하기를 시작하였더라'에서 유래되었다(밝혀 알릴 申 + 계명, 율법 命 + 기록 記).

> [1]이는 모세가 요단 저편 숩Suph 맞은편의 아라바 광야 곧 바란과 도벨과 라반과 하세롯과 디사합 사이에서 이스라엘 무리에게 선포한 말씀이니라… [3]마흔째 해 열한째 달 그 달 첫째 날에 모세가 이스라엘 자손에게 여호와께서 그들을 위하여 자기에게 주신 명령을 다 알렸으니… [5]모세가 요단 저쪽 모압 땅에서 이 율법을 설명하기 시작하였더라…
>
> — 신명기 1:1, 3, 5

이 구절은 신명기 전체의 서문에 해당한다. 이 서문에는 신명기의 시대적 배경과 장소가 등장한다. 신명기 말씀의 시대적 배경은 출애굽을 한 지 '마흔 째 해, 열한 째 달, 그 달 첫째 날', 즉 광야생활 40년의 마지막 때였고, 80세에 출애굽의 지도자로 나선(출 7:7) 모세의 나이로는 120세 즈음에 해당하는 때였다(신 34:7). 신명기 말씀의 지리적 배경은 '요단(강) 저쪽(동편, Trans-Jordan) 모압 땅'이다. 이 지역은 오늘날의 요르단 지역에 해당한다.

모세는 신명기 7장에서 '이스라엘은 누구인가'라는 정체성을 분명히 확인시킨다. 이스라엘은 하나님의 백성, 선민選民, 성민聖民임을 밝히면서, 이스라엘이 하나님의 백성이 된 것은 그들에게 어떤 자격이 있었기 때문이 아니라 전적으로 하나님의 은총이요, 이스라엘의 특권임을 역설한다. 그러면서 이스라엘에게 하나님의 백성답게 살아야 할 책임을 자신의 고별 연설을 통해 전한다. 출애굽 후 40년간의 광야생활은 이스라엘이 하나님께 불순종하고 거역했던 역사였다(신 9:6-7, 24 등). 그러한 불순종의 역사를 지녔으나 이제는 하나님의 말씀에 순종하면서 하나님의 백성답게 살아야 한다고 가르치는 것이다(신 8:11-20). 그렇다면 신명기는 이스라엘 백성이 약속의 땅에 들어가서 살 때, 지키며 살아가야 할 생활규범을 모세가 다시 설명하여 준 말씀의 기록이라고 할 수 있다. 출애굽 세대가 죽은 후 새로이 태어난 광야 세대가 주축을 이룬 공동체에서 하나님의 구원 사역과 가르침을 다시 알릴 필요가 있었기 때문이다. 그러나 예전에 주어진 율법을 반복하는 내용만 담고 있는 것이 아니라 새로운 내용도 많이 담겨 있다. 신명기 5장에서 다시 선포되는 십계명 또한 시내산에서 선포된 십계명(출 20장)과는 약간의 차이가 나기도 한다.

흔히 '쉐마shema'라고 불리는 신명기의 다음 구절은 신명기 전체를 대표하는 말씀일 뿐만 아니라, 사실 구약 이스라엘의 신앙을 잘 요약해 주는 말씀이다.

> [4]이스라엘아 들으라(쉐마 이스라엘) 우리 하나님 여호와는 오직 유일한 여호와이시니 [5]너는 마음을 다하고 뜻을 다하고 힘을 다하여 네 하나님 여호와를 사랑하라
>
> — 신명기 6:4-5

이 쉐마의 말씀에서 한 가지 중요한 점이 있다. 그것은 한 분이신 하나님을 사랑하라는 '명령'이다. 우리네 사고방식에서 사랑이란 주로 감정의 차원에 있기 때문에 명령될 수가 없다. 그런데 이 쉐마의 말씀은 '마음과 뜻과 힘을 다해서 하나님을 사랑하라'고 명령을 하고 있다. 구약성서가 말하는 사랑은 단순히 감정의 차원이 아니라, 행동적인 차원이 수반되어야 사랑이 성립되는 역동적인dynamic 개념이기 때문이다. 그러면 하나님을 사랑하라는 명령은 구체적으로 어떻게 준행할 수 있는가? 하나님의 말씀에 '샤마(들음, 순종, 청종)'하는 것이 곧 하나님을 사랑하는 것이다.

> [1]네가 네 하나님 여호와의 말씀을 삼가 듣고 내가 오늘 네게 명령하는 그의 모든 명령을 지켜 행하면… [2]네가 네 하나님 여호와의 말씀을 청종하면…
>
> — 신명기 28:1-2, 생명과 복이 따름

> 네가 네 하나님 여호와의 말씀을 순종하지 아니하여… 지켜 행하지 아니하면…
>
> — 신명기 28:15, 저주와 화가 따름

하나님에 대한 사랑은 감정과 말로만 증명되지 않는다. 그래서 신명기에는 하나님을 '사랑한다'는 말과 하나님께서 주신 말씀을 '지키라'는 말이 대부분 같이 이어져 나온다.

> 그런즉 너는 알라 오직 네 하나님 여호와는 하나님이시요 신실하신

하나님이시라 그를 사랑하고 그의 계명을 지키는 자에게는 천 대까지 그의 언약을 이행하시며 인애를 베푸시되

— 신명기 7:9

그런즉 네 하나님 여호와를 사랑하여 그가 주신 책무와 법도와 규례와 명령을 항상 지키라

— 신명기 11:1

신명기의 마지막 장에는 '너는 그리로 건너가지 못하리라'는 여호와의 말씀대로 홀로 남아 생을 마감하는 모세와 그에 대한 평가가 담겨 있는데, 신명기의 저자는 구약의 거의 모든 시대를 조망해 보면서 가장 위대했던 예언자로 모세를 꼽기에 주저하지 않고 있다.

그 후에는 이스라엘에 모세와 같은 선지자가 일어나지 못하였나니…

— 신명기 34:10

신명기는 분명 모세 시대의 이야기를 담고 있지만, 그 기록된 시기는 구약 시대의 거의 마지막에 해당하는 남유다 멸망 이후이다. 신명기의 저자 혹은 편집자는 모세를 이스라엘 역사상 최고의 예언자로 꼽고 있으며, 지금도 모세는 모든 유대인들에게 그들의 역사 속에서 가장 위대했던 지도자로 남아 있다. 모세에게 광야 여정 40년은 하나님의 말씀을 전달하는 대언자代言者의 직임과 이스라엘을 위한 중재자의 직임이 철저하게 수행되던 기간이었다. 동시에 그 기간은 죽음이 두려워 애굽에서 도망쳐 나오

던 일개 졸부拙夫에서, 이스라엘을 위해 자기 삶과 목숨을 내어놓으며 하나님과 백성 사이에 존재한 최고의 중재자로 변화되는 기간이기도 했다. 모세는 자신의 모든 지도권을 후계자 여호수아에게 넘겨주고 모압 땅에 남아 죽음을 맞이한다. 모세의 무덤은 지금도 그 위치를 알 수가 없다(신 34:6).

전통적으로 오경은 모세의 저작으로 여겨져 왔다. 그래서 모세오경 Mosaic Pentateuch이라는 말은 오랫동안 철옹성처럼 흔들리지 않는 오경의 모세 저작설을 보여 주고 있다. '율법은 모세로 말미암아 주어진 것이요'(요 1:17)라는 예수님의 말씀은 이러한 견해를 뒷받침하는 결정적인 역할을 해온 것이 사실이다. 하지만 오경의 모세 저작설은 오래전부터 많은 질문에 부딪히고 있다. 예를 들어, 이스라엘 민족이 가나안 땅에 정착한 후에 등

Alexandre Cabanel, 〈모세의 죽음〉, 1850년.

장하기 시작한 블레셋 민족에 대한 언급(창 21:34)이나 왕정에 대한 언급(창 36:31 이하), 그리고 무엇보다 모세의 죽음에 대한 언급(신 34장) 등은 오경이 모세의 저작이 아닐 수 있다는 가능성에 무게를 두고 있다. 그래서 '모세가 썼다'는 의미를 담는 'Mosaic'이라는 말 대신에 모자이크라는 말을 붙인 'mosaic Pentateuch'라는 용어도 많이 사용된다. 무슨 의미일까? 유리창에 붙어 있는 모자이크를 떠올려 보면 쉽게 그 의미를 파악해 볼 수 있다. 모양과 색깔이 각기 다른 조각을 맞추어 완성되는 모자이크처럼, 다양한 시대에 활동한 다양한 저자들의 기록이 모여 오경이 완성되었을 수 있다는 의미이다.

Ⅳ. 신명기 역사서

여호수아-열왕기하

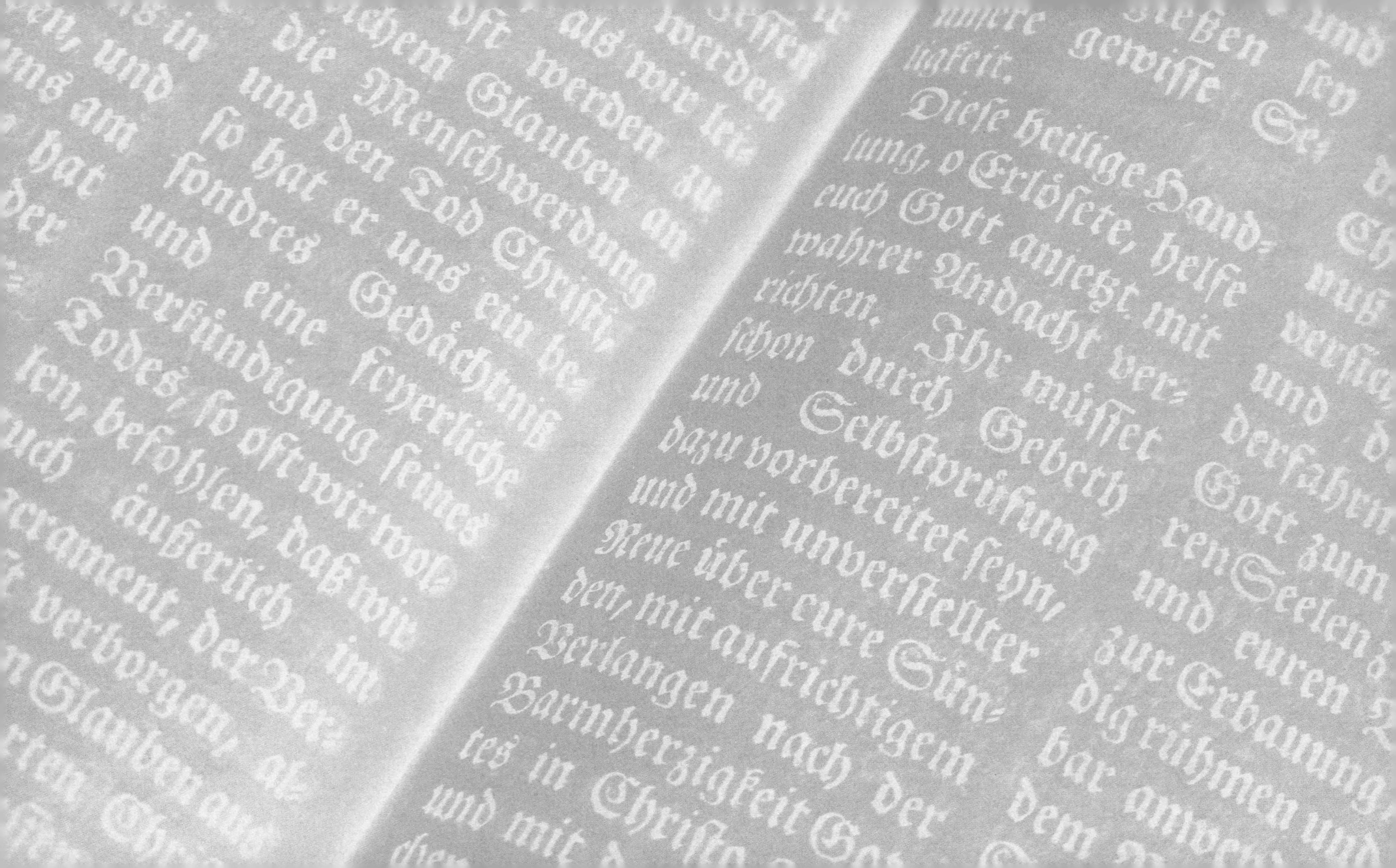

Diese heilige Hand-
lung, o Erlösete, helfe
euch Gott anjetzt mit
wahrer Andacht ver-
richten. Ihr müsset
schon durch Gebeth
und Selbstprüfung
dazu vorbereitet seyn,
und mit unverstellter
Reue über eure Sün-
den, mit aufrichtigem
Verlangen nach der
Barmherzigkeit Got-
tes in Christo

als wir lei-
Glauben werden zu
Menschwerdung an
und den Tod Christi,
so hat er uns ein be-
sondres Gedächtniß
eine feyerliche
Verkündigung seines
Todes, so oft wir wol-
ten, befohlen, daß wir
äußerlich im
Sacrament, der Ver-
verborgen, als

구약성서 안에는 신명기 역사서Deuteronomistic History와 역대기 역사서Chronicler's History라는 비슷하면서도 서로 다른 두 종류의 역사서가 있다. 이는 각각의 역사서를 기록한 사가史家의 사관史觀이 서로 신학적 입장에서 차이를 빚기 때문이다. 그중 신명기 역사서란 이스라엘 민족이 가나안에 들어가서 땅을 차지하고, 그 땅에서 하나님이 직접 치리하시는 사사 시대를 거쳐 왕국의 형성과 분열을 경험하고, 급기야는 멸망하여 하나님이 주신 땅에서 쫓겨나기까지의 역사를 담고 있는 역사서로, 여호수아, 사사기, 사무엘 상·하, 열왕기 상·하까지의 여섯 권의 책을 말한다. 이 책들을 신명기 역사서라고 부르는 것은 여기에 나타나는 신학적 입장이 바로 앞서 등장하는 책인 신명기에 근거하고 있기 때문이다. 예컨대 신명기에 나타난 중요한 신학적 주제들, 즉 유일신 신앙monotheism과 이스라엘 신앙의 순수성에 대한 강조(신 6:4-9), 제의중앙화 원칙centralization of worship(신 12:11-14), 사랑과 정의의 공동체(신 10:17-19) 등은 이 역사서를 해석하는 중요한 열쇠이다.

여호수아

출애굽 이후 사십 년의 광야 여정이 계속되는 동안 출애굽의 감격은 잊혀지고 있었고, 이스라엘 백성 중에는 새로운 세대들이 탄생했다. 이들은 출애굽 세대가 간직해 온 애굽에서의 구원 경험이 없는 사람들, 이른바 광야 세대였다. 출애굽 세대를 이끌어 온 지도자가 모세였다면, 새로 태어난 광야 세대를 이끌 지도자로는 여호수아Joshua가 선택되었다. 이제 모세가 아닌 여호수아의 영도領導 아래 하나님께서 약속해 주신 그 가나안 땅으로 들어간다.

이스라엘을 애굽 땅에서 인도해 내기 위해 일찍이 모세를 선택하셨던 하나님이 이제 여호수아를 새로운 역사를 써내려 갈 다음 주인공으로 선택하셨다. 모세가 이스라엘 백성을 애굽에서 인도해 내는 사명을 받았다면(출 3:10), 여호수아는 그들을 가나안 땅으로 데리고 들어가는 사명을 받은 것이다. 여호수아는 이스라엘 백성이 요단강을 건너서 가나안 땅으로 들어가기 전에 먼저 두 사람의 정탐꾼을 보낸다. 정탐꾼들이 정탐을 마친 후, 여호수아는 법궤The Ark of the Covenant를 앞세우고 요단강을 건넌다. 법궤를 맨 제사장들의 발이 강물에 닿자마자 위로부터 흐르던 강물이 흐르기를 중단하고, 강물은 둘로 갈라졌다. 백성이 모두 무사히 강을 건너고 난 다음에 법궤를 맨 제사장들도 요단강을 건너온다. 제사장들의 발이 육지를 다시 밟는 순간, 강물은 다시 흐르기 시작했다(수 3:14-17).

마치 모세가 하나님의 지팡이를 들고 손을 바다 위로 내밀었을 때 홍해가 갈라졌던 것처럼(출 14장), 우기雨期로 인해 언덕까지 넘치던 요단강은 여호수아와 이스라엘 백성에게 그 길을 내어 주었고, 홍해를 건넌 후 홍해의 물이 다시 모였던 것처럼, 갈라졌던 요단강도 다시 하나가 되었다. 홍

Benjamin West, 〈법궤와 함께 요단강을 건너는 여호수아〉, 1800년.

해에서 물이 물러갔던 그 기적이 여호수아에게서 되풀이되었던 것이다. 홍해 사건과 요단강 사건은 비슷하면서도 다른 부분이 있다. 일찍이 출애굽 공동체가 홍해를 건널 때에는 하나님이 먼저 바다를 가르시고, 바다가 마른 땅이 된 후에 이스라엘 자손이 그곳을 걸어 홍해를 건넜다.

> [21]모세가 바다 위로 손을 내밀매 여호와께서 큰 동풍이 밤새도록 바닷물을 물러가게 하시니 물이 갈라져 바다가 마른 땅이 된지라 [22]이스라엘 자손이 바다 가운데를 육지로 걸어가고 물은 그들의 좌우에 벽이 되니
>
> — 출 14:21-22

그러나 요단강을 건널 때의 상황은 다르다. 하나님이 요단강을 갈라 주셔서 건넌 것이 아니다. 어쩌면 홍해를 건널 때보다 더 무서웠을 사건이었고, 더 큰 믿음을 요구하는 상황이 전개된다. 모세가 이끈 '애굽으로부터의 탈출exodus from Egypt'이 여호수아에게서 '가나안 땅으로의 진입exodus into Canaan'으로 이어지는 것이다.

요단강을 건넌 이스라엘 사람들은 가나안의 도시들을 하나하나 차지하기 시작한다. 가장 먼저 점령한 성은 여리고Jericho이다. 여리고는 가나안에서 가장 오래된 도시다. 기원전 7천여 년 전부터 도시생활을 하던 이 성을 점령하기 위해 이스라엘 백성은 하나님의 명령에 따라 나팔을 불며 성벽 주위를 매일 한 바퀴씩 돌았다. 7일째에는 성을 일곱 바퀴 돌고 단체로 함성을 질렀다. 그러자 제사장들의 나팔 소리와 백성의 함성 속에 성벽이 무너졌다. 이 이야기에는 대단히 중요한 의미가 포함되어 있다. 이스라

엘이 가나안 땅을 점령할 수 있었던 것은 그들의 무력 때문이 아니라는 것이다. 전쟁을 잘하고 싸움에서 승리해 가나안 땅을 차지한 것이 아니라, 하나님께서 이루어 주신 기적적인 사건이라는 말이다. 여호수아서에 나타난 하나님의 모습은 이스라엘 편에 서서 싸워 주시는 무장의 모습이다(수 10:42). 가나안 점령을 마친 후에 여호수아는 정복한 모든 땅을 이스라엘 열두 지파에게 분배한다. 이미 요단강 동편 지역에서 땅을 분배받은 르우벤과 갓을 제외한 나머지 지파들에게 모든 땅을 분배하지만 '제사장 지파'인 레위 지파만큼은 그 분배에서 제외된다. 레위 지파는 가나안 땅 전역에 걸쳐 여러 도시에 분산되어 살면서 이스라엘의 종교적 사역을 감당하게 된다. 또한 므낫세 지파의 절반은 이미 요단강을 건너오기 전에 땅을 분배받았으나 다시 한번 땅을 분배받는다(므낫세 반半지파, 수 18:7). 여호수아서는 땅의 분배까지 모두 마친 후의 결론을 조상들에게 약속하신 하나님의 말씀이 성취된 것으로 표현한다.

> [43]여호와께서 이스라엘의 조상들에게 맹세하사 주리라 하신 온 땅을 이와 같이 이스라엘에게 다 주셨으므로 그들이 그것을 차지하여 거기에 거주하였으니… [45]여호와께서 이스라엘 족속에게 말씀하신 선한 말씀이 하나도 남음이 없이 다 응하였더라
>
> — 여호수아 21:43, 45

하나님이 가나안 땅을 이스라엘에게 '주셨다'는 말씀 또한 대단히 중요한 의미를 지니고 있다. 우선 가나안 땅은 이스라엘이 자신들의 힘으로 싸워서 쟁취한 땅이 아니라 하나님이 대신 싸워서 이스라엘에게 선물

로 주셨다는 의미를 지닌다. 또 그 땅을 선물로 주셨다는 말은 하나님께서 일찍이 아브라함과 이삭과 야곱, 이스라엘의 신앙의 조상들에게 약속해 주신 말씀이 실현되었다는 것이다.

신명기 역사서는 이스라엘의 힘이 강해서 가나안 땅을 정복했다고 말하지 않는다. 뛰어난 전략이 있어서 그 땅을 차지했다고 말하지도 않는다. 그 땅은 하나님께서 이스라엘의 조상들에게 맹세하신 대로 '주신' 땅이라고 말한다. 일찍이 아브라함에게 처음 주셨던 '땅의 약속'이 이렇게 이루어지기까지 무려 수백 년의 세월이 걸렸다. 비록 오랜 시간이 걸렸으나 하나님은 자신의 약속을 잊지 않고 계셨다. 그리고 마침내 그 약속을 실현시켜 주신 것이다. '땅의 약속'이라는 관점에서 볼 때, 창세기부터 여호수아까지 여섯 권의 책은 '약속'과 '성취'의 관계로 연결되어 있다. 바로 이런 관계 때문에 일찍이 폰라드Gerhard von Rad는 오경Pentateuch이 아닌 육경六經, Hexateuch설을 주장하기도 했다.

여호수아서를 크게 둘로 구분하면 요단강 서쪽 지역의 땅을 정복하는 이야기(수 1-12장)와 정복한 땅을 지파들에게 분배하는 이야기(수 13-22장)로 나눌 수 있다. 여호수아는 많은 전쟁을 통해서 가나안을 정복하고 지파별로 땅을 분배하여 정착게 했다. 그다음에 이어지는 마지막 부분인 여호수아 23-24장은 여호수아의 고별사이다. 세겜Shechem 회의라고도 불리는 이 장면에서 여호수아는 이스라엘로 하여금 신앙의 고백을 통해 하나님의 백성이 됨을 확인한다. 유언의 성격을 띠는 이 고별사는 장로와 수령들, 재판장들, 관리들이 들었던 말씀이지만 사실은 온 이스라엘을 대상으로 남긴 말씀이다. 그중 한 구절을 보자.

> 너희의 하나님 여호와께서 너희를 위하여 이 모든 나라에 행하신 일을 너희가 다 보았거니와 너희의 하나님 여호와 그는 너희를 위하여 싸우신 이시니라
>
> — 여호수아 23:3

여기서 여호수아는 하나님을 소개하면서 그냥 '하나님'이라고 말하지 않고 '너희의 하나님'임을 강조하고 있다. 이와 같은 표현은 여호수아 23장에 무려 13회나 사용하고 있으며,[17] 하나님을 수반하지 않는 '너희'라는 표현 또한 23장에 30회 이상, 24장에 40회 이상이나 사용하고 있다. 무슨 이유에서 여호수아는 평범한 '너희'라는 대명사를 이렇게 강조하고 있는 것일까? 그 이유는 바로 신앙고백에 있다. 이스라엘 백성이 가나안 땅으로 들어가는 것은 전적으로 하나님의 인도하심 덕분이라는 사실을 잊지 말라는 것이다. 그리고 가나안 땅에 들어가서 살 때에 수많은 이방 신들과의 접촉과 그들로부터의 유혹이 있을 것인데, 여호와 하나님 그분만이 바로 '너희 하나님'이심을 잊지 말라는 것이다.

이 말씀이 여호수아의 유언인 것을 잊지 말아야 할 필요가 있다. 나이가 많아 이제 곧 숨이 넘어갈 순간에 이르러 여호수아는 하나님에 대한 백성의 고백을 듣고 싶었던 것이다. 그런 여호수아의 절절한 마음을 읽었기 때문이었을까? 여호수아 24장에는 백성들의 입으로 고백하는 세 번의 '우리 하나님'(수 24:17-18, 24)과 열 번 이상의 '우리'라는 표현이 등장한다.

17 3절[2회], 5절[2회], 8절, 10절, 11절, 13절[2회], 14절, 15절[2회], 16절.

[16]백성이 대답하여 이르되 우리가 결단코 여호와를 버리고 다른 신들을 섬기기를 하지 아니하오리니 [17]이는 우리 하나님 여호와께서 친히 우리와 우리 조상들을 인도하여… [18]… 그러므로 우리도 여호와를 섬기리니 그는 우리 하나님이심이니이다 하니라 [21]… 우리가 여호와를 섬기겠나이다… [24]… 우리 하나님 여호와를 우리가 섬기고 그의 목소리를 우리가 청종하리이다 하는지라

— 여호수아 24:16-18, 21, 24

드디어 백성들의 입에서 하나님을 향한 고백이 등장한다. 하나님 그분은 바로 '우리 하나님'이시라고! 이 고백을 듣는 순간 여호수아의 마음이 얼마나 감격에 겨웠을까를 생각해 본다. 모세의 수종자隨從者로 등장했던 여호수아는 바로 신앙고백의 사건이 있은 후에 백십 세의 일기로 눈을 감는다.

모세처럼 하나님의 종으로 부름받을 때 두려워 떨었던 여호수아, 모세가 가나안 땅에 정탐꾼들을 보냈던 것처럼 여리고 성에 정탐꾼을 보내었던 여호수아, 모세가 이스라엘을 이끌고 홍해를 건넜던 것처럼 법궤를 앞세우고 요단강을 건넜던 여호수아, 모세가 시내산과 모압 평지에서 율법을 선포했던 것처럼 축복과 저주의 산에서 율법을 선포했던 여호수아는 분명 모세의 축소판이다. 일찍이 하나님의 마지막 명령에 순종하면서 모압 땅에서 쓸쓸히 죽어간 모세의 직함이 '여호와의 종', '하나님의 종', '하나님의 사람'이었던 것처럼, 여호수아를 부르는 호칭 또한 '여호와의 종'이다.[18] 여호수아가 모세를 모델로 삼았다는 것은 모세처럼 하나님께 물었다는 말이고, 모세처럼 하나님께 기도했다는 말이며, 모세처럼 하나님의 말

씀대로 행했다는 말이고, 모세처럼 하나님의 방법으로 싸웠다는 말이다. 그렇게 또 한 명의 모세였던 여호수아는 모세에게서 시작된 출애굽의 역사를 마무리하며 새롭게 시작되는 역사의 시작점에 우뚝 서 있었다.

18 수 1:1, 13; 8:31; 11:12, 15; 12:6; 13:8; 14:7; 22:2, 5; 24:29 참조.

사사들

사사기Judges는 이스라엘 백성이 가나안 땅에 정착한 이후, 왕정이 수립될 때까지의 약 200년 기간(기원전 1200-1000년)의 역사를 다루고 있는 책이다. 구약의 다른 역사서(여호수아-에스더)와 마찬가지로, 사사기도 단순한 과거의 기록만은 아니다. 과거 역사를 통하여 현재를 위한 교훈을 전달하려는 목적이 있다. 그 교훈은 [이스라엘의 죄(삿 3:7) - 하나님의 진노와 심판(삿 3:8) - 이스라엘의 회개(삿 3:9a) - 하나님의 구원(사사를 보내심, 삿 3:9b)]이라는 사이클을 통해 나타난다.[19]

이스라엘은 공통된 신앙으로 결속된 신앙공동체로 유지되고 있었다(삿 8:22 이하). '사사'란 이 시대에 이스라엘을 이끈 지도자이다. 사사들은 평상시에는 크고 작은 문제들을 재판하는 역할을 담당했다. 평화로운 시

19 삿 2:11 이하; 3:7-9; 4장; 6장; 10:6 이하; 13:1 이하.

대에 백성의 문제를 판단하던 '재판관(소사사)'들이었다. 〈공동번역〉 한글 성서에서 이 책의 이름을 판관기라고 부르는 것은 재판관으로서 사사들의 역할을 강조한 히브리 성서의 이름을 따랐기 때문이다. 이들 소사사로는 삼갈Shamgar(삿 3:31), 돌라Tola(삿 10:1-2), 야일Jair(삿 10:3-5), 입산Ipsan, 엘론Elon, 압돈Abdon(삿 12:8-15) 등이 등장한다. 그러나 하나님께서 필요로 할 때, 즉 이스라엘이 이방 민족과 싸워야만 했던 전쟁의 시기에, 그들의 회개와 구원에 대한 요구로 하나님이 사용하신 사사들의 역할은 재판관이 아닌 구원자, 카리스마적 지도자charismatic leaders였다. 이들 카리스마적 지도자들은 전쟁이 발발했을 때 하나님께서 주시는 능력charisma을 받아 위기의 상황에 처한 이스라엘을 구원한다. 사사기는 주로 전쟁영웅으로서 '대사사'의 이야기들로 구성되어 있다. 옷니엘Othniel(삿 3:7-11), 에훗Ehud(삿 3:12-30), 드보라Deborah(삿 4-5장), 기드온Gideon(삿 6-8장), 입다Jephthah(삿 10:6-12:7), 삼손Samson(삿 13-16장)이 대사사에 해당한다.

사사기에는 가나안을 둘러싼 많은 이방 민족들의 침입이 언급되지만 그중에서도 가장 강력한 위협이 되었던 것은 바로 블레셋 사람들이었다. 이들은 이스라엘의 가나안 진입과 거의 같은 시기에 가나안으로 들어와서 지중해 연안에 모여 살고 있었으나 점차 가나안 내륙으로 밀고 들어오기 시작했고, 가나안에 살고 있던 이스라엘 사람들하고는 자연히 충돌이 일어날 수밖에 없었다. 그들이 위협적이었던 이유는 당시 이스라엘 사람들보다 훨씬 문명이 앞선 사람들이었기 때문이다. 가나안 지역에서 철로 만든 기구들, 즉 철기문명을 처음으로 시작한 사람들이 곧 블레셋 사람들이었다. 대사사 중 가장 많은 분량을 차지하는(삿 13-16장) 삼손이 맞섰던 이방 민족이 바로 이 블레셋 사람들이었고, 그의 이름을 따 샘소나이트

Samsonite라는 브랜드가 만들어질 정도로 삼손이라는 이름은 강인함의 상징이 되었다.

사사 시대의 가장 큰 특징은 이스라엘에게 아직 왕이 없었다는 것이다(삿 17:6; 21:25). 그런데 이때 왕으로 등장하는 사람이 하나 있다. 아비멜렉Abimelech이라는 사람이다. 그는 사사였던 기드온Gideon의 아들이다. 기드온이 미디안 사람들과의 전쟁에서 승리하자 백성들은 그를 왕으로 삼으려 했지만, 기드온은 하나님만이 이스라엘의 왕이시라고 말하면서 왕이 되기를 거부했고(삿 8:22-23), 다시 초야로 돌아가서 평범하게 삶을 살다가 칠십 명의 아들을 낳고 죽었다(삿 8:31). 그 많은 아들 가운데 하나였던 아비멜렉에게서 이스라엘의 왕정 이야기가 싹트기 시작한다. 아비멜렉이라는 이름은 '내 아버지는(아비) 왕이시다(멜렉)'라는 뜻이다. 분명 아비멜렉의 아버지는 기드온이지만, 아마도 이 이름은 하나님께서 모든 이스라엘의 아버지가 되신다는 의미로 지어진 것으로 보인다. 그러나 아비멜렉은 기드온의 위대한 교훈을 무시하고 왕이 되려는 야심을 품었다. 아버지가 왕위를 거절한 것이 속이 상했을 것이다. 넝쿨째 굴러들어온 호박을 걷어찼다고 생각했을 것이다. 그는 세겜 사람들에게 자신이 그들의 골육지친骨肉之親임을 강조하면서 도움을 얻었고, 자기 형제들을 불러 모으고 한꺼번에 도륙하는 끔찍한 일을 저지르고 말았다. 왕이 되고 싶었던 아비멜렉이 자신의 형제들을 경쟁 상대로 보았기 때문이다. 그 도륙 사건에서 유일하게 살아남은 요담Jotham은 우화를 만들어 왕으로 군림하려는 아비멜렉의 치리가 얼마나 위험한 일인지를 잘 보여 준다(삿 9:8-18).

스스로 왕이 되고 싶어 했던, 그래서 자기 형제들과 백성을 도륙했던 아비멜렉의 치리는 얼마 가지 못해 끝나고야 만다. 자신의 정권을 유지하기 위해서 백성들을 학살하는 일을 마다하지 않은 아비멜렉은, 망대 위에 있던 한 여인이 던진 맷돌에 두개골이 깨져 최후를 맞는다(삿 9:50-54). 왕이 없던 시대에 왕을 언급하는 이 이야기는 앞으로 생겨날 왕과 왕정에 대한 복선이 된다.

사사 시대는 정말 이스라엘에 왕이 없었던 것일까? 아니다. 구약성서는 이스라엘의 하나님이 사사 시대에도 이스라엘의 왕으로 치리하고 계

Gustave Doré, 〈아비멜렉의 죽음〉, 1866년.

셨다고 말한다. 이미 하나님은 일찍부터 이스라엘을 자기 백성으로 다스리고 계셨던 것이다(삼상 12:12). 사사 시대 이스라엘에는 단지 이방 나라들처럼 눈으로 보이는visible 이 땅의 왕earthly king이 없었을 뿐이다. 구약성서는 눈에 보이지 않는invisible 하나님이 세상의 그 어떤 왕과도 비교되지 않는 전능하신 하늘의 왕heavenly king이시라고 말한다. 이제부터 나타나는 그 어떤 인간 왕도 하늘의 왕이신 하나님의 치리와 말씀에서 벗어나서는 안 된다는 점을 분명히 한다.

룻기Ruth는 히브리 정경正經 전통에서 마지막 부분인 성문서聖文書의 다섯 두루마리[20] 중 하나로 자리 잡고 있는 책이지만, 우리말 성서에서는 칠십인역[21]의 순서를 따라 신명기 역사서 한 중앙에 위치하고 있다. 그 이유는 룻기 1장 1절에서 소개하는 시대적 배경이 바로 사사 시대이기 때문이다. 이로 인해 신명기 역사서의 흐름이 잠시 중단되는 것은 사실이다.

룻기는 비록 이방인이라고 할지라도 하나님을 믿고자 하는 사람은 하나님 백성의 공동체 안으로 받아들여진다는 사상을 반영하고 있다. 룻기는 책 이름 그대로 룻Ruth의 이야기이기도 하지만, 또 한 명의 주인공 나오미Naomi의 이야기이기도 하다. 나오미를 중심으로 룻기를 볼 때 이 책은 기근을 피해 모압 땅으로 '잠시 이주한' 사람이 유대 땅으로 다시 돌아오는

20 메길로트(Megillot)라고도 한다. 유대인들이 전통적으로 절기 때에 읽는 다섯 두루마리(Five Scrolls)를 말한다. 아가서는 이스라엘이 애굽을 떠나던 날을 기념하는 유월절에, 룻기는 오늘날의 추수감사절에 해당하는 칠칠절(Feast of Weeks)에, 애가는 예루살렘 성전 멸망일을 기억하며 금식하는 아브월(Ab, 히브리력 다섯 번째 달) 9일에, 전도서는 초막절(Feast of Booths, 수장절)에 그리고 마지막으로 에스더서는 부림절(Purim)에 각각 읽는다. 이 책들은 모두 히브리 정경 전통에서 볼 때, 묵시문학인 다니엘서와 함께 세 번째 분류인 성문서에 해당한다.

21 칠십인역(LXX): 기원전 250–200년경 히브리어를 모르는 유대인들을 위해 유대인 학자 72명이 애굽의 알렉산드리아에서 번역한 성경으로 가장 오래된 헬라어역 구약성서이다.

Julius Schnorr von Carolsfeld, 〈보아스의 밭에 있는 룻〉, 1828년.

이야기이다. 나오미의 며느리인 룻은 시어머니와 함께 베들레헴Bethlehem으로 와서 보아스Boaz를 만나 새로운 가정을 꾸리는데, 룻과 보아스 사이에서 태어난 오벳Obed은 훗날 이스라엘의 왕이 되는 다윗의 조상이다. 룻기는 비록 이스라엘 백성이 아니라 할지라도 하나님께 돌아오는 사람은 누구나 하나님의 백성이 될 수 있음을 보여 준다.

사울과 다윗

사무엘상1 Samuel은 사사 시대에서 왕정 시대로 옮겨 가는 정치적 변화 시대의 모습을 신학적인 관점에서 기록한 책이다. 책의 이름이 사무엘이지만, 사실 사무엘에 대한 부분은 앞부분에서만 다루어질 뿐 사울과 다윗을 중심으로 하는 초기 왕정 시대의 역사를 기록하고 있다. 이스라엘의 마지막 사사였던 사무엘은 이 시대적 전환기에서 이스라엘의 킹메이커king-maker 역할을 담당한다.

이 책은 이스라엘에 어떻게 해서 왕이 등장했는지를 설명해 준다. 기원전 13세기 후반, 이스라엘이 가나안에 정착할 무렵 가나안의 해안 지역에는 블레셋이라 불리는 일단의 해양 민족이 상륙하였고 그들은 철기 문명으로 무장하여 이스라엘의 사사 체계를 위협했다. 사무엘 당시, 블레셋과 이스라엘 사이에 아벡Aphek이라는 곳에서 전투가 벌어지는 사건이 일어난다. 여기에서 블레셋에 대항하여 전쟁을 한 결과 이스라엘이 크게 패했다. 이에 이스라엘은 당시의 국가적 성소였던 실로Siloh에 가서 법궤를 가지고 다시 전쟁에 임했다. 이스라엘 사람들은 법궤가 그들 사이에 오는 것을 보고서는 환호성을 지르며 기뻐했으나 다시 패배하고, 하나님 임재의 상징이었던 법궤마저 빼앗기고 만다. 국가적 위기에 직면한 이스라엘은 당시 마지막 사사이자 제사장이었던 사무엘Samuel을 찾아가 왕을 세워 달라고 말한다.

> [4]이스라엘 모든 장로가 모여 라마에 있는 사무엘에게 나아가서 [5]그에게 이르되 보소서 당신은 늙고 당신의 아들들은 당신의 행위를 따르지 아니하니 모든 나라와 같이 우리에게 왕을 세워 우리를 다스리게 하소서 한지라
>
> — 사무엘상 8:4-5

그들의 요구는 이스라엘 열두 지파가 하나의 국가로서 정치체제를 갖추고, 또 정규군대를 만들어서 강력하게 대처하지 않으면 블레셋을 막아 낼 수 없을 것이라는 현실적인 필요에 의해 나온 것이었다. 하나님은 자신의 직접적인 통치를 거부하는 백성의 요구를 들어주셨고, 이스라엘의 초대 왕으로 사울Saul이 선택되었다. 그러나 신명기 사가史家는 이스라엘에 새로이 시작된 왕정에 대해 끊임없이 부정적인 시각을 내비친다(삼상 8:7).

하나님 편에서 볼 때 인간 왕을 세워 달라는 백성의 요구는 분명 반역이다. 이 반역은 출애굽 이후 이스라엘 백성이 줄곧 자행해 왔던 하나님에 대한 반역의 연속선상에 있으며, 그 정점에 치닫는 행위였다. 하나님도 이를 아셨다. 이스라엘 백성이 '나를 버려 자기들의 왕이 되지 못하게 함이

Claes Corneliszoon Moeyaert, 〈사무엘과 사울 왕〉, 1618-1655년 사이.

니라' 하시는 하나님의 말씀은 배신당한 하나님의 아픈 마음을 보여 준다. 배신당한 하나님이 자신을 대신해서 이스라엘을 치리할 왕으로 기름부음[22] 받게 한 이는 바로 사울이었다.

왕위에 오른 지 얼마 지나지 않아 사울은 몇 가지 실수를 한다. 그중 하나는 블레셋과의 전쟁을 준비하던 중에 제사장 사무엘을 기다리지 못하고 임의로 제사를 집행했던 일이다(삼상 13:8-9). 이 일은 이스라엘 신앙의 질서를 무너뜨리는 일이 되고야 말았다.

사울이 저지른 또 다른 실수 하나는 아말렉Amalek과의 싸움에서 대

22 기름부음(anointment): 구약 시대의 이스라엘은 제사장(레 4:16), 왕(삼상 9:16), 예언자(왕상 19:16)를 세울 때 '하나님의 선택을 받은 자'라는 것을 증명하기 위해 머리에 기름을 붓는 의식을 행했다. 히브리어 '메시아(Messiah)'와 헬라어에서 유래된 '그리스도(Christ)'는 모두 '기름부음 받은 자'라는 뜻이다.

승을 거둔 후, 하나님의 명령대로 아말렉 사람들과 그 소유물들을 진멸시키지 않고, 일부 가치 있는 전리품들을 숨겼던 일이다. 이 사실을 안 사무엘이 질책하자, 사울은 하나님께 제사드리기 위해 남겨 둔 것뿐이라 둘러대면서, 그 책임 또한 자신에게 있지 않고 백성들이 저지른 일이라고 발뺌을 한다. 한 나라의 왕이 둘러대는 치졸한 변명에 사무엘은 대노한다.

> 사무엘이 이르되 여호와께서 번제와 다른 제사를 그의 목소리를 청종shama하는 것을 좋아하심 같이 좋아하시겠나이까 순종shama이 제사보다 낫고 듣는 것shama이 숫양의 기름보다 나으니
>
> — 사무엘상 15:22

앞서 신명기에서 언급한 바 있는 '샤마'가 다시 등장한다. 사무엘의 질책 중에 등장하는 '청종'과 '순종', 그리고 '듣는 것'에 해당하는 히브리어는 모두 '샤마shama'이다. 샤마의 기본적인 의미는 (하나님의 말씀을) '듣는 것hearing'이지만, 한 걸음 더 나아가서 그 들은 말씀대로 '순종obeying'하며 살아가는 것, 즉 '듣고 순종(청종)'하는 것까지를 의미한다.

우리가 진정한 의미에서 하나님의 말씀으로서의 설교를 듣는다는 것 또한 단순히 듣고 마음에 감동을 받았다는 것으로 그치는 것이 아니라 예배당 문을 나선 뒤 세상에 다시 발을 디디면서 주신 말씀을 기억하고 순종하며 살아간다는 것이 아닐까. 참으로 무서운 것은 만약 우리가 하나님의 말씀에 샤마하지 못한다면 하나님도 우리를 버리신다는 점이다.

> 왕이 여호와의 말씀을 버렸으므로 여호와께서 왕을 버려 이스라엘

왕이 되지 못하게 하셨나이다…

— 사무엘상 15:23b; 15:26b

급기야 하나님은 사울을 왕으로 세운 것을 후회하시고 버리셨다. 한때나마 사울을 좋아하고 그를 위해 축복하던 사무엘도 사울로 인해 슬퍼했으며, 죽는 날까지 다시 가서 그를 보지 않았다(삼하 15:35). 사울을 떠난 사무엘은 고향 라마Ramah에 머무르면서 나욧Naioth이라는 예언자 공동체를 세운다. 왕이 되지도, 정치 일선에 나서지도 않았지만 킹메이커의 역할을 마친 사무엘은 이곳에서 이스라엘을 위한 다음 세대의 지도자들을 배출하는 일에 자신의 여생을 보내며 살아간다. 한때 사울의 질투에 쫓겨 생명을 구하기 위해 도망다니던 다윗이 몸을 숨기고자 찾아왔던 곳도 바로 라마에 있던 사무엘의 공동체 나욧이다.

다윗이 도피하여 라마로 가서 사무엘에게로 나아가서 사울이 자기에게 행한 일을 다 전하였고 다윗과 사무엘이 나욧으로 가서 살았더라

— 사무엘상 19:18

사무엘이 길러 낸 이가 어디 비단 사울과 다윗뿐이었겠는가. 성서가 일일이 말하지 못하는 새로운 지도자들의 중심에는 사무엘과 그의 공동체 나욧이 있었다. 그는 비단 킹메이커로서의 역할만 감당했던 것이 아니라, 평생을 사람 길러 내는 일에 매진했던 지도자였던 것이다. 그런 사무엘의 일생에는 아들의 평생을 하나님께 바치겠노라던 그의 어머니 한나Hanna의 기도가 고스란히 배어 있다.

그러므로 나도 그를 여호와께 드리되 그의 평생을 여호와께 드리나이다

— 사무엘상 1:28

사무엘하2 Samuel는 이스라엘의 두 번째 왕 다윗David의 등극 이야기로 문을 연다. 사울은 다윗을 군대의 장으로 삼을 정도로 총애했지만, 이내 두 사람 사이의 관계가 틀어지는 사건이 발생하고 만다. 갈등은 승전하고 돌아오는 사울과 다윗을 환영하는 여인들의 노래에서 시작된다.

[6]무리가 돌아올 때 곧 다윗이 블레셋 사람을 죽이고 돌아올 때에 여인들이 이스라엘 모든 성읍에서 나와서 노래하며 춤추며 소고와 경쇠를 가지고 왕 사울을 환영하는데 [7]여인들이 뛰놀며 노래하여 이르되 사울이 죽은 자는 천천이요 다윗은 만만이로다 한지라

— 사무엘상 18:6-7

분명 승전하고 돌아온 왕 사울을 환영하는 자리였으나, 여인들은 왕인 사울보다 신하인 다윗을 높이 세우고 있었다. "그날 이후로 사울이 다윗을 주목"하기 시작했다(삼상 18:9). 사울은 급기야 다윗의 생명을 빼앗고자 했고, 다윗은 사울을 피해 도망다니는 신세로 전락하고 만다. 도망다니던 다윗은 사울을 죽일 수 있는 기회가 두 번이나 있었음에도 불구하고, 그를 죽이지 않고 상생win-win하기를 선택한다(삼상 24장; 26장). 결국 사울은 블레셋과의 전쟁에서 종말을 맞이한다(삼상 31장).

사울이 죽은 후 그의 아들 이스보셋Ishbosheth과 다윗은 각각 마하나

임Mahanaim과 헤브론Hebron에서 왕으로 등극하지만, 이내 이스보셋의 군대 장관 아브넬Abner이 살해되고, 뒤이어 이스보셋도 암살을 당하면서, 다윗은 삼십 세의 나이에 통일 이스라엘의 왕으로 등극하게 된다. 그는 이스라엘의 왕으로 등극한 후 대대적으로 강력한 왕권을 수립한다. 사울은 비록 왕이었지만 강력한 왕권을 수립하지는 못했다. 그러나 이스라엘로 하여금 왕정으로서 완전한 체제를 갖춘 다윗은 대외적으로 블레셋을 비롯한 이스라엘 주변의 모든 위협적인 세력들을 모두 정복하고 굴복시켰다. 그로 인해 이스라엘의 국력은 크게 신장되었고, 다윗 왕의 활동과 모든 업적은 사무엘 하권에 기록되어 있다. 이렇게 볼 때 사무엘 상·하권은 사무엘이 왕으로 기름부은 두 왕에 대한 기록, 즉 사무엘 상권은 사울 왕에 대한 기록이고, 사무엘 하권은 다윗 왕에 대한 기록인 것이다.

다윗이 강력한 왕정으로서의 체제를 완전히 갖추게 된 결정적인 사건은 예루살렘 정복이었다. 왕위에 오른 다윗은 그때까지 미정복지로 남아 있던 예루살렘을 정복하여 왕국의 수도로 삼는다(삼하 5:6-10). 그때까지 유다 자손들은 예루살렘 성 둘레에서만 살고 있었을 뿐, 그 성은 여전히 여부스 사람들Jebusites이 차지하고 있었다. 그 이유는 예루살렘이 난공불락의 도시였기 때문이다. 고대 팔레스타인에서 도시는 대개의 경우 지형이 높은 곳에 위치한 아크로폴리스acropolis(높은 도시)이다. 외부의 공격으로부터 지켜 내기에는 낮은 도시보다는 높은 도시가 훨씬 유리하기 때문이다. 고대 근동 지역에서에서 가장 유명한 아크로폴리스가 아테네였다면, 해발 720m에 달하는 천 년 이상 된 난공불락의 도시 예루살렘은 팔레스타인을 대표하는 아크로폴리스라고 말할 수 있다. 다윗은 그 예루살렘을 정복하기로 마음먹었다. 하지만 당시 예루살렘의 주민이던 여부스 사람들이 다

Caravaggio, 〈골리앗의 머리를 든 다윗〉, 1610년.

윗을 향해 '네가 결코 이리로 들어오지 못하리라 맹인과 다리 저는 자라도 너를 물리치리라'(삼하 5:6)라고 했던 말은 수성守城에 대한 강한 자신감을 드러낸다. 성서는 다윗의 예루살렘 정복 이야기를 다음과 같이 짤막하게 언급할 뿐이다.

7다윗이 시온 산성을 빼앗았으니 이는 다윗 성이더라 8그 날에 다윗

> 이 이르기를 누구든지 여부스 사람을 치거든 물 긷는 데로 올라가서 다윗의 마음에 미워하는 다리 저는 사람과 맹인을 치라 하였으므로 속담이 되어 이르기를 맹인과 다리 저는 사람은 집에 들어오지 못하리라 하더라
>
> — 사무엘하 5:7-8

1867년 영국군 장교 찰스 워렌C. Warren은 런던의 '팔레스타인 발굴학회'의 파송을 받아 예루살렘에 도착한 후, 기혼 샘Gihon spring 지역을 탐사하게 되었다. 난공불락의 철옹성 예루살렘에는 한 가지 취약점이 있었는데, 그것은 성 안에 수원水源이 없다는 것이었다. 이 문제를 해결하기 위해 예루살렘 성 밖의 기혼 샘으로부터 암석을 파서 성안으로 이어지도록 지하터널을 만들었고, 샘물은 이 터널의 수로를 따라 흘러 들어가고 있었다. 워렌은 기혼 샘으로부터 지하터널 안쪽으로 들어가다가, 터널의 천장에서 직경이 2m 정도 되는 둥근 모양으로 뚫려 있는 부분을 발견했다. 그리고 그것이 위를 향해 수직 방향으로 암벽을 뚫어 만든 일종의 통로라는 것을 알게 되었다. 워렌이 발견한 그 수직 통로는 현재까지 '워렌의 수구Warren's Shaft'라고 불리는데, 이 발견으로 말미암아 구약성서의 큰 수수께끼 하나가 풀리게 되었다. 그 수직 통로가 사무엘하 5장 8절에서 말하고 있는 '물 긷는 데', 즉 수구水口였기 때문이다. 다윗은 자신의 부하들로 하여금 이 수구를 통해 성 안에 침투하도록 했다. 그와 같은 전략으로 마침내 예루살렘 성을 정복하였으며, 그곳을 통일 이스라엘 왕국의 수도로 정하였다. 마지막까지 미정복지로 남아 있어서 이스라엘의 열두 지파의 분지 중 그 어디에도 속해 있지 않았던 예루살렘에, 다윗은 자신의 이름을 붙여 '다윗 성'이라

명명했다.

다윗의 예루살렘 정도定都는 여러 가지 면에서 의의를 지닌다. 예루살렘을 수도로 정한 후에 다윗은 먼저 하나님 임재의 상징인 법궤를 예루살렘으로 옮겨 왔다. 법궤가 옮겨진 후 다윗의 조정에서는 새로운 왕조 신학이 일어나게 되었고, 이로 인해 다윗의 왕권은 더욱 견고해질 수 있었다. 이 새로운 신학은 하나님께서 다윗과 영원한 계약을 맺어 주셨다는 증거이다. 이것을 흔히 '다윗계약'이라고 한다.

> [12]네 수한이 차서 네 조상들과 함께 누울 때에 내가 네 몸에서 날 네 씨를 네 뒤에 세워 그의 나라를 견고하게 하리라 [13]그는 내 이름을 위하여 집을 건축할 것이요 나는 그의 나라 왕위를 영원히 견고하게 하리라… [16]네 집과 네 나라가 내 앞에서 영원히 보전되고 네 왕위가 영원히 견고하리라 하셨다 하라
>
> — 사무엘하 7:12-13, 16

하나님께서 다윗을 왕으로 세워 주셨고, 그에게 영원한 왕조를 약속해 주셨다는 것이다. 그리고 예루살렘은 하나님이 영원히 거하시는 곳이 된다: '여호와께서 시온을 택하시고 자기 거처를 삼고자 하여 이르시기를 이는 내가 영원히 쉴 곳이라 내가 여기 거주할 것은 이를 원하였음이로다'(시 132:13-14). 영원한 다윗 왕조에 대한 약속과 예루살렘의 중요성은 다윗계약을 받치고 있는 두 기둥이다. 이러한 핵심 요소들은 모두 세습적인 왕정 사상이 없던 이스라엘에게 낯설면서도 획기적인 것이었다. 기원전 922년, 통일 이스라엘 왕국이 남북으로 분열된 이후 남유다에서는 다윗 왕조

만이 존속되었다. 후에 남유다의 멸망으로 왕조가 끊어졌으나 이 약속은 하나님께서 다윗 왕조를 언젠가는 필연코 회복시켜 주실 것이라는 희망의 기초가 되었고, '메시아 사상(세상에서 하나님의 통치를 대신하는 선택받은 왕)'으로까지 발전하게 된다. 이러한 사상은 시편, 역대기, 예언서 그리고 더 나아가서 신약성서에까지 그 영향을 미친다. 다윗에게 주신 은혜의 약속이 예수님에게서 실현되었다고 믿기 때문이다.

그러나 신명기 사가는 이스라엘 역사상 가장 영웅적인 왕이었던 다윗에게도 치명적인 죄와 실수들이 있었음을 지적한다. 그것은 자신에게 충성을 바치던 헷Hittite(히타이트) 사람 용병 우리아Uriah의 아내를 범하고 그 사실을 숨기기 위해 우리아를 죽음으로 몰아넣은 사건이었다(삼하 11장). 지금까지 승승장구하던 다윗은 이 사건 이후로, 아직 태어나지도 않은 자식을 비롯해서 측근들이 생명을 잃는 슬픔을 겪었고, 신하와 아들이 차례로 반란을 일으키는 등 몰락의 아픔을 경험하기도 한다.

처음 두 왕인 사울과 다윗은 완벽한 사람이 아니었다. 신명기 사가는 그들의 인간적인 잘못을 여지없이 드러내고 있다. 둘 중 과연 누가 더 많은 하나님의 은혜를 입었을까? 정답은 다윗이다. 둘 중 과연 누가 더 큰 잘못을 저질렀을까? 이 또한 다윗이다. 그럼에도 불구하고 하나님이 다윗과 그 나라를 버리지 않으신 것은 하나님의 신실하심과 다윗의 진심 어린 회개 때문이다. 일찍이 다윗의 왕위가 영원할 것이라는 하나님의 영원한 언약을 전한 선지자 나단Nathan 앞에서 다윗은 은혜를 간구했었다: '종의 집에 복을 주사 주 앞에 영원히 있게 하옵소서'(삼하 7:29). 그 다윗이 다시 나단 앞에서 하나님께 회개한다: '다윗이 나단에게 이르되 내가 여호와께 죄를 범하였노라'(삼하 11:13). 「다윗이 우리아의 아내 밧세바와 동침한 후 선지자

Gerard van Honthorst, 〈하프를 연주하는 다윗 왕〉, 1622년.

나단이 그에게 왔을 때」라는 제목이 붙어 있는 시편 51편은 다윗이 자신의 범죄를 고백하는 일종의 회개시이다.

> [1]하나님이여 주의 인자를 따라 내게 은혜를 베푸시며 주의 많은 긍휼을 따라 내 죄악을 지워 주소서
> [2]나의 죄악을 말갛게 씻으시며 나의 죄를 깨끗이 제하소서

[3]무릇 나는 내 죄과를 아오니 내 죄가 항상 내 앞에 있나이다
[4]내가 주께만 범죄하여 주의 목전에 악을 행하였사오니 주께서 말
씀하실 때에 의로우시다 하고 주께서 심판하실 때에 순전하시다 하
리이다
[5]내가 죄악 중에서 출생하였음이여 어머니가 죄 중에서 나를 잉태
하였나이다
[6]보소서 주께서는 중심이 진실함을 원하시오니 내게 지혜를 은밀히
가르치시리이다
[7]우슬초로 나를 정결하게 하소서 내가 정하리이다 나의 죄를 씻어
주소서 내가 눈보다 희리이다
[8]내게 즐겁고 기쁜 소리를 들려 주시사 주께서 꺾으신 뼈들도 즐거
워하게 하소서
[9]주의 얼굴을 내 죄에서 돌이키시고 내 모든 죄악을 지워 주소서
[10]하나님이여 내 속에 정한 마음을 창조하시고 내 안에 정직한 영을
새롭게 하소서
[11]나를 주 앞에서 쫓아내지 마시며 주의 성령을 내게서 거두지 마
소서…

— 시편 51:1-11

솔로몬과 왕국의 분열

열왕기상1 Kings은 다윗 왕이 죽은 후 다음 왕위를 둘러싼 아들들의 치열한 왕위 쟁탈전으로 시작된다. 이 쟁탈전에서 최종 승리자가 된 솔로몬Solomon은 전쟁을 통해 나라의 기반을 다진 아버지 다윗과는 달리 외교적 수완을 통해 주변 나라들과 우호적인 관계를 맺으며 나라를 더욱 부강케 했다. 흔히 솔로몬은 '이재理財의 왕' 혹은 '지혜의 왕'으로 통한다. 솔로몬 시대의 부유함은 '솔로몬 왕이 마시는 그릇은 다 금이요 레바논 나무 궁의 그릇들도 다 정금이라 은 기물이 없으니 솔로몬의 시대에 은을 귀하게 여기지 아니함은'(왕상 10:21)이라는 말에서 잘 드러난다. 지혜의 왕으로서의 솔로몬은 애굽과 우호적인 관계를 갖기 위해 애굽 왕의 딸을 아내로 맞이하는 모습과 기브온Gibeon에서 일천 번제를 드린 후 하나님으로부터 지혜와 부귀 장수의 축복을 받아 명판결을 내리는 모습에서 잘 드러난다. 또한 외국과의 빈번한 국제교류를 통하여 주변의 나라로부터 지혜문학을 수입하

Peter Paul Rubens, 〈솔로몬의 판결〉, 1617년경.

였고, 이스라엘에 지혜문학 전통을 정착시켰다. 그리하여 그는 성서에 등장하는 인물들 중에서 가장 지혜로운 왕으로 알려지게 되었다. 구약성서의 지혜문학으로 일컬어지는 잠언, 전도서 등은 전통적으로 솔로몬의 작품으로 인정받고 있다.

신명기 사가는 솔로몬이 그와 같은 지혜와 부를 누리게 된 배경으로 감동적이고 아름다운 이야기를 소개한다. 아직 성전이 지어지기 이전, 기브온에 있는 산당을 찾아간 솔로몬은 일천 번제를 드린 후 원하는 것을 구하라는 하나님의 말씀에 왕으로서 자신이 다스려야 할 백성들을 잘 재판할 수 있도록 '듣는 마음'을 달라고 간구한다.

누가 주의 이 많은 백성을 재판할 수 있사오리이까 듣는 마음(레브-셰모아)을 종에게 주사 주의 백성을 재판하여 선악을 분별하게 하옵소서

— 열왕기상 3:9

이에 대해 하나님은 솔로몬이 '지혜'를 구했다고 말씀하신다(왕상 3:11). 솔로몬의 지혜는 왕으로서 자신의 욕심을 채우기보다는 하나님의 말씀과 백성의 목소리를 듣는 데에서 나온 것이었다. 이후로 솔로몬은 아버지 다윗이 간절히 소원했던 성전을 건축한다. 지성소 안에 하나님 임재의 상징인 법궤를 안치하면서 성전 건축이 마무리되자, 왕궁을 건축하고 국방을 튼튼히 하기 위해 국고성과 병거성, 마병의 성을 짓기도 했다(왕상 9:19; 10:26).

그러나 구약성서의 역사에 빛나는 이 위대한 건축 사업의 배후에는 어두운 그림자 또한 자리 잡고 있다. 여러 가지 건축 사업으로 고갈된 국고를 충당하기 위해 국토의 일부를 외국에 매각하기도 했으며, 고대 근동의 어느 나라 왕에 못지않게 사치스러운 생활을 했고, 특히 여러 나라의 왕족들과 국제 정략결혼을 하여 종교적인 문란과 우상숭배 문화를 가져왔다.

[1]솔로몬왕이 바로의 딸 외에 이방의 많은 여인을 사랑하였으니 곧 모압과 에돔과 시돈과 헷 여인이라… 솔로몬이 그들을 사랑하였더라 [3]왕은 후궁이 칠백 명이요 첩이 삼백 명이라 그의 여인들이 왕의 마음을 돌아서게 하였더라… [8]그가 또 그의 이방 여인들을 위하여 다 그와 같이 한지라 그들이 자기의 신들에게 분향하며 제사하였더라

— 열왕기상 11:1, 3, 8

Sébastien Bourdon, 〈우상에 제물을 바치는 솔로몬 왕〉, 1646-1647년경.

솔로몬이 죽자 온 이스라엘 사람들이 그의 아들 르호보암Rehoboam을 왕으로 삼기 위해 세겜에 모였다. 르호보암이 예루살렘에서 그들을 만나지 않고 직접 세겜으로 가서 백성을 만난 것은 아직 그의 왕권이 전체 백성들에게까지 미치지 않았기 때문이다. 세겜에서 북쪽 지파 사람들은 느밧Nebat의 아들 여로보암Jeroboam과 함께 그들의 대표를 르호보암에게 보내 한 맺힌 청을 올린다. 바로 선왕先王 솔로몬이 그들에게 지운 고역과 무거운 멍에를 가볍게 해 달라는 것이었다(왕상 12:4). 이때 르호보암은 이미 예루살렘과 유다 지파에게서 왕위를 세습받은 상태였지만(왕상 11:43), 이스라엘 북쪽 지파들의 생각은 달랐다. 그들은 자신들에게 왕을 뽑을 권리가 있다고 생각하고 있었다. 그러나 출신 지파의 후원을 입어 왕위에 오른 르호보암은 이러한 북쪽 지파 사람들의 생각을 읽지 못했고, 그들의 요구를 받아들이려 하지 않았다. 르호보암은 이에 대한 대답을 삼 일 후로 미루고, 그동안 두 부류의 자문 그룹에게 조언을 받는다. 서로 다른 두 자문을 들어 보자.

> **노인 그룹** 대답하여 이르되 왕이 만일 오늘 이 백성을 섬기는 자가 되어 그들을 섬기고 좋은 말로 대답하여 이르시면 그들이 영원히 왕의 종이 되리이다 하나
>
> — 열왕기상 12:7

> **소년 그룹** … 내 아버지는 채찍으로 너희를 징계하였으나 나는 전갈 채찍(가시 달린 채찍)으로 너희를 징계하리라 하소서
>
> — 열왕기상 12:11

솔로몬의 생전에 활동했던 노인들의 말을 들어 보라. 그들은 왕이 먼저 백성을 섬겨야 한다고 말한다. 왕의 오늘 하루 섬김은 백성의 영원한 섬김으로 이어질 것이라고 한다. 얼마나 지혜로운 말인가? 지도자는 사람들 위에 군림하는 자가 아니다. 오히려 그들을 섬기는 자이다. 리더는 결코 보스가 아니기 때문이다. 보스가 사람들 위에 군림하며 명령하는 지도

자라면, 리더는 사람들을 섬기며 솔선수범하는 지도자이다. 전쟁에 나서서도 '진격하라'고 명령하기보다는 '나를 따르라follow me!'라고 말하는 지도자가 진정한 리더다. 노인들은 르호보암에게 그런 리더가 되어 달라고 충언했던 것이다. 그러나 미련하게도 르호보암은 소년 그룹의 자문을 따라 부친 솔로몬의 강경책을 고수하려 했다. 솔로몬의 압제 밑에 신음하던 백성들의 절절한 요구를 르호보암은 일언지하에 묵살하고 만다.

> 어린 사람들의 자문을 따라 그들에게 말하여 이르되 내 아버지는 너희의 멍에를 무겁게 하였으나 나는 너희의 멍에를 더욱 무겁게 할지라 내 아버지는 채찍으로 너희를 징계하였으나 나는 전갈 채찍으로 너희를 징치하리라 하니라
>
> — 열왕기상 12:14

르호보암의 대답은 자기 백성 이스라엘에 대한 무지를 고스란히 담고 있다. 이스라엘 백성이 누구던가? 애굽 바로의 압제 밑에서 신음하다가 모세의 영도하에 자유를 찾아 다시 가나안으로 돌아온 백성이 아닌가? 자유를 찾아 돌아온 백성이 그들이 왕으로 섬기는 이에 의해서 다시 애굽에서의 압제를 경험하고 있었던 것이다. 이미 솔로몬 치하에서 악화된 그들의 분노는 돌이킬 수 없는 상황으로 치닫고야 말았다.

> 온 이스라엘이 자기들의 말을 왕이 듣지 아니함을 보고 왕에게 대답하여 이르되 우리가 다윗과 무슨 관계가 있느냐 이새의 아들에게서 받을 유산이 없도다 이스라엘아 너희는 장막으로 돌아가라 다윗

이여 이제 너는 네 집이나 돌아보라 하고 이스라엘이 그 장막으로 돌아가니라

— 열왕기상 12:16

결국 이스라엘 백성은 자신들에 대한 르호보암의 통치를 인정하지 않기에 이른다. 르호보암은 무력으로라도 북쪽 지파 사람들을 제압하기 위해 아도람Adoniram을 역군의 감독으로 보냈으나 성난 백성들은 그를 돌로 쳐 죽이고야 만다. 그제야 사태의 심각성을 알게된 르호보암은 급히 수레에 올라타 예루살렘으로 도망한다. 여기서 '온 이스라엘'이란 유다 지파(와 시므온 지파. 시므온 지파는 가나안 땅 정착 이후로 유다 지파에 흡수되어 버렸다)를 제외한 나머지 10지파를 말한다. 이스라엘의 10지파는 다윗 왕조의 치리를 거부하며 초대 왕 사울의 후손인 여로보암의 영도를 택했고, 반란을 일으키며 다윗 왕권으로부터 분리해 나갔다. 다윗이 이룩한 이스라엘의 통일 북이스라엘은 채 80년을 지속하지 못하고(기원전 1000-922년) 남과 북으로 분열하게 된 것이다. 이제부터 이스라엘의 역사는 다윗 왕조가 치리하는 남유다(초대 왕 르호보암)와 북이스라엘(초대 왕 여로보암)로 나뉘었고 구약성서 역사에서 다시는 하나로 통일되지 못하였다.

북이스라엘의 10지파가 떨어져 나가 국력이 약해진 남유다에 불어닥친 첫 번째 위기는 군사적 위기였다. 르호보암 왕 5년에 애굽 왕 시삭Shishak(셰숑크 1세)이 예루살렘을 공격했고, 성전과 왕궁의 보물들을 강탈해 간다(기원전 922년). 남유다로서는 시삭의 공격을 감당해 낼 수 없었다. 르호보암의 아버지 솔로몬의 본처가 애굽 여인이었던 것을 생각해 본다면, 애굽 왕 시삭이 예루살렘을 공격한 사건은 언뜻 이해하기 어렵다. 불과 얼마

전까지 애굽과 유다 왕국은 사돈지간이었기 때문이다. 르호보암으로서는 이런 일이 일어나리라고는 전혀 예상하지 못했을지도 모른다. 예나 지금이나 사람이란 늘 손익을 계산하며 변하기 마련인 것을 말이다.

애굽 왕 시삭은 여호와의 성전의 보물과 왕궁의 보물을 모두 빼앗고 또 솔로몬이 만든 금방패까지 모조리 다 빼앗았다(왕상 14:26). 풍요로움에 넘쳐 은銀은 귀하게 여기지도 않았던 솔로몬 시대의 영화로움(왕상 10:21)을 모두 강탈당하고야 만 것이다. 르호보암은 선왕 솔로몬의 모든 금기명金器皿과 금방패를 다 빼앗긴 뒤, 대신 놋으로 만든 방패를 왕궁 문을 지키는 시위대 장관의 손에 맡겼다. 왕이 여호와의 성전에 들어갈 때마다 시위侍衛하는 자가 그 방패를 들고 갔다가 시위소로 다시 가져다 두곤 했다고 한다(왕상 14:27-28). 남유다의 재정 상태는 예전에 비해 빈곤의 나락으로 떨어져 버렸다. 르호보암은 다윗이 일으켜 세운 드넓은 영토의 제국과 솔로몬 시대의 부귀와 영화로움을 옛말로 만들어 버리고 말았던 것이다. 그 나락의 원인은 '왕이 백성들의 말을 듣지 않았기' 때문이었다(왕상 12:16). 르호보암은 백성이 왕의 말을 들어야 하는 것보다 왕이 백성의 말을 들어야 하는 것이 먼저라는 것을 깨닫지 못했던 것이다.

르호보암의 미련하고 안일한 치리는 결국 여로보암을 북이스라엘의 왕으로 만들었다. 북쪽 지파 사람들이 세겜에 모인 것은 원래 르호보암을 왕으로 세우기 위함이었으나 르호보암이 도망가자 대신 여로보암을 왕으로 추대한다(왕상 12:20). 다윗의 왕국처럼, 북이스라엘 또한 그 시작에는 하나님의 약속이 자리 잡고 있다.

네가 만일 내가 명령한 모든 일에 순종하고 내 길로 행하며 내 눈에 합당한 일을 하며 내 종 다윗의 행함 같이 내 율례와 명령을 지키면 내가 너와 함께 있어 내가 다윗을 위하여 세운 것 같이 너를 위하여 견고한 집을 세우고 이스라엘을 네게 주리라

— 열왕기상 11:38

북이스라엘의 초대 왕이 된 여로보암은 세겜을 수도로 정하였다가 후에 부느엘Puneul로 옮겼다(왕상 12:25). 후에 북이스라엘의 다섯 번째 왕 오므리Omri(기원전 876-869년)에 의해 수도 사마리아Samaria가 세워지기 전까지 북이스라엘 왕들의 거처가 디르사Tirzah에 있던 것으로 보아,[23] 그 말년에는 다시 디르사로 천도했던 것 같다. 통일 왕국에서 분열 왕국으로 넘어가던 즈음 이 두 왕국 사이에는 전쟁이 끊이지 않았다. 남유다의 입장에서 보면 북이스라엘은 쿠데타를 일으킨 세력으로 보았을 것이고, 북이스라엘에서는 그 분열의 책임이 남유다의 왕에게 있다고 보았을 것이다.

북이스라엘의 왕으로 즉위한 여로보암은 제일 먼저 이스라엘 영토의 최북단 단Dan과 최남단 벧엘Bethel에 두 개의 금송아지상을 세웠다. 또한, 레위 사람이 아닌 보통 사람들로 제사장을 삼고, 심지어는 이스라엘의 종교력까지 바꾸는 등의 종교적 범죄행위를 일삼으며 남유다와 대립하게 된다.

[28]이에 계획하고 두 금송아지를 만들고… [29]하나는 벧엘에 두고 하나는 단에 둔지라 [30]이 일이 죄가 되었으니 이는 백성들이 단까지

23 왕상 16:6, 8–9, 15, 17, 23–24 참조.

가서 그 하나에게 경배함이더라 [31]그가 또 산당들을 짓고 레위 자손 아닌 보통 백성으로 제사장을 삼고 [32]여덟째 달 곧 그 달 열다섯째 날로 절기를 정하여 유다의 절기와 비슷하게 하고 제단에 올라가 되… [33]그가 자기 마음대로 정한 달 곧 여덟째 달 열다섯째 날로 이스라엘 자손을 위하여 절기로 정하고 벧엘에 쌓은 제단에 올라가서 분향하였더라

— 열왕기상 12:28-33

여로보암의 이와 같은 자구책은 자신의 왕국을 유지하기 위한 어쩔 수 없는 선택이었으나 한 예배장소에서 한 하나님을 섬겨야 하는 이스라엘의 신앙 원칙을 무너뜨리는 일이었다. 신명기 사가는 이와 같은 여로보암의 종교적 범죄를 북이스라엘의 원죄로 규정하면서 여로보암의 죄를 떠나지 않은 그 이후의 모든 북이스라엘 왕들에 대해 '악한 왕'이라는 부정적인 평가를 내리고 있다. 신명기 사가는 두 나라의 관계가 한동안 악화일로惡化一路에 있었다고 말한다(왕상 14:30; 15:7, 32). 그러나 두 나라 사이의 전쟁이 언제까지나 이어진 것은 아니다. 열왕기상은 이 두 형제 왕국 사이에 비로소 전쟁이 종식되고 평화가 찾아왔다고 말하며 마무리된다(왕상 22:44).

오므리 왕조와 나봇의 포도원 사건

여로보암을 필두로 도합 19명에 이르는 북이스라엘 왕들은 한결같이 악한 왕으로 기록되어 전해진다는 점에서 불쌍한 존재들이다. 왕이란 사사들과는 달리 세습이 가능한 존재이다. 그러나 이상하게도 북이스라엘에서는 이 세습이라는 것조차 제대로 이루어지지 않았다. 선왕이 왕자보다 더 좋은 사람을 후계자로 지목했기 때문이 아니다. 북이스라엘은 쿠데타로 시작해서 쿠데타로 끝난 왕국이었다고 해도 과언이 아닐 정도로 수많은 모반과 피비린내 나는 왕위 쟁탈전이 끊이지 않았다. 일례로 북이스라엘의 다섯 번째 왕 시므리Zimri는 바아사Baasha의 아들 엘라Elah를 죽이고 왕위에 오르지만 그의 치리 기간은 단 일주일에 지나지 않았다(왕상 16:9-15). 시므리가 모반하여 왕을 죽였다는 말을 들은 이스라엘의 군인들은 당시 군사령관이던 오므리Omri를 왕으로 옹립해 버린다. 시므리는 궁궐에 불을 지르고 스스로 자기 몸을 던져 죽는다. 군인들의 지지를 기반으로 왕위에 오른 오므리는 또 다른 적대 세력으로 등장한 디브니Tibni를 이기고 명실공히 북이스라엘의 왕으로 등극한다. 왕위에 오른 오므리는 당시까지 수도였던 디르사에서 6년 동안 치리하다가 은 두 달란트로 사마리아산을 사고 그 산 위에 성을 건축한다. 사마리아는 그 산의 원주인이던 세멜Shemer의 이름을 따서 붙여진 이름이다. 이때부터 북이스라엘의 수도는 왕국이 멸망할 때까지 사마리아가 된다(왕상 16:16-28).

오므리에게서부터 북이스라엘은 4대에 걸쳐 그 왕조가 존속되는 세습 왕조를 세웠다. 고대 근동의 다른 자료들에 따르면 오므리의 명성은 주변 나라에서 북이스라엘을 '오므리의 나라'라고 부를 정도로 대단했지만, 실제 구약성서 안에서 오므리에 대한 기록은 얼마 되지 않는다. 오므리보다는 오히려 그 아들이었던 아합Ahab과 아합의 아내 이세벨Jezebel에 대한 기록이 더 유명하다. 당시 고대 근동의 패권은 앗수르Assur(아시리아)의 손에 쥐어져 있었다. 아합은 앗수르 왕 살만에셀에 대항하여 싸우는 아람Aram과 그 동맹군에게 약 2천 대에 달하는 전차를 파견할 정도로 군사적으로 강력한 나라를 이끌었다. 그러나 구약성서가 묘사하는 아합은 지극히 악을 많이 행한 왕일 뿐이다. 아합은 여로보암의 뒤를 이은 북이스라엘의 모든 왕들 중 가장 악하였다. 그가 이런 평가를 받는 데에는 시돈Sidon에서 시집 온 왕비 이세벨의 영향이 크다.

> 30오므리의 아들 아합이 그의 이전의 모든 사람보다 여호와 보시기
> 에 악을 더욱 행하여 31느밧의 아들 여로보암의 죄를 따라 행하는
> 것을 오히려 가볍게 여기며 시돈 사람의 왕 엣바알의 딸 이세벨을
> 아내로 삼고 가서 바알을 섬겨 예배하고 32사마리아에 건축한 바알

의 신전 안에 바알을 위하여 제단을 쌓으며 [33]또 아세라상을 만들었으니 그는 그 이전의 이스라엘의 모든 왕보다 심히 이스라엘 하나님 여호와를 노하시게 하였더라

— 열왕기상 16:30-33

아합과 이세벨은 이스라엘에 있는 여호와의 예언자들을 거의 살려두지 않았으며, 수도였던 사마리아에는 바알Baal의 신전과 바알의 아내로 여겼던 아세라Asherah 목상을 세워 북이스라엘에 가나안의 우상숭배가 넘쳐나게 만들었던 장본인들이다. 열왕기상 21장에는 아합과 이세벨의 폭정을 엿볼 수 있는 중요한 이야기가 하나 등장한다. 우리나라의 경우, 일반적으로 북쪽에서 남쪽으로 내려올수록 땅이 기름지고 곡식이 풍성하지만, 팔레스타인은 남쪽으로 내려갈수록 주로 사막이 형성되어 있고, 북쪽으로 올라갈수록 그 땅이 비옥하다. 남북 왕국을 통틀어 이스라엘에서 가장 비옥한 지역은 북이스라엘에 자리 잡고 있는 이스르엘Jezreel이라는 평원 지역이다. 희랍어 에스드렐론Esdraelon 평원은 바로 구약의 이스르엘 평원을 말한다. 이 기름진 이스르엘 평원에는 북이스라엘 왕들의 별장이 자리 잡았고, 아합 또한 이곳에 자신의 별궁을 소유하고 있었다. 그런데 바로 아합의 별궁 옆에 나봇Naboth이라는 사람의 포도원이 있었다. 가진 사람은 늘 더 많은 것을 소유하고 싶어 하는 법이다. 자신의 별궁을 확장하기 원했던 아합은 나봇에게 한 가지 제안을 한다.

아합이 나봇에게 말하여 이르되 네 포도원이 내 왕궁 곁에 가까이 있으니 내게 주어 채소 밭을 삼게 하라 내가 그 대신에 그보다 더

아름다운 포도원을 네게 줄 것이요 만일 네가 좋게 여기면 그 값을 돈으로 네게 주리라

— 열왕기상 21:2

아합은 처음부터 나봇의 포도원을 강압적으로 빼앗을 생각은 없었던 것 같다. 그러나 이러한 왕의 제안을 나봇은 일언지하에 거절한다. 그 이유는 레위기 25장 8-28절에 나온다. 이스라엘에서 땅의 주인은 하나님 한 분뿐이시기 때문에, 조상 대대로 물려 내려온 땅을 마음대로 팔 수가 없다는 것이었다.

일개 필부에 지나지 않는 나봇의 거절을 들은 아합은 돌아와 침상에 누워 얼굴을 돌리고 식음을 전폐할 정도로 속이 상했다(왕상 21:4). 그 역시 이스라엘 사람이었기에 율법에 규정된 하나님의 말씀을 어길 수는 없었던 것이다. 그러나 왕비 이세벨은 달랐다. 그녀로서는 이러한 남편의 모습을 이해할 수 없었다. 도대체 율법이 무엇이기에 왕의 명령을 능가한단 말인가? 자신의 친정 나라에서라면 나봇은 이미 죽은 목숨이나 다름 없었다. 이세벨은 거짓 증인 두 사람을 매수한 후, 왕의 이름으로 된 편지들을 나봇과 함께 사는 장로와 귀족들에게 보내어 나봇이 하나님과 왕을 저주하였다는 누명을 씌운다.

불량자 두 사람을 그의 앞에 마주 앉히고 그에게 대하여 증거하기를 네가 하나님과 왕을 저주하였다 하게 하고 곧 그를 끌고 나가서 돌로 쳐죽이라 하였더라

— 열왕기상 21:10

당시 자세한 내용은 알 수 없으나 이스라엘에 어떤 재난이 닥쳤던 듯하다. 이때 왕은 재난에서 탈출하기 위한 금식을 선포하곤 한다. 그러자 이세벨이 매수한 거짓 증인 두 사람이 그 재난의 원인을 나봇에게 돌렸던 것이다. 그가 하나님과 왕을 저주하였기에 이스라엘에 재난이 닥쳤다는 것이다. 출애굽기 22장 28절과 레위기 24장 14절에 따르면 하나님과 왕을 모독하는 자는 사형에 처하게 되어 있다. 이방인이었던 이세벨이 이스라엘의 법을 이용해 신실하게 살아가던 나봇을 율법의 이름으로 죽인 것이다.

한 나라의 왕과 왕비가 힘없는 자기 백성 하나를 처참히 죽인 이 사건 이후, 열왕기상은 아합의 죽음을 적나라하게 묘사한다. 한동안 잠잠했던 아람과의 사이가 극도로 악화되자 아합은 동맹관계를 유지하고 있던 남유다 왕 여호사밧Jehoshaphat에게 소식을 전해 함께 아람을 공격할 것을 제의한다. 여호사밧은 이 전쟁의 수행 여부를 신중히 고려했다. 거짓 예언자였던 시드기야Zedekiah는 전쟁에서 승리할 것이라고 말했다. 참된 예언자였던 미가야Micaiah도 처음에는 전쟁에서 승리할 것이라고 마음에도 없는 말을 하였으나, 재차 다그쳐 묻는 여호사밧에게 아합이 라못Ramoth에서 전사할 것이라는 하나님의 말씀을 전한다. 결국 전쟁은 발발했고, 아합은 우연히 날아온 한 병사의 화살에 맞아 전사한다. 그리고 아합이 탔던 병거를 사마리아 못에서 씻을 때 개들이 와서 그의 피를 핥았다. 힘없는 필부를 죽인 왕 아합이 한 이름 없는 병사의 손에 최후를 맞이했고, 그 피를 동네의 개들이 와서 핥아 먹은 것이다.

37왕이 이미 죽으매 그의 시체를 메어 사마리아에 이르러 왕을 사마리아에 장사하니라 [38]그 병거를 사마리아 못에서 씻으매 개들이 그의 피를 핥았으니 여호와께서 하신 말씀과 같이 되었더라 거기는 창기들이 목욕하는 곳이었더라

— 열왕기상 22:37-38

왕비 이세벨의 죽음은 이보다 훨씬 극적으로 묘사되어 있다. 아합의 아들 요람Joram이 아람 왕 하사엘Hazael과 싸우면서 당한 부상을 치료하기 위해 이스르엘로 돌아와 있을 때, 남유다 왕 여호람Jehoram의 아들 아하시야Ahaziah는 요람의 병문안을 와 있었다. 그만큼 입은 남북 왕국의 사이는 매우 우호적이었다. 그러나 바로 그때 북이스라엘의 예언자 엘리사Elisha는 자신의 제자를 보내 예후Jehu에게 기름을 부어 그를 새로운 왕으로 삼았다. 예언자 엘리사의 후원을 입은 예후는 북이스라엘 왕 요람과 남유다 왕 아하시야를 만나 활을 당겨 요람의 염통을 꿰뚫어 죽인다. 요람이 화살을 맞아 죽은 장소는 공교롭게도 예전에 나봇이 억울하게 죽었던 바로 그 이스르엘의 토지였다.

[21]… 이스라엘 왕 요람과 유다 왕 아하시야가 각각 그의 병거를 타고 가서 예후를 맞을새 이스르엘 사람 나봇의 토지에서 만나매 [24]예후가 힘을 다하여 활을 당겨 요람의 두 팔 사이를 쏘니 화살이 그의 염통을 꿰뚫고 나오매 그가 병거 가운데에 엎드러진지라

— 열왕기하 9:21, 24

요람의 죽음이 바로 나봇의 토지에서 이루어졌다는 기막힌 운명적

인 사건은 시사하는 바가 크다. 나봇이 죽임을 당할 때 나봇의 아들들이 함께 죽임을 당했던 것처럼(왕상 21:13-16), 요람은 자신의 부모가 지은 죄로 인해 죽임을 당한 것이다. 이뿐만이 아니다. 요람을 문병 왔던 남유다 왕 아하시야 역시 도망을 하다가 므깃도Megiddo에서 예후에 의해 죽임을 당한다. 남유다 왕 아하시야의 죽음 역시 아합과 무관하지 않다. 그는 아합과 이세벨의 딸이었던 아달랴Athaliah가 남쪽으로 시집와서 낳은 아들, 즉 아합의 손자였던 것이다.

아합의 아들 요람과 손자 아하시야를 죽인 예후는 이제 이스르엘로 진격해 들어간다. 예후가 들어올 때 아합의 아내 이세벨은 화장을 하고 있었다. 이때 이세벨이 예후를 가리켜 오므리 왕조에 의해 죽임을 당한 시므리라고 부르는 것을 보면 그의 모반을 대수롭지 않게 생각했던 것으로 보인다(왕하 10:30-31). 그러나 이세벨은 이미 권력을 잡은 예후를 두려워한 두 내시에 의해 담 밑으로 내던져져 죽고 만다. 후에 승리의 잔치를 마친 예후가 왕비였던 이세벨의 장례를 치르기 위해 다시 그 시체를 찾았을 때에는 두골과 손발 외에는 아무 것도 찾을 수가 없었다.

> [36]… 이는 여호와께서 그 종 디셉 사람 엘리야를 통하여 말씀하신 바라 이르시기를 이스르엘 토지에서 개들이 이세벨의 살을 먹을지라 [37]그 시체가 이스르엘 토지에서 거름같이 밭에 있으리니 이것이 이세벨이라고 가리켜 말하지 못하게 되리라 하셨느니라 하였더라
>
> — 왕하 9:36-37

이세벨은 힘없는 나봇이 억울한 죽임을 당했던 바로 그 이스르엘에

Andrea Celesti, 〈예후에게 심판받는 이세벨〉, 17세기 중엽.

서 비참한 최후를 맞은 것이다. 그런데 오므리 왕조에 대한 예후의 철저한 징벌은 여기에서 그치지 않았다. 아합에게는 칠십 명의 아들이 수도 사마리아에 남아 있었기 때문이다. 예후는 사마리아에 있는 이스르엘 귀족들에게 편지들을 보낸다. 편지가 당도하자 사마리아 성읍의 귀족들은 왕자 칠십 명을 모조리 잡아 죽이고 그들의 머리를 광주리에 담아 이스르엘에 있는 예후에게 보낸다(왕하 10:7). 아합과 이세벨의 죗값은 자신들의 죽음만으로 치르기에는 부족했던 것이다.

엘리야와 엘리사

한편, 신명기 역사서가 왕들의 이야기만 기록하고 있는 것은 아니다. 열왕기상·하서는 잠시 왕들의 이야기를 미루고 북이스라엘에서 활동했던 두 예언자 엘리야Eliah와 엘리사Elisha의 이야기도 중요하게 다루고 있다. 흔히들 예언서를 대예언서(이사야, 예레미야, 에스겔)와 소예언서(호세아부터 말라기까지 12권)로 구분하는 데 익숙하지만, 구약성서 안에는 이와 같은 대·소예언자의 범주에는 들지 않는 또 다른 부류의 예언자들이 있다. 성서에서는 분명 예언자로 등장하면서도 자신의 이름으로 기록된 책이 없는 문서 이전 예언자prewriting prophets가 바로 그들이다. 예를 들면 통일 왕국 시대에 활동했던 나단과 갓, 아히야Ahijah 그리고 분열 왕국 시대에 남유다에서 하나님의 말씀을 전한 스마야Shemaiah와 북이스라엘의 엘리야와 엘리사, 미가야, 익명의 두 예언자(왕상 13장) 등이 대표적인 문서 이전 예언자들이라고 할 수 있다. 이처럼 많은 예언자가 등장하는 여섯 권의 책을 히브리 성서 전통에서는 전기 예언서former prophets라고 부른다. 오경의 증언에 따르면, 아브라함과 모세도 문서 이전 예언자에 포함된다고 할 수 있다. 아브라함이 구약성서에 등장하는 최초의 예언자였다면(창 20:7), 모세는 가장 위대한 예언자(신 34:10)였다고 할 수 있으며, 엘리야는 구약성서가 말하는 모든 예언자를 대표하는 예언자이다. 신약성서의 마태복음 17장과 마가복음 9장에는 예수께서 어느 높은 산에 올라가 그 모습이 변형되고 얼굴이 해같이 빛나던 사건이 기록되어 있다. 이때 제자였던 베드로와 야고보, 요한은 갑자기 모세와 엘리야가 나타나 예수님과 더불어 말하는 것을 목격한다.

수많은 인물들 중 왜 모세와 엘리야일까? 추측건대 모세는 율법과 오경을 대표하는 이스라엘의 가장 큰 지도자였기 때문이고, 이스라엘 전승에서 엘리야는 구약성서의 모든 예언자들을 대표하는 인물이었기 때문이다. 엘리야는 아합과 이세벨로 인해 북이스라엘에 여호와 신앙의 위기가 도래했을 때 홀연히 등장하여 이들과 맞선다. 그는 농경 문화에 젖어 사는 가나안인과 그 영향을 받고 있는 북이스라엘 백성에게 전능하신 여호와의 주권과 힘을 알리기 위해, 수년 동안 비도 이슬도 내리지 않으리라고 선포하면서 역사의 무대에 처음 등장한다(왕상 17:1). 실제로 북이스라엘에는 가뭄이 계속되었고, 아합은 엘리야가 저주의 말로 나라를 망치고 있다고 생각했지만, 엘리야는 이스라엘이 고통받는 원인이 자신에게 있는 것이 아니라 아합과 오므리 왕조가 여호와의 명령을 버리고 바알을 따랐기 때문이라고 응수한다(왕상 18:17-18). 그리고 엘리야는 이스라엘의 참 신이 누구인지를 가리기 위해 바알을 섬기는 예언자 450명(그리고 아세라를 섬기는 예언자 400명)과의 한판 승부를 제안한다. 대결의 장소는 지중해변 가까이에 자리를 잡은 갈멜Carmel산이었다. 대결의 방법은 이러했다. 서로 송아지 한

마리를 잡아 나무 위에 놓고 각자의 신을 부를 때에 하늘로부터 불을 내려 응답하는 이를 이스라엘의 참 신으로 인정하자는 것이었다. 합의는 이루어졌고, 두 종교는 공개적으로 서로 겨루게 되었다. 대결에 앞서 엘리야는 백성들에게 분명한 결단을 촉구한다.

> 엘리야가 모든 백성에게 가까이 나아가 이르되 너희가 어느 때까지 둘 사이에서 머뭇머뭇 하려느냐 여호와가 만일 하나님이면 그를 따르고 바알이 만일 하나님이면 그를 따를지니라 하니 백성이 말 한 마디도 대답하지 아니하는지라
>
> — 열왕기상 18:21

백성이 머뭇거린 이유가 무엇일까? 그들 중 일부는 어쩌면 여호와가 참 하나님인 줄 알고 있었을 것이다. 참 하나님이신 여호와를 섬기고 싶어 하면서도 다른 한편으로는 이미 가나안의 다산 문화에 깊이 물들어 버린 그들로서는 땅과 사람과 가축의 다산多産을 바알에게 기대하고 그 바알의 도움을 포기하지 않으려 했다.

백성은 이후에 펼쳐질 두 종교의 공개적인 영적 전투를 통해 참 하나님을 확인하려 했다. 이윽고 결전의 시간이 이르렀다. 바알의 예언자들은 자신들의 몸에서 피가 나도록 칼과 창으로 자해하면서 바알을 부르는 광란의 기도를 했으나 아무런 응답이 없었다. 엘리야의 결단 촉구에 백성이 아무런 응답을 하지 않았듯이 바알과 아세라 선지자들의 부름에 그들의 신은 그저 침묵으로 일관할 뿐이었다. 이제 엘리야의 차례다. 그는 자신이 준비한 제단 주위에 도랑을 만들고 그 도랑이 가득 차도록 제단에 물

을 부은 후에 '아브라함과 이삭과 이스라엘의 하나님'을 부른다.

> 저녁 소제 드릴 때에 이르러 선지자 엘리야가 나아가서 말하되 아브라함과 이삭과 이스라엘의 하나님 여호와여 주께서 이스라엘 중에서 하나님이신 것과 내가 주의 종인 것과 내가 주의 말씀대로 이 모든 일을 행하는 것을 오늘 알게 하옵소서
>
> — 열왕기상 18:36

현대 성서 비평가들 중에는 3년 6개월 동안이나 계속된 극심한 가뭄 중에 사람이 마실 물도 부족한 상황에서 도랑을 물로 가득 채우는 일은 불가능하기에 이 이야기를 별도의 이야기로 다루어야 한다고 제기하는 이들도 있다. 그러나 갈멜산의 위치를 생각해 본다면 이 문제는 의외로 쉽게 해결될 수 있다. 성서 지도를 펴 놓고 살펴보면 갈멜산의 위치는 대해大海, 즉 지중해변에 거의 맞닿아 있다. 아무리 가뭄이 오래 이어졌다 해도 바닷물이 마르는 경우는 없다. 어쩌면 엘리야는 그 바닷물을 제단에 부었을지도 모른다.

여하튼 엘리야가 기도를 마치자 하늘에서 불이 떨어졌고, 엘리야가 준비한 번제물뿐 아니라 나무와 돌과 흙을 태웠으며, 도랑에 채운 물까지 사라지게 하고 말았다. 여호와가 참 하나님이심이 증명되는 순간이었다. 이에 힘을 얻은 엘리야는 주변의 백성들에게 바알 예언자들을 모조리 붙잡게 한 뒤, 그들을 기손Kishon 시내에서 죽여 버렸고, 3년 넘게 가뭄에 시달렸던 이스라엘 땅과 백성은 기근과 목마름에서 벗어난다(왕상 18:45). 엘리야는 승리를 거두었고, 가물었던 이스라엘 땅은 다시 생명으로 요동치기 시

작했다.

그러나 이상하게도 이어지는 이야기에 등장하는 엘리야의 모습은 전혀 승자의 모습이 아니었다. 자신이 섬기는 신의 예언자들이 죽었다는 소식을 들은 이세벨은 엘리야를 잡기 위해 혈안이 된다. 엘리야는 '자기의 생명을 위해'(왕상 19:3), 즉 살아남기 위해 광야로 도망가던 중 광야의 한 로뎀나무broom tree 아래에 앉아서 여호와의 이름을 부르며 죽기를 간구한다.

> 자기 자신은 광야로 들어가 하룻길쯤 가서 한 로뎀 나무 아래에 앉아서 자기가 죽기를 원하여 이르되 여호와여 넉넉하오니 지금 내 생명을 거두시옵소서 나는 내 조상들보다 낫지 못하니이다 하고
>
> — 열왕기상 19:4

오죽 힘이 들었으면 죽기를 간구하고 있을까? 욥과 예레미야가 자신의 태어남을 저주하고(욥 3:1-10; 렘 20:14-18), 예레미야가 자신의 태어남을 저주했듯이, 엘리야는 이제 자신의 사명을 다했으니 차라리 죽여 달라고 간구한다. 그러나 죽여 달라는 엘리야의 간구는 어쩌면 살려 달라는 애원일 수도 있다. 이미 그는 자신의 생명을 위해 여기까지 도망해 왔기 때문이다. 엘리야는 죽기를 바랐지만, 하나님은 천사를 통해 구운 떡과 물을 주시며 엘리야를 살게 하신다. 예전 그릿Cherith 시냇가에서도 까마귀를 통해 굶주린 엘리야를 먹이셨던 일이 있었는데, 그때와 같았다(왕상 17:1-7).

하나님은 다음 사명을 감당할 수 있도록 엘리야에게 길을 떠나게 하신다. 꼬박 40일을 걸어 하나님의 산 호렙에 이른 그는 동굴 속에서 나오지 않는다. 갈멜산의 승리자 엘리야가 호렙산에 숨었다. 호렙산이 어디던

Gaspar de Crayer, 〈까마귀에게 음식을 받는 엘리야〉, 1619년에서 1630년 사이.

가? 일찍이 모세는 시내산에서 하나님을 만나는 경험을 한 바 있다. 호렙산과 시내산은 동일한 산을 가리키는 서로 다른 표현이다. 이 또한 성서의 저자가 서로 다른 데에서 나오는 이기異記이다. 지난날 사람을 죽이고 애굽 왕의 보복을 피하여 도망한 모세가 이스라엘의 지도자로 부름 받은 곳이 바로 이 산이고, 이스라엘을 이끌고 가나안으로 행진하던 모세가 하나님으로부터 십계명과 거룩한 율법을 부여받은 곳이 바로 이 산이다. 엘리야는 40일을 걸어 하나님의 산 호렙에 이르렀다(왕상 19:8). 사십이라는 단어는 모세가 하나님 앞에서 금식했던 기간 40일을 떠올리게 한다(출 34:28). 성서 역사상 가장 위대한 예언자가 배출된 성산聖山, 그 한 후미진 동굴에 지금 엘리야가 숨어 있다. 백성의 머뭇거림을 질타했던 그가 거기서 머뭇거릴 때에 하나님의 음성을 듣는다.

> 엘리야가 그 곳 굴에 들어가 거기서 머물더니 여호와의 말씀이 그에게 임하여 이르시되 엘리야야 네가 어찌하여 여기 있느냐
>
> — 열왕기상 19:9

'네가 어찌하여 여기 있느냐'는 하나님의 음성은 그가 있어야 할 자리가 따로 있음을 일러 준다. 이는 지난날의 모세가 백성을 뒤로 하고 양치는 자의 삶을 즐기고 있을 때 그가 있어야 할 자리와 해야 할 일이 따로 있다고 하셨던 하나님의 말씀을 떠올리게 한다. 그 옛날 모세가 자신을 사용하시려는 하나님의 부름이 두려워서 사양했던 것처럼, 엘리야는 남아 있는 하나님의 예언자는 자신뿐이라는 사실에 한탄한다. 이어 하나님은 엘리야에게 산을 가르고 바위를 부수는 강한 바람과 지진, 그리고 불을 경험하게 하신다. 엘리야는 그 자연의 힘 가운데서 하나님을 찾으려 했지만 발견할 수 없었다. 이런 자연의 힘은 이방 신들에게서도 찾을 수 있는 현상이었다. 하나님은 이 모든 것들이 다 지나간 후에 다시 엘리야를 부르셨다.

> 또 지진 후에 불이 있으나 불 가운데서도 여호와께서 계시지 아니하더니 불 후에 세미한 소리가 있는지라
>
> — 열왕기상 19:12

세미한 소리! 그것은 엘리야가 자신의 모든 불평과 원망을 다 내려놓고 난 다음에야 들을 수 있는 소리였다. 만군萬軍의 하나님 여호와께 자

신은 유별난 열심을 소유했었노라 고백하던, 그러나 이제는 자신밖에 남아 있는 이가 없다고 탄식하던(왕상 19:10) 자신의 모든 목소리를 죽일 때에만 들을 수 있던 하나님의 목소리였다. 그 고요한 음성 속에서 엘리야는 자신이 홀로 남아 있는 것이 아니라, 자신과 같이 순수한 여호와 신앙을 붙들고 있는 하나님의 예언자들이 아직도 칠천 명이나 남아 있음을 알게 된다. 여기서 칠천이란 '완전'을 나타내는 칠七에 '많음'을 나타내는 천千이 더해진 상징수이다. 헤아릴 수 없이 많은 하나님의 사람들이 엘리야처럼 살아가고 있었다는 말이다.

열왕기상에서 가장 두드러진 예언자가 엘리야였다면 열왕기하2 Kings에서는 그의 제자였던 엘리사의 활약이 두드러진다. 예언자 엘리사는 그의 스승이었던 엘리야가 승천하는 이야기에서 그 뒤를 이으며 본격적으로 등장하기 시작한다(왕하 2장). 하나님께서 엘리야를 하늘로 올리고자 하실 때에 엘리야는 엘리사에게 자신을 따라오지 말라고 하지만, 엘리사는 그 곁을 떠나지 않는다(왕하 2:2, 4, 6). 엘리야를 떠나지 않겠다는 엘리사의 결단은 마치 시어머니 나오미를 떠나지 않겠다는 며느리 룻의 고백을 생각나게 한다.

> **엘리사** 엘리야가 엘리사에게 이르되 청하건대 너는 여기 머물라 여호와께서 나를 벧엘로 보내시느니라 하니 엘리사가 이르되 여호와께서 살아 계심과 당신의 영혼이 살아 있음을 두고 맹세하노니 내가 당신을 떠나지 아니하겠나이다 하는지라 이에 두 사람이 벧엘로 내려가니
>
> — 열왕기하 2:4

> **룻** 16룻이 이르되 내게 어머니를 떠나며 어머니를 따르지 말고 돌
> 아가라 강권하지 마옵소서 어머니께서 가시는 곳에 나도 가고 어머
> 니께서 머무시는 곳에서 나도 머물겠나이다 어머니의 백성이 나의
> 백성이 되고 어머니의 하나님이 나의 하나님이 되시리니 17어머니
> 께서 죽으시는 곳에서 나도 죽어 거기 묻힐 것이라 만일 내가 죽는
> 일 외에 어머니를 떠나면 여호와께서 내게 벌을 내리시고 더 내리
> 시기를 원하나이다 하는지라
>
> — 룻기 1:16-17

한 가지 다른 점은 나오미가 룻이 자기와 함께 가기로 굳게 결심한 것을 보고 그에게 따라오지 말라고 말하기를 곧바로 그쳤던 것과는 달리, 엘리야는 길갈Gilgal, 벧엘, 요단Jordan으로 장소를 옮길 때마다 엘리사에게 자신을 따라오지 말라고 세 번이나 당부한다는 점이다. 떠나지 않겠다는 엘리사의 결심 또한 세 번 등장한다. 구약성서에서 같은 표현이 세 번 등장하는 것이 강조의 의미를 지닌다는 점을 생각해 본다면, 이들의 결심이 서로 얼마나 완강했는지를 짐작해 볼 수 있다.

엘리야와 엘리사는 구약의 다른 어느 예언자들보다 하나님의 기적을 많이 경험한 이들이다. 일찍이 여호수아 시대에 요단강이 갈라졌던 일이 있었던 것처럼(수 3:12), 이들 또한 그 강이 갈라지는 기적을 체험한다. 여호수아는 법궤를 앞세우고 요단강을 갈랐으나, 엘리야는 겉옷을 말아 물을 쳐서 강물을 갈랐고, 두 사람은 마른 땅 위로 건널 수 있었다. 강을 건넌 후 엘리야는 엘리사에게 자신이 하나님의 부름을 받기 전에 원하는 것이 무엇인지를 묻는다. 엘리사는 성령께서 하시는 역사役事가 자신에게 갑절

이나 있기를 간구한다.

> 건너매 엘리야가 엘리사에게 이르되 나를 네게서 데려감을 당하기 전에 내가 네게 어떻게 할지를 구하라 엘리사가 이르되 당신의 성령이 하시는 역사가 갑절이나 내게 있게 하소서 하는지라
>
> — 열왕기하 2:9

엘리사가 엘리야에게 성령의 역사를 갑절이나 구했던 것은, 엘리사가 엘리야를 가리켜 내 아버지라고 부르는 것으로 볼 때(왕하 2:12), 구약에서 장자가 상속할 몫(신 21:17)을 요구한 것으로 볼 수 있다. 그러나 그것은 쉬운 일이 아니었다. 엘리사가 구하는 성령의 역사는 엘리야 마음에 달려 있는 것이 아니었기 때문이다.

하나님의 불수레[火車]와 불말[火馬]들이 대화를 나누던 두 사람을 갈라놓고 엘리야는 회오리바람을 타고 승천한다. 엘리사는 하늘로 올라가는 엘리야를 향해 "아버지"라고 외친다. 이는 엘리사에게 엘리야가 마치 아버지와 같은 존재였으며, 앞으로 엘리사가 엘리야의 아들로서 아버지의 길을 따라 걸어갈 것임을 의미한다. 엘리야가 죽음을 맞지 않은 채로 승천한 이 이야기는 이스라엘 안에서 다시금 언젠가 엘리야가 그 모습 그대로 돌아오리라는 기대와 확신을 품게 했다.

엘리야가 승천한 후 남겨진 겉옷을 주워 돌아오던 엘리사는 엘리야처럼 요단강을 갈라 건너고, 그 모습을 강물 맞은편에서 지켜보던 선지자의 제자들은 엘리사 앞에 경배하며 따른다. 그러나 그들은 엘리야가 하늘로 승천하였다는 엘리사의 말을 믿으려 하지 않았고, 여호와의 성령이 잠

Giuseppe Angeli, 〈불수레를 타고 승천하는 엘리야〉, 1740년 또는 1755년.

시 동안 엘리야를 어디론가 데려간 줄로 생각하여 그를 찾아 헤맨다. 삼일 동안 오십 명이 엘리야를 찾아 헤맸으나 그를 찾는 데 완전히 실패하였고, 이때부터 엘리사는 엘리야의 뒤를 이어 이스라엘의 주도적인 예언자로 역사의 전면에 나서게 된다.

열왕기하 4장에서는 예전에 엘리야가 사르밧Zarephath 과부를 만났을 때 일어났던 일과 비슷한 이야기 둘이 등장한다. 하나는 선지자 제자의 아내가 빚을 지게 되었고 이로 인해 두 아들을 종으로 빼앗길 위기에 처했을 때의 이야기다(왕하 4:1-7). 선지자의 제자란 오늘날의 신학생이나 수련목회자와 비슷하다고 생각하면 될 듯하다. 그는 아마도 신학교에 들어가서 엘리야와 엘리사라는 좋은 스승이자 선배를 만났을 것이다. 가슴속에 선한 비전이 꿈틀거렸고, 열심히 공부하여 학업을 마쳤다. 졸업하고 나서 좋은 사람 만나서 결혼도 하고, 애도 둘씩이나 낳았다. 그러나 먹고살기 너무 힘들어서 그만 거액의 빚을 지고 말았고, 아내와 애들을 남겨 두고는 먼저 하나님 나라로 떠나 버렸다. 그런데 남겨진 빚이 한두 푼이 아니었다. 남편을 잃은 아내는 엄청난 빚 때문에 두 아이까지 잃을 처지에 직면했다. 남편을 도와서 열심히 사모師母로서의 역할을 했건만, 왜 자신과 아이들에게 이런 문제가 닥쳤는지 이해할 수 없었을 것이다. 삶의 무거운 짐은 그렇게 이 여인을 절망의 밑바닥으로 끝없이 내몰고 있었다. 여인에게 남은 것이라고는 고작 한 병의 기름뿐이었다(왕하 4:2).

여인에게 기름 한 병 외에는 남아 있는 것이 없다는 말을 들은 엘리사는 이웃에게 가능한 한 많은 그릇을 빌리라고 말한다. 여인이 빌려온 그릇은 수는 적지 않았다. 그런데 놀랍게도 남아 있던 한 병의 기름은 빌려온 모든 그릇을 가득 채웠고, 빚을 모두 갚고도 여인과 두 아들의 생활비를 마련할 수 있을 정도로 충분했다(왕하 4:6-7). 비록 빚에 쪼들려 힘들게 살아가던 여인과 아이들이었지만, 그들에게는 남들에게 없는 또 다른 재산들이 있었다. 그것은 선지자 제자의 가족다운 순종이었고, 서로를 기대게 하는 합력이었고, 많은 사람들이 선뜻 그릇을 내주게 만든 사회적 인정이라는 재산이었다. 이웃 사람들은 어디서 그 많은 기름이 생겼는지 알 수 없었다. 문을 닫은 상태에서 빌려 온 그릇에 기름을 옮겨 담았기 때문이다. 이는 가나Gana 혼인 잔치에서 예수께서 물을 포도주로 바꾸셨던 일을 떠올리게 한다. 잔칫집의 하인들은 예수께서 무슨 말씀을 하시든지 그대로 순종했고, 아귀까지 가득 채운 여섯 돌항아리의 물은 그때까지 전혀 경험하지 못한 새로운 맛을 손님들에게 전해 줄 수 있었다. 그러나 주최자조차도 알지 못한 비밀을 하인들은 알고 있었다. 단순히 좋은 포도주를 내놓았다는 기쁨이 아니라, 예수 그리스도의 말씀에 전적으로 순종한 후에 그 의미를 알게 된 기쁨이었다(신약성서: 요한복음 2:9). 선지자 제자의 가족들이 경험한 기쁨 또한 빚 독촉이 그치고 궁핍한 생활이 해결되었다는 것에 그치지 않았을 것이다. 그것은 하나님의 말씀에 전적으로 순종한 사람만이 알고 있는 비밀이었다.

열왕기하 4장에 등장하는 또 다른 이야기 하나는 엘리사가 한 여인의 아들을 살린 일이다(왕하 4:8-37). 하루는 엘리사가 수넴Shunem이라는 지역에 있을 때 한 여인이 엘리사를 알아보고는, 남편과 의논하여 자신들의 집에 묵도록 하고 극진한 대접을 한다. 사환이었던 게하시Gehazi로부터 이들 부부에게 아들이 없고 남편은 늙었다는 말을 들은 엘리사는 일 년 후에 그들이 아들을 낳을 것이라고 예언한다. 그리고 한 해가 지났을 때 엘리사의 예언대로 여인은 잉태하여 아들을 낳는다. 아이는 무럭무럭 자랐다. 그러던 어느 날 들에서 일하는 아버지를 찾아 나갔던 아이가 두통을 일으키며 쓰러졌고, 급히 집으로 데려왔지만 그만 죽고 만다. 여인은 곧바로 말을 타고 갈멜산까지 달려가서 엘리사를 만난다. 여인은 엘리사에게 거의 비난에 가까운 어투로 아들의 사망 소식을 전한다(왕하 4:28). 비록 자신이 달라고 한 적은 없었어도 아이를 준 것이 고마운 일이긴 하지만, 이내 죽어 버릴 아들이었다면 그것이 무슨 소용이 있었느냐는 하소연인 동시에, 어머니로서의 아픔을 토로하는 말이기도 했다. 여인은 하나님의 사람만이 죽은 아이를 살려 낼 수 있다고 믿고 있었기에 '여호와께서 살아 계심과 당신의 영혼이 살아 계심을 두고 맹세하노니 내가 당신을 떠나지 아니하리라' 하며 엘리사와 함께 죽은 아들이 있는 곳으로 간다. 자신이 이 아이의 탄생을 예언했던 바로 그 장소에서 엘리사는 죽은 아이를 위해 여호와께 기도했다. 그러자 아이의 죽은 몸이 따뜻해지고, 이내 숨을 쉬었으며, 재채기를 하면서 아이는 다시 살아난다(왕하 4:34-36).

열왕기하 5장에는 전체 엘리사 이야기 중에서 가장 유명한 이야기 하나가 기록되어 있다. 아람 왕의 군대 장관 나아만Naaman이 나병에 걸렸다. 본문의 나병은 전염되는 병은 아니지만, 심해지면 사회에서 고립될 수 밖에 없었다. 이때 전쟁 중에 이스라엘에서 포로로 잡혀 온 한 어린 소녀가, 사마리아에 있는 선지자를 만나면 나병을 고칠 수 있다는 정보를 제공한다. 나아만은 자신의 왕에게 나아가 이 사실을 알리고 은 십 달란트와 금 육천 개와 의복 열 벌, 그리고 왕의 편지를 가지고 이스라엘 왕을 찾아간다

Gerbrand van den Eeckhout, 〈엘리사와 수넴 여인〉, 1649년.

(왕하 5:1-5). 당시 아람은 북이스라엘보다 강력한 군사력을 가지고 있었다. 나아만의 종으로 등장하는 어린 소녀가 포로로 잡혀온 것 또한 이전의 전쟁에서 아람이 이스라엘에 승리했음을 간접적으로 말해 준다.

나아만은 이스라엘 왕을 찾아왔고 이를 일종의 전쟁 구실로 생각했던 이스라엘의 왕은 번민에 휩싸인다. 왕의 번민을 알게 된 엘리사는 나아만을 자신의 집으로 오게 한다. 그러나 그는 나아만을 만나 보지도 않고 사자使者를 통해 요단강에 몸을 일곱 번 씻으라는 말만 전한다. 어떻게 이 병을 치료해야 하는지 나름대로의 경험을 가지고 있던 나아만은 분노하며 아람으로 돌아가려 했지만, 종들의 권유를 듣고 요단강에 일곱 번 몸을 씻었고, 거짓말처럼 나병은 그의 몸에서 사라지게 된다. 나아만은 하나님이 자신의 몸을 고쳤을 뿐만 아니라, 자기로 하여금 그분만이 유일한 참 신이심을 믿도록 하셨다 고백하고, 감사의 표시로 가져온 예물을 엘리사에게 전하려 한다. 하지만 엘리사는 '내가 섬기는 여호와께서 살아 계심을 두고 맹세하노니 내가 그 앞에서 받지 아니하리라'라면서 단호히 거절한다(왕하 5:16). 나아만은 엘리사를 통해 참 신이 누구인지를 알게 되었으니, 아람으로 돌아가서도 하나님 여호와만을 섬길 것이며 그것도 이스라엘에서 가져가는 흙 위에서 섬기리라고 약속한 뒤 엘리사를 떠난다. 이때 게하시는 나아만이 도로 가져가는 예물에 욕심을 내고 뒤를 쫓아가 거짓말을 하여 은 두 달란트와 옷 두 벌을 얻어 낸다. 자신의 집에 예물을 감추고 돌아온 게하시에게 엘리사는 그가 거짓으로 꾸며 낸 소행을 낱낱이 지적하면서 나아만에 걸렸던 나병을 게하시에게 옮기는 징벌을 내린다(왕하 5:27).

이방 사람 나아만은 하나님을 알고 참 신으로 고백하는 반면, 이스라엘 사람 게하시는 하나님을 운운하며 거짓된 소행을 일삼고, 그로 인한 징벌을 받는 대조를 보여 준다. 또한 나아만을 섬기는 한 어린 소녀와 종들은 자신들의 주인을 위해서 진실하게 최선을 다하는 모습을 보여 주지만, 엘리사를 섬기는 게하시는 자신의 욕심을 채우기에만 급급해하는 대조적인 모습을 보여 준다.

그러나 흥미로운 것은, 인간적인 욕심에 가득 차 있던 게하시가 다시 등장할 때에는 예전의 죄를 범하던 모습과는 달리 진실한 모습을 보여 준다는 점이다. 열왕기하 8장에는 엘리사의 도움으로 아들이 살아난 수넴 여인의 이야기가 한 번 더 등장하는데, 엘리사의 말에 따라 칠년 동안 다른 곳으로 가 살다가 돌아온 여인이 생각지도 않았던 문제에 봉착했을 때이다. 집을 떠나 있던 칠 년 동안 자신의 집과 전토를 모두 잃어버리자, 예전

Pieter de Grebber, 〈나아만의 선물을 거절하는 엘리사〉, 약 1630년.

에 아이가 살아났던 일을 떠올린 게하시의 증언에 의해 왕의 마음이 움직였고, 수넴 여인은 잃어버린 자신의 집과 전토를 돌려받는다. 이 사건은 아마도 엘리사가 죽고 난 다음에 일어난 것으로 보이는데, 그렇다면 수넴 여인은 엘리사가 죽은 다음에도 여전히 그를 통해 하나님의 배려와 은혜를 입는 것이 된다. 엘리야의 권능이 엘리사에게 이어졌다면, 엘리사를 통한 하나님의 역사는 흥미롭게도 게하시를 통해 마무리되고 있는 것이다. 후생가외後生可畏라는 말이 있다. 흔히 제자가 스승보다 더 훌륭하다는 인정을 받을 때에 사용하는 말이다. 엘리사 같은 제자가 있었기에 엘리야는 더 위대한 스승으로 남을 수 있었던 것이 아닐까.

시리아-에브라임 전쟁

기원전 8세기, 고대 오리엔트 지역을 최초로 통일한 제국 하나가 등장한다. 바로 앗수르이다. 앗수르의 점진적인 팽창에 위협을 가장 크게 느낀 두 나라는 아람과 북이스라엘이다. 아람 왕 르신Rezin과 북이스라엘 왕 베가Pekah는 동맹하여 앗수르의 팽창을 막으려 했다. 그러나 이 두 나라만으로 앗수르를 이기기에는 이미 앗수르의 세력이 너무 커져 있었다.[24] 두 나라는 남유다와도 함께 손을 잡고 앗수르에 대항하기를 원했다. 그러나 이미 세력 판도의 흐름을 간파한 남유다 왕 아하스Ahaz는 이 두 나라와의 동맹을 거부한다. 친구가 아니면 적이라 했던가. 두 나라는 동맹 제의를 거부한 남유다를 먼저 공격하고야 만다. 이 전쟁을 시리아-에브라임Syria-

24 이때 앗수르의 왕은 디글랏 빌레셀(티글라트 필레세르, Tiglath Pileser) 3세 였는데(왕하 16:7), 구약성서에서는 그 이름이 불(Pul)로도 나타난다(왕하 15:19; 대상 5:26).

Ephraim 전쟁이라 한다. 아람(시리아)과 북이스라엘(에브라임) 두 나라가 서로 전쟁을 벌였다는 것이 아니라, 서로 동맹을 맺고 일으킨 전쟁이었다고 해서 붙여진 이름이다. 두 나라의 동맹군은 엘랏Elath을 정복한 뒤 남유다 백성을 쫓아내고 예루살렘까지 올라왔으나, 쉽게 유다를 정복하지는 못한 상태였다(왕하 16:5-6). 다급해진 남유다의 아하스 왕은 왕궁 곳간에 있는 은금을 보내며 앗수르에게 도움을 요청한다.

> 아하스가 앗수르 왕 디글랏 빌레셀에게 사자를 보내어 이르되 나는 왕의 신복이요 왕의 아들이라 이제 아람 왕과 이스라엘 왕이 나를 치니 청컨대 올라와서 나를 구원하소서 하고
>
> — 열왕기하 16:7

앗수르로서는 제국의 영토를 넓힐 좋은 명분을 얻은 셈이었다. 디글랏 빌레셀은 지체 없이 그 요청을 수락하고, 아람과 북이스라엘을 공격한다.

> **아람에 대한 공격** 앗수르 왕이 그 청을 듣고 곧 올라와서 다메섹을 점령하여 그 백성을 사로잡아 기르로 옮기고 또 르신을 죽였더라
>
> — 열왕기하 16:9

> **북이스라엘에 대한 공격** 이스라엘 왕 베가 때에 앗수르 왕 디글랏 빌레셀이 와서 이욘과 아벨벳 마아가와 야노아와 게데스와 하솔과 길르앗과 갈릴리와 납달이 온 땅을 점령하고 그 백성을 사로잡아

앗수르로 옮겼더라

— 열왕기하 15:29

이 시리아-에브라임 전쟁 이후, 북이스라엘 왕 베가는 엘라Elah의 아들 호세아Hosea의 반역으로 죽임을 당한다. 반역이 많았던 북이스라엘의 마지막 쿠데타에 의해 마지막 왕 호세아가 등장한다. 호세아는 앗수르의 디글랏 빌레셀에게 조공을 바친 대가로 왕으로 인정받지만, 앗수르의 다음 왕인 살만에셀Shalmaneser(샬마네세르 5세)이 왕위에 오르자 조공 바치기를 중단하며 앗수르와 등을 지고 만다. 앗수르의 세력으로부터 벗어나기를 원했던 호세아는 애굽 왕 소So와 함께 음모를 꾸미지만(왕하 17:4) 실패하고, 결국 앗수르는 사마리아를 침공하여 북이스라엘을 멸망시키고야 만다. 북이스라엘은 늘 남유다에 비해 경제적으로나 군사적으로 늘 우세를 유지했던 나라다. 그러나 역사 속에서는 남유다보다 백 년 이상이나 먼저 멸망했다. 북이스라엘이 멸망한 이유에 대해 구약성서는 독특한 이유를 제시한다.

7이 일은 이스라엘 자손이 자기를 애굽 땅에서 인도하여 내사 애굽
의 왕 바로의 손에서 벗어나게 하신 그 하나님 여호와께 죄를 범하
고 또 다른 신들을 경외하며 8여호와께서 이스라엘 자손 앞에서 쫓
아내신 이방 사람의 규례와 이스라엘 여러 왕이 세운 율례를 행하
였음이라
15여호와의 율례와 여호와께서 그들의 조상들과 더불어 세우신 언
약과 경계하신 말씀을 버리고 허무한 것을 뒤따라 허망하며 또 여
호와께서 명령하사 따르지 말라 하신 사방 이방 사람을 따라 16그들

의 하나님 여호와의 모든 명령을 버리고 자기들을 위하여 두 송아지 형상을 부어 만들고 또 아세라 목상을 만들고 하늘의 일월 성신을 경배하며 또 바알을 섬기고 [17]또 자기 자녀를 불 가운데로 지나가게 하며 복술과 사술을 행하고 스스로 팔려 여호와 보시기에 악을 행하여 그를 격노하게 하였으므로 [18]여호와께서 이스라엘에게 심히 노하사 그들을 그의 앞에서 제거하시니 오직 유다 지파 외에는 남은 자가 없으니라

— 열왕기하 17:7-8, 15-18

성서는 북이스라엘이 멸망한 이유가 하나님의 명령을 버리고 우상을 숭배했기 때문이라고 말하고 있다. 철저히 신앙적, 신학적인 해석으로 결론을 내리고 있는 것이다. 이와 같은 신앙적, 신학적 기준은 모든 왕들에 대한 평가에도 그대로 적용된다.[25]

바아사가 여호와 보시기에 악을 행하되 여로보암의 길로 행하며 그가 이스라엘에게 범하게 한 그 죄 중에 행하였더라

— 열왕기상 15:34

여로보암 이후로 19명이나 되는 북이스라엘의 모든 왕들에 대해 한

25 나답: 왕상 15:26, 30 / 바아사: 왕상 15:34; 16:2 / 엘라: 왕상 16:13 / 시므리: 왕상 16:19 / 오므리: 왕상 16:26 / 아합: 왕상 16:31 / 아하시야: 왕상 22:52 / 여호람: 왕하 3:3 / 예후: 왕하 10:25–29 / 여호아하스: 왕하 13:2, 4 / 요아스: 왕하 13:11 / 여로보암 2세: 왕하 14:24 / 스가랴: 왕하 15:9 / 살룸: 평가 없음. / 므나헴: 왕하 15:18 / 브가히야: 왕하 15:24 / 베가: 왕하 15:28 / 호세아: 왕하 17장.

곁같이 여로보암의 죄를 따라간 악한 왕으로 평가하고 있는 것은 그다지 놀라운 일이 아니다. 그것은 신앙적인 기준을 따르고 있기 때문이다. 북이스라엘은 남유다에 비해 경제적으로나 군사적으로 늘 우세를 지켰던 나라이다. 그러나 성서의 기록이 그 나라와 왕을 평가하는 기준으로 삼은 것은 철저하게 신앙적인 기준이었음을 기억할 필요가 있다.

부정적인 평가를 받기는 남유다의 왕들도 예외는 아니다. 남유다의 왕 20명 중 대부분이 좋지 않은 평가를 받는다. 그러나 북이스라엘과는 달리 남유다의 왕들 중에는 나름대로 좋은 평가를 받고 있는 왕들이 몇 사람 있다. 아사Asa, 여호사밧Jehoshaphat, 요아스Joash, 아마샤Amaziah, 아사랴Azariah, 요담Jotham이 바로 그들이다.

남유다의 세 번째 왕 아사의 경우, 그는 '그의 조상 다윗같이 여호와 보시기에 정직하게 행하여 남색男色하는 자를 그 땅에서 쫓아내고, 그의 조상들이 지은 모든 우상을 없애고, 또 그의 어머니 마아가Maacah[26]가 혐오스러운 아세라상을 만들었으므로 태후의 위를 폐하고, 그 우상을 찍어서 기드론 시냇가에서 불살랐고', '일평생 여호와 앞에 온전한 마음으로 아버지와 자신이 성별聖別한 은과 금과 그릇들을 여호와의 성전에 바친' 왕이었다. 무엇보다도 그는 남유다에서 가장 먼저 종교 개혁을 단행한 왕이었다(왕상 15:11-15). 자신의 모친 마아가가 아세라상을 만들었다는 이유로 태후 지위를 박탈할 정도로 아사의 종교 개혁은 매우 강도가 높았다.

아사의 정직한 치리는 아들 여호사밧에게 이어진다. 여호사밧은 일생 북이스라엘과 전쟁관계에 있었던 아버지 아사와는 달리 북이스라엘과

26 왕상 15:2에 따르면 모친이 아닌 할머니로 나온다.

우호적인 관계를 유지했다. 이로 인해 후에 남유다는 북이스라엘의 죄에 말려들고, 북이스라엘의 공주였던 아달랴를 아내로 맞아들임으로 인해 다윗 왕조가 전멸을 당할 뻔하는 위험을 겪기도 한다. 그러나 이와 같은 실수에도 불구하고 여호사밧은 아버지 아사의 시대에 남아 있던 남색하는 자들을 쫓아내며 아버지의 종교 개혁을 이어 간 정직한 왕으로 평가받고 있다(왕상 22:43-44).

남유다의 여덟 번째 왕 요아스의 즉위는 아주 역동적이다. 아달랴가 남유다로 시집와서 왕비로 있는 동안 북이스라엘에서는 엄청난 일이 일어났다. 예언자 엘리사의 후원을 등에 입은 예후가 반란을 일으켜서 자신의 친정인 오므리 왕조 일가를 멸절하고 새로운 왕조로 등극한 것이다. 북이스라엘로 떠난 자신의 아들 아하시야가 죽었다는 소식을 들은 아달랴는 자신의 신변에까지 위험이 닥칠 것을 걱정하여, 단 한 번도 무너지지 않았던 다윗 왕조를 스스로 무너뜨리고 남북 왕국을 통틀어 유일한 여왕으로 등극한다(왕하 11:1-3). 이때 아달랴에 의해 다윗 왕조가 거의 전멸되었으나 한 살배기 요아스가 고모에 의해 목숨을 건진다. 아달랴가 치리한 지 칠 년이 되었을 때에 요아스의 고모부이자 제사장인 여호야다(Jehoiada)는 안식일에 반란을 일으켜 여왕 아달랴를 숙청하고 어린 요아스를 왕으로 세우며 다윗 왕조의 왕권을 회복시킨다. 어릴 적 아달랴의 반란으로부터 어렵게 목숨을 건진 요아스는 불행히도 자신의 신복들에 의해 살해되기까지 40년 동안 제사장 여호야다의 교훈을 받으며 정직한 왕으로 치리했다(왕하 12:2).

아마샤는 자신의 아버지 요아스를 죽인 신복들을 처형했으나 그들의 자녀들은 죽이지 않았다. 이는 아버지의 죄 때문에 자녀를 죽여서는 안 된다는 율법(신 24:16) 때문이었다. 이렇듯 아마샤는 모세의 율법에 충실하려 애쓴 왕이었다. 그러나 그는 에돔과의 전쟁에서 승리한 후 교만에 빠진 나머지, 북이스라엘 왕 요아스(남유다의 왕 요아스와 동명이인)의 경고를 무시한 채 동족상잔의 전쟁을 일으킨다. 전쟁에서 패한 아마샤는 요아스의 죽음 이후로도 15년간 더 치리했고, 아버지 요아스처럼 신복들의 반란에 의해 살해되기까지 나름대로 정직했던 왕으로 평가받는다(왕상 14:3).

아마샤의 뒤를 이어 16세에 왕위에 오른 아사랴의 이름은 웃시야 Uzziah로도 나타난다(대하 26장). 역대하에 나오는 웃시야의 처음 모습은 무척이나 좋은 인상을 준다. 예언자 스가랴Zechariah가 살아 있는 동안 그는 여호와를 찾았고 하나님도 그를 형통케 하셨다. 이에 힘입어 블레셋 사람들과의 싸움에서 큰 승리를 거두었고 강성한 나라를 이끌었다. 그러나 그의 강성함에도 역시 교만이 뒤따랐다. 성전 안쪽에 있는 단에 분향을 하는 일은 아론의 자손인 제사장들에게만 허락된 일이었다. 교만에 빠진 웃시야는 자신이 직접 분향을 하려다가 제사장 아사랴가 제지하자 그에게 화를 내었다. 흥미롭게도 자신과 같은 이름을 가진 제사장에게 화를 내는 순간 이마에 나병에 생겼고, 그 이후로 죽는 날까지 나병 환자로 살아가지만 그의 삶 또한 여호와 앞에서 정직했다고 말한다(왕하 15:3).

아버지 웃시야가 나병에 걸리자 아들 요담이 웃시야를 대신해서 남유다의 실질적인 통치자로 나서게 된다. 요담은 많은 건축을 행한 왕이다. 여호와의 성전 윗문을 건축하고 성벽도 많이 증축했으며 유다 산중에 성읍들을 건축하고 수풀 가운데 견고한 진영들과 망대를 건축했던 왕이다(대하 27:3-4). 또한 그는 암몬Ammon 사람들과의 전쟁에서 승리하여 몇 년에 걸쳐 그들로부터 조공을 받기도 했다. 요담에 대한 평가를 보자.

[34]요담이 그의 아버지 웃시야의 모든 행위대로 여호와 보시기에 정
직히 행하였으나 [35]오직 산당을 제거하지 아니하였으므로 백성이
여전히 그 산당에서 제사를 드리며 분향하였더라…

— 열왕기하 15:34-35

살펴보았듯이, 이들 모두가 그의 생애 마지막까지 복을 받은 것은 아니다. 이들 중에는 요아스와 아마샤처럼 신하들의 반란으로 목숨을 잃은 이도 있고, 아사랴처럼 평생을 나병 환자로 살아간 이도 있다. 그러나 이들 모두에게는 '여호와 보시기에 정직히 행하였다'는 공통점이 있다(왕상 15:11; 22:43). 그들은 왕으로서 나름대로 부끄럽지 않은 지도자의 삶을 살았던 이들이었던 것이다.

남유다의 여섯 왕들이 하나님 앞에서 정직한 삶을 살았다는 것은 분명 중요한 의미를 갖는다. 그러나 또 한 가지의 공통점이 아쉬움으로 남는다. 그것은 여호와 보시기에 정직했던 삶에도 불구하고 가나안의 우상숭배와 혼합 종교의 온상이 되었던 산당山堂, high places을 없애지 않은 것이었다.

산당을 없애지 않아 백성이 산당에서 제사를 드리며 분향했다는 것이 왜 그렇게 문제가 되었던 것일까? 그것은 역사를 기록한 사가의 사관 때문이다. 역사란 과거에 있었던 사건 자체로 그치지 않는다. 과거의 사건이 담긴 사료史料에 사관史觀을 덧입힐 때 비로소 그 자료는 역사라는 이름을 얻는다. 예를 들면 1909년 안중근 의사의 이토 히로부미伊藤博文 저격은 우리에게 있어 민족적 자긍심을 드높인 사건이다. 그러나 그 사건이 대한해협 건너 모든 일본 사람들에게도 같은 의미를 주는 것은 아니다. 그들 중에는 안중근 의사의 저격 사건을 흉악한 범죄자에 의해 저질러진 불미스

러운 범죄 사건으로만 보는 이들도 있다. 동일한 사건을 바라보는 우리와 그들의 사관이 서로 다르기 때문이다. 이렇게 볼 때 모든 역사란 해석된 역사라고 할 수 있으며, 사관이란 역사를 역사로 만들어 주는 옷이라 할 수 있다. 구약성서의 사관은 종교적이고 신앙적이다. 철저하게 한 분이신 하나님을 그분이 정하신 예배장소에서 섬길 것을 명한다. 그 어느 것도 하나님의 자리를 대신할 수 없다. 이는 이스라엘의 여호와 신앙이 가나안의 이방 종교와 섞여 혼합 종교로 전락하는 것을 막기 위함이었다. 이런 사관을 가진 역사가의 눈에 비친 이들 여섯 명의 정직한 왕들에게는 가슴 저미도록 아쉬운 그 무엇인가가 늘 남아 있었던 것이다. 결국 이들이 남긴 산당은 혼합 종교의 온상으로 자리매김을 하였고, 종교공동체로 시작한 이스라엘 공동체와 그 왕국을 결국 멸망으로 이끌었기 때문이다.

한편 시리아-에브라임 전쟁이 끝난 후, 남유다로서는 당장의 위기에서 벗어난 것처럼 보였지만 이제부터 철저하게 앗수르에 종속되어 살아가게 된 셈이다.

> [10]아하스 왕이 앗수르 왕 디글랏 빌레셀을 만나러 다메섹에 갔다가 거기 있는 제단을 보고 아하스 왕이 그 제단의 모든 구조와 제도의 양식을 그려 제사장 우리야에게 보냈더니 [11]아하스 왕이 다메섹에서 돌아오기 전에 제사장 우리야가 아하스 왕이 다메섹에서 보낸 대로 모두 행하여 제사장 우리야가 제단을 만든지라
>
> — 열왕기하 16:10-11

고대 근동에서 한 나라가 다른 나라의 종속국으로 살아가기 위해서

는 두 가지 조건이 따른다. 하나는 조공을 바치는 것이다. 아하스는 앗수르의 왕에게 굴복하고 성전과 왕궁 곳간에 있던 보물 가운데 일부를 조공으로 바쳤다(왕하 16:8). 한 번의 조공으로 끝나는 것이 아니었다. 이후로도 바쳐야 할 조공물의 양은 적지 않았다. 강한 나라와 약한 나라 사이에서 벌어지는 모든 역사가 그러했듯이, 때로는 자기가 사용하는 것보다 더 많은 것들을 바쳐야 했을 것이다.

다른 하나는 종주국의 종교를 받아들이는 것이다. 앗수르의 도움으로 아람과 북이스라엘의 공격에서 벗어났으니 아하스가 디글랏 빌레셀에게도 감사의 표현을 하기 위해 정복지 다메섹으로 찾아간 것은 아마도 당연한 일이었을 것이다. 문제는 속국의 왕으로서 승전국의 신들을 자기 나라에서도 섬겨야 했다는 점이었다. 아하스는 멸망한 아람의 수도 다메섹에 자리를 잡은 앗수르 신들을 위한 제단의 구조와 양식을 그려 예루살렘에 있는 제사장 우리야에게 보낸다. 우리야는 예언자 이사야Isaiah로부터 '진실한 증인'이라는 평까지 받았던 제사장이었지만(사 8:2), 왕의 명령을 어길 수 없었다. 아하스 왕이 다메섹으로 돌아오기 전에 이미 앗수르 신들을 위한 제단이 예루살렘에 마련되었다. 이방의 제단이 예루살렘에 세워지고 이방의 제사가 예루살렘에서도 공식적으로 행해질 수 있게 된 것이다. 흥미롭게도 아하스는 제단이 새롭게 만들어졌다고 해서 기존의 제단을 없애지는 않았다. 다만 일부를 뜯어고치거나 그 위치를 바꾸었을 뿐이다. 새롭게 만든 제단 위에서도 아하스는 하나님 여호와를 위해 제물을 드린다. 비록 어쩔 수 없이 앗수르의 종교를 받아들이긴 했으나 이스라엘의 하나님 여호와와의 관계를 단절할 수 없었던 연약한 마음이 그대로 드러나고 있는 것이다(왕하 16:12-18).

히스기야와 요시야

남유다 스무 명의 왕 중 여섯 명에게 내려지는 '여호와 보시기에 정직히 행하였다'라는 나름대로의 좋은 평가가, 북이스라엘의 열아홉 왕에게서는 그 누구에게도 내려지지 않는다는 사실은 남북 왕국에 대한 구약성서의 종교적 판단을 잘 보여 준다. 그런데 남유다의 왕들 중에는 이 여섯 명에 대한 평가와는 비교가 되지 않을 만큼 최고의 평가를 받고 있는 왕이 둘 있다. 그중 한 명이 열세 번째 왕 히스기야Hezekiah(기원전 715-687년경)이다. 그는 '여호와를 의지하였는데 그의 전후 유다 여러 왕 중에 그러한 자'가 없었던(왕하 18:5) 전무후무하게 좋은 왕으로 평가하고 있다.

히스기야의 정치 개혁은 당시 고대 근동을 처음으로 통일한 대제국 앗수르에 종속되기를 거부하며 사라져 버린 옛 이스라엘 왕국 영토의 일부와 블레셋 도시들에 대한 지배권을 확장하려는 시도가 포함되어 있었다. 히스기야의 정치 개혁 단행은 당연히 앗수르의 군사적 대응을 야기했다. 이미 앗수르는 기원전 722년, 북이스라엘을 무너뜨린 바 있었다. 기원전 701년, 북이스라엘의 형제 국가인 남유다를 정벌하기 위해 앗수르 왕 산헤립Sennacherib(센나케리브)은 대군을 이끌고 온다. 이 전쟁에 대한 앗수르인들의 기록은 니느웨Nineveh 발굴에서 나온 자료인 산헤립의 프리즘 비문Prism Inscription에 등장하는데, 여기에 나오는 기록의 일부를 살펴보자.

> 나(산헤립)는 그(히스기야)를 그의 왕도 예루살렘 중앙에 새장의 새처럼 가두었다. 나는 공성보루를 만들어 그의 성문에서 나오는 이들이 그에게로 가지 못하게 하였다… 나의 빛나는 위엄에 대한 두려움은 히스기야와 아랍을 압도했으며, 그가 그의 왕도 예루살렘을 강화하기 위해 불러들인 우수한 군대는 일을 멈추었다. 그는 많은 공물과 그의 딸들, 그의 하렘 여인들과 노래부르는 이들을 삼십 달란트의 금, 팔백 달란트의 은, 정선한 안티모니antimony, 보석 덩어리, 상아 침상, 상아 안락의자, 코끼리 가죽, 상아, 흑단, 회양목 등 모든 종류의 물건과 함께 나의 귀족 도시 니느웨 한가운데로 보냈으며, 그는 조공을 바치고 신하의 예를 갖추기 위해 그의 대신들을 보냈다.[27]

이 비문의 내용만 가지고 본다면 앗수르는 대승을 거둔 것처럼 보인다. 그러나 앗수르는 이스라엘을 무너뜨렸던 것처럼 남유다를 무너뜨리

27 R. E. Friedman(2008), 이사야 역, 『누가 성서를 기록했는가』(서울: 한들출판사), 125-126쪽. 프리즘 비문은 현재 이스라엘 박물관이 소장하고 있다(https://www.imj.org.il/en/collections/372815).

는 데에는 실패했다.[28]

> [35]이 밤에 여호와의 사자가 나와서 앗수르 진영에서 군사 십팔만
> 오천 명을 친지라 아침에 일찍이 일어나 보니 다 송장이 되었더라
> [36]앗수르 왕 산헤립이 떠나 돌아가서 니느웨에 거주하더니
>
> — 열왕기하 19:35-36

구약성서는 하나님의 도우심으로 히스기야가 앗수르의 공격을 이겨 냈다고, 예루살렘이 히스기야 치하에서 앗수르의 정복과 파괴로부터 안전하였다고 보도한다. 산헤립의 프리즘 비문과 성서의 기록 중 어느 것이 더 객관적이고 신빙성이 있는 진술일까? 고대 근동의 두 자료인 구약성서와 프리즘 비문을 모두 존중히 여기는 학자들은 이 두 나라 사이의 전쟁을 무승부로 판정하곤 한다. 그러나 하나님이 히스기야를 도와 전쟁을 승리로 이끌었다는 성서의 진언을 간과해선 안 된다. 히스기야가 치리하는 남유다는 북이스라엘보다 약한 나라였다. 이미 북이스라엘을 무너뜨린 이 거대한 제국 앗수르의 대대적인 공격을 받고도 살아남았다는 것은 의미가 크다. 그렇다면 히스기야는 어떻게 앗수르의 대군과 맞서 싸우려 했을까? 그것은 히스기야가 앗수르와의 전쟁을 대비하며 성 밖의 기혼 샘물을 예루살렘 성 안에서도 사용할 수 있도록 터널을 만들어 두었기에 가능한 일이었다.

28 이 전쟁에 대한 성서의 진술은 모두 세 군데에 나타나 있다(왕하 18:13–19:37; 사 36–37; 대하 32:1–23).

히스기야가 만든 터널은 성서 고고학적으로 중요한 가치를 지니고 있다. 터키의 이스탄불 고고학 박물관에는 히스기야가 만든 터널에 관한 중요한 기록을 담은 실로암 석비Siloam Inscription가 남아 있다. 높이 25cm, 너비 60cm 정도로 그리 크지 않은 이 실로암 석비는 예루살렘의 실로암 연못 근처에서 발견된 것으로, 여기에는 히스기야 왕이 암벽을 파서 지하터널을 만들었던 과정이 고대 히브리어로 짤막하게 기록되어 있다. 앞에서도 살펴보았지만, 가나안 땅에서 가장 높은 지대에 자리잡은 예루살렘은 성 안에 수원水源이 없어 자체적으로 물을 길러 낼 수 없다는 취약점을 지니고 있었다. 예루살렘의 유일한 물 공급지는 성 밖에 있는 기혼 샘뿐이었다. 평상시에는 그곳의 물을 길러다 쓰는 데 아무런 문제가 없었지만, 전쟁 등의 위급한 상황에서는 사정이 다를 수밖에 없었다. 그래서 히스기야는 성밖의 기혼 샘의 물을 성 안에서 직접 이용할 수 있도록 터널을 만들었고, 이 지하터널이 완성되었을 때 예루살렘 성 안에 있는 백성들은 기혼 샘을 물을 성 안에서 이용할 수 있었다. 이것이 바로 신약성서에 나오는 유명한 실로암 못Pool of Siloam(신약성서: 누가복음 13:4; 요한복음 9:7, 11)으로, 이사야서에는 실로아Siloah로 나타난다(사 8:6). 실로암 석비에는 이 터널의 공사 과정이 다음과 같이 짤막하게 기록되어 있다.

> (양편에서 굴을 파나가다가 거의 중간 지점에 도달해서) 3규빗쯤 남았을 때, 우리는 반대쪽에서 사람을 부르는 음성을 들을 수 있었다. 마침내 굴이 마주 뚫렸을 때, 돌 깎는 연장과 연장이 서로 부딪혔다. 그리고 (기혼) 샘으로부터 물은 저수지(실로암 못)를 향해서 1,200규빗 되는 거리를 흘러 들어갔다.

터널의 전체 길이가 1,200규빗이라는 말이 나온다. 지금의 측량 단위로는 535m이다. 이 기록은 한 규빗의 길이가 약 45cm에 해당한다는 또 하나의 사실을 밝혀 주었다(53,500÷1,200≒44.58cm). 그런데 이 터널에는 지금도 풀리지 않은 수수께끼가 하나 남아 있다. 바로 이 터널의 형태가 직선이 아닌 S자 형태를 지니고 있다는 점이다. 망치와 끌만으로 서로 다른 지점에서 시작된 암벽 공사가 가운데 지점에서 거의 정확하게 만나 서로의 음성을 들을 수 있었다는 것은 실로 놀랄 만한 일이 아닐 수 없다. 구약성서는 이 터널 공사를 히스기야 왕의 대표적인 업적 중 하나로 기록하고 있다.

> [20]히스기야의 남은 사적과 그의 모든 업적과 저수지(실로암 못)와 수도(터널)를 만들어 물을 성 안으로 끌어들인 일은 유다 왕 역대지략에 기록되지 아니하였느냐 [21]히스기야가 그의 조상들과 함께 자고 그의 아들 므낫세가 대신하여 왕이 되니라
>
> — 열왕기하 20:20-21

기원전 8세기, 대제국 앗수르로 인해 북이스라엘을 비롯한 남유다 주변의 모든 나라들이 멸망하거나 고난을 당했다. 하지만, 유다 왕국은 앗수르의 포위 공격을 견뎌 냈고, 오히려 수도 예루살렘의 인구는 증가했으며, 종교 중심지로서의 위치를 확고히 다졌다. 이는 선왕善王 히스기야의 지혜와 기질이 있었기 때문이었다.

히스기야에게는 정치적 독립운동과 터널 공사 외에도 더 중요한 한 가지 업적이 있다. 그것은 그가 펼쳤던 대대적인 종교 개혁 운동이다. 히스기야의 종교 개혁은 예루살렘 성전에서의 허용된 예배(제의중앙화) 외에 다른

여러 종교적 관행의 축출을 포함하고 있었다. 이는 단순히 우상을 깨부수고 성전을 정화하는 것을 넘어서는 일이었다. 그것은 예루살렘 성전 밖에서 예배하던 장소까지도 파괴함을 의미했다. 그 예배가 비록 여호와 하나님을 향한 예배였다 할지라도 말이다. 당시 남유다의 백성은 예루살렘 성전 외에도 다른 여러 지방 성소를 찾아가곤 했다. 바로 지방 공동체에 있었던 산당이다. 이 산당들이 당시 남유다의 종교생활에서 차지하고 있던 비중이 너무도 컸기 때문에 '여호와 보시기에 정직했던' 왕들마저도 이를 감히 제거하지는 못했던 것이다. 그러나 이 산당들은 우상숭배 내지는 종교적 혼합주의의 온상 역할을 하고 있었다. 히스기야는 이 산당들을 제거해 버렸다. 이로써 그는 예루살렘 성전에서의 제의중앙화를 촉진시켰다.

히스기야의 종교 개혁에서는 이스라엘의 광야 여정 중에 나타나는 놋뱀bronze sepernt에 대한 언급이 다시 나온다. 민수기 21장에는 모세를 필두로 가나안을 향해 진군하던 이스라엘 백성이 불평과 불순종으로 하나님의 진노를 사고, 그로 인해 불뱀(독사)에 물려 죽는 이야기가 나온다. 그때 하나님은 모세에게 놋뱀을 만들어 긴 장대 끝에 매달게 했고, 불뱀에 물린 사람들이 이 놋뱀을 쳐다보면 생명을 건질 수 있도록 했다. 모세가 직접 만들었던 바로 그 놋뱀이 히스기야 시대까지 보존되어 전해 왔다.

그러나 히스기야 당시 그 놋뱀마저 이스라엘 백성들은 일종의 우상으로 섬기고 있었다. 한때 하나님이 이스라엘을 구원하기 위해 사용하셨던 바로 그 놋뱀이 우상화되었을 때, 히스기야는 주저없이 다른 우상들과 함께 그것을 영원히 제거해 버리고 만다. 바로 이런 점에서 히스기야의 종교 개혁은 이전에 있었던 다른 어떤 왕들의 개혁과는 비교가 되지 않는 강경한 개혁이었던 것이다.

Sébastien Bourdon, 〈모세와 놋뱀〉, 1653-1654년.

> [3]히스기야가 그의 조상 다윗의 모든 행위와 같이 여호와 보시기에 정직하게 행하여 [4]그가 여러 산당들을 제거하며 아세라 목상을 찍으며 모세가 만들었던 놋뱀을 이스라엘 자손이 이때까지 향하여 분향하므로 그것을 부수고 느후스단이라 일컬었더라 [5]히스기야가 이스라엘 하나님 여호와를 의지하였는데 그의 전후 유다 여러 왕 중에 그러한 자가 없었으니
>
> — 열왕기하 18:3-5

히스기야가 명명한 놋뱀의 이름이 느후스단Nehushtan인 것을 기억하자. 느후스단이란 그저 '놋조각'이란 뜻이다. 비록 놋뱀이 이스라엘의 역사

속에서 차지했던 역할이 지대했던 것은 사실이지만, 그것이 백성의 신앙에 더 이상 아무런 지표가 되지 않을 때에 히스기야는 과감하게 부수어 버렸고 이스라엘의 신앙이 다시 하나님을 우러르도록 한 위기 시대의 위대한 리더였다. 리더란 반드시 바라보아야 할 것을 바라보게 하는 자이자 가치 없는 것을 버리게 할 줄 아는 자이다.

히스기야에 대한 마지막 기록을 담고 있는 열왕기하 20장은 그가 병들어 죽게 되었을 때에 얼굴을 벽으로 향하고 여호와께 기도하여 그의 생명을 15년 연장시킨 사건을 보도하고 있다. 하나님은 히스기야의 기도를 들었고 그의 눈물을 보셨다.

> 너는 돌아가서 내 백성의 주권자 히스기야에게 이르기를 왕의 조상 다윗의 하나님 여호와의 말씀이 내가 네 기도를 들었고 네 눈물을 보았노라 내가 너를 낫게 하리니 네가 삼 일 만에 여호와의 성전에 올라가겠고
>
> — 열왕기하 20:5

해 그림자가 뒤로 물러나는 사건도 경험한다.

> 선지자 이사야가 여호와께 간구하매 아하스의 해시계 위에 나아갔던 해 그림자를 십 도 뒤로 물러가게 하셨더라
>
> — 열왕기하 20:11

그러나 히스기야는 이때에 치명적인 실수 하나를 저지르고야 만다.

그것은 자신의 병문안을 위해 찾아온 바벨론Babylonia(바빌로니아) 사절단을 환영하며 왕실 창고와 무기고에 있는 모든 것을 다 보여 자랑한 일이었다. 역대기 사가가 히스기야의 '교만'(대하 32:25)으로 정죄하고 있는 이 사건으로 인해 예언자 이사야는 후일 사절단이 보았던 모든 것이 바벨론으로 옮겨질 것이라 예언한다(왕하 20:16-19). 아직은 작은 나라에 지나지 않았던 바벨론이었지만, 대제국 앗수르의 공격을 막아 낸 남유다는 오래지 않아 그 바벨론에게 나라를 빼앗기고 만다.

성군 히스기야의 뒤를 이은 므낫세Manasseh는 55년간을 왕으로 치리했다(왕하 21:1). 남유다의 왕들 중 재위 기간이 가장 길었다. 그러나 스물두 살의 나이에 왕이 된 므낫세의 아들 아몬Amon은 스물네 살에 암살당했다(왕하 21:19). 가장 오랜 기간을 치리한 므낫세와 단명한 아몬, 이 두 왕의 공통점은 히스기야의 길을 따르지 않았다는 것이다. 앗수르의 강요나 내부의 압력 때문이었는지, 아니면 자신들의 종교적 확신 때문에서였는지, 이 두 왕은 히스기야가 제거했던 우상들을 다시 받아들이고, 예루살렘 성전에 이방인의 신상을 세웠으며, 히스기야가 애써 없앴던 산당들을 재건했다. 이로써 히스기야의 제의중앙화는 막을 내리게 되었고 정치적, 종교적 개혁은 영원히 실패로 돌아간 듯 했다. 그러나 남유다의 종교 개혁은 아몬의 아들 요시야Josiah에 의해 다시 불붙는다. 열왕기하는 이 요시야를 매우 호의적으로 소개한다.

> 요시야가 여호와 보시기에 정직히 행하여 그의 조상 다윗의 모든 길로 행하고 좌우로 치우치지 아니하였더라
>
> — 열왕기하 22:2

> 요시야와 같이 마음을 다하며 뜻을 다하여 모세의 모든 율법을 따라 여호와께로 돌이킨 왕은 요시야 전에도 없었고 후에도 그와 같은 자가 없었더라
>
> — 열왕기하 23:25

이미 우리는 '그의 전후 유다 여러 왕 중에 그러한 자가 없었다'는 히스기야에 대한 평가를 살펴본 바 있다(왕하 18:5). 그런데 지금 히스기야 이후 요시야가 이와 같은 평가를 다시 받고 있다. 오경의 마지막이 '그 후에는 이스라엘에 모세와 같은 선지자가 일어나지 못하였나니…'(신 34:10)라는 결론을 담고 있듯이, 열왕기하 또한 '요시야와 같이 마음을 다하며 뜻을 다하여 모세의 모든 율법을 따라 여호와께로 돌이킨 왕은 요시야 전에도 후에도 그와 같은 자가 없었더라'고 말한다.

요시야로 하여금 종교 개혁을 일으키게 한 결정적인 사건은 소위 '율법책의 발견'이라는 사건이다. 요시야 재위 18년, 즉 기원전 622년에 서기관 사반Shaphan이 요시야에게 제사장 힐기야Hilkiah가 여호와의 성전에서 '율법 두루마리'를 발견했다고 보고한다.

> 대제사장 힐기야가 서기관 사반에게 이르되 내가 여호와의 성전에서 율법책을 발견하였노라 하고 힐기야가 그 책을 사반에게 주니 사반이 읽으니라
>
> — 열왕기하 22:8

힐기야가 발견한 이 책의 본문을 사반이 왕에게 들려주었을 때, 요

시야 왕은 자신의 옷을 찢었다(왕하 22:11). 옷을 찢는다는 것은 고대 근동에서 극심한 고뇌의 표현이다. 요시야는 한 선지자에게 율법의 의미를 물었고, 그 실천을 위한 범국민적인 의식을 열었다. 백성의 동의를 얻은 요시야는 증조부 히스기야처럼 즉각 대대적인 종교 개혁을 단행한다. 그러나 이때 요시야가 단행한 종교 개혁은 므낫세와 아몬이 원점으로 돌려 버린 히스기야의 종교 개혁을 회복시키는 것 이상이었다. 열왕기하는 히스기야의 종교 개혁과는 비교되지 않을 만큼 긴 분량의 종교 개혁 이야기(왕하 23:1-27)를 요시야에게 돌리고 있다.

바알과 아세라와 하늘의 일월 성신들을 위해 만든 모든 그릇을 여호와의 성전에서 끄집어 내어 불사르고(왕하 23:4), 우상을 섬기던 자들을 폐하고(왕하 23:5), 모든 산당을 헐어 버리고(왕하 23:8), 바벨론과 앗수르의 태양신을 섬기기 위해 만든 말과 수레를 불사르고(왕하 23:11), 각종 우상을 섬기는 제단들과 솔로몬이 세운 산당들을 불살랐다(왕하 23:12-14). 더 나아가서 요시야의 종교 개혁은 남유다를 넘어 옛 북이스라엘의 여로보암이 세운 산당들과 우상들을 불사르고 빻아 버렸고(왕하 23:15-18), 사사 시대 이후로 가장 성대한 유월절을 지내기도 했다(왕하 23:21-23). 여로보암이 세운 두 황금송아지 중 하나가 있던 벧엘의 제단을 파괴한 사건은 종교적 단행인 동시에 정치적인 행위이기도 했다. 이는 옛 이스라엘 땅에 대한 관심을 극명히 드러내는 행동이기 때문이다. 히스기야처럼 우상을 부수고, 성전을 정화한 요시야는 기원전 722년 이전 이스라엘 왕국의 영토였던 곳으로 남유다의 영향력을 확장시켰다. 그리고는 히스기야처럼 종교를 예루살렘에 집중시켰다. 백성은 희생제물을 성전의 중앙 제단에까지 가지고 와야 했다. 지방의 산당에서 온 제사장들은 성전 제사장을 돕는 일을 수행하기 위해 예루살렘으로 불려왔다.

그렇다면 요시야가 일으킨 종교 개혁의 도화선이 된 율법책은 도대체 무엇이었을까? 왜 그 책이 종교 개혁의 의지를 고무시켰을까? 구약학자들은 대개 이 책이 바로 지금의 신명기의 근간이 되는 원신명기Proto Deuteronomy라고 보고 있다. 성서와 교회 역사 속에서는 참으로 많은 것들이 우연히 발견되곤 했다. 요시야 시대에 발견된 율법책이 그렇고, 성서 사본 연구에 불을 지핀 레닌그라드 사본Leningrad Codex이나 사해 사본Dead Sea Scrolls이 그렇다. 그러나 그것이 과연 우연이었을까? 백번 양보해서 설령 우연이었다 하더라도 그 우연이 있게 하신 하나님의 섭리는 분명히 있다. 꼭 필요한 때에 꼭 필요한 사람을 통해서 하나님은 하나님의 역사를 이루어 가셨던 것이다.

그러나 이 훌륭했던 요시야 왕의 마지막은 허무하기 그지없다. 요시야가 한창 종교 개혁을 단행하던 때는 북이스라엘을 멸망시킨 앗수르가 멸망해 가고 예전에 거의 사라져 버린 바벨론 제국(신 바벨로니아)이 다시 일어나기 시작하던 무렵이었다. 이때 애굽 또한 앗수르가 약해진 틈을 타서 자기들의 세력을 넓히고자 했다. 북방으로 진출하려던 애굽 왕 느고Necho(네코 2세)는 요시야에게 므깃도라는 도시를 통과해 지나가게 해 달라고 요청한다. 므깃도가 어떤 도시였던가? 고대 이스라엘의 유일한 곡창지대는 이스르엘Jezreel/Esdralon이라는 평원이다. 이 이스르엘 평원을 지키는 관문이 바로 므깃도였다. 곡창지대인 이스르엘을 장악한다는 것은 가나안 땅 전체를 차지한다는 것과 거의 같은 의미를 지녔고, 그 이스르엘을 장악하기 위해서 반드시 점령해야 하는 도시가 바로 므깃도였다. 자연스럽게 므깃도는 고대 이스라엘 역사에서 전략적 요충지로 자리매김하고 있었다. 솔로몬의 병거성, 병거 부대와 무기고가 있었던 곳도 바로 이 므깃도였다(왕상 9:19; 10:26). 그 므깃도를 지나가게 해 달라는 애굽 왕 느고의 요청을 요시야는 받아들일 수가 없었다. 행여 느고의 마음이 돌변하여 므깃도를 점령해 버린다면 그것은 그저 중요한 도시 하나를 잃는 것이 아니라 이스르엘 평원 전체를 잃는 것이었고 자칫 남유다의 국운이 다할 수도 있었기 때문이다. 결국 요시야는 강대국 애굽 군대와 맞서 싸우기를 택하고야 만다.

> 요시야 당시에 애굽의 왕 바로 느고가 앗수르 왕을 치고자 하여 유브라데 강으로 올라가므로 요시야 왕이 맞서 나갔더니 애굽 왕이 요시야를 므깃도에서 만났을 때에 죽인지라
>
> — 열왕기하 23:29

히스기야와 함께 분열 왕국 시대의 성군으로 불리는 요시야의 최후를 말하는 이 짧은 구절은 기원전 609년의 므깃도 전투를 묘사한다. 요시야는 므깃도에서 애굽 군대와 맞서기 위해 출전했다가 한 애굽인의 화살에 전사한다. 그때 그의 나이 겨우 사십이었다. 고고학자들은 이 므깃도가 무려 스무 번이 넘게 파괴되었다가 다시 재건되었다고 말한다. 구약 시대 이후로 므깃도는 늘 군사적 요충지였으며, 20세기에 이르기까지 므깃도와 그 주변에서는 늘 끊임없는 전쟁이 이어졌다. 신약성서에서 마지막 대재난의 장소로 전해지는 아마겟돈Armageddon도 바로 '므깃도 언덕'이라는 뜻이다(신약성서: 요한계시록 16:16).

왕국의 멸망

히스기야와 요시야는 구약의 역사에서 이스라엘 신앙의 중요한 모델이었다. 히스기야가 강대국의 정치적인 압박과 침략 속에서 오직 하나님만을 전적으로 신뢰했다면(왕하 18:5), 요시야는 이스라엘의 예배가 예루살렘 중심에서 벗어나지 않도록 개혁하고 유일신 하나님을 일관되게 섬기도록 하여 이스라엘 신앙의 순수성을 회복하려 했다. 그러나 안타깝게도 요시야가 므깃도에서 애석한 죽음을 맞이한 후 남유다는 급격하게 몰락하기 시작했고, 이는 동시에 남유다의 정치적 독립과 종교적 개혁의 종말을 의미했다. 성군 다윗으로부터 시작된 하나님 백성의 나라는 요시야에게서 그 기능을 마쳤다고 할 수 있다.

요시야가 죽은 후 백성들은 요시야의 아들 여호아하스Jehoahaz에게 기름을 붓고 그의 아버지를 대신하여 왕으로 삼았지만 애굽 왕 느고는 그를 잡아 감금했다가 애굽으로 끌고 갔다. 그리고 요시야의 다른 아들인 엘리야김Eliakim을 왕으로 삼고 그 이름도 여호야김Jehoiakim으로 고쳤다. 이 즈음 고대 근동의 패권은 점차 바벨론 제국으로 넘어가고 있었다. 야호야김은 한동안 바벨론의 느부갓네살Nebuchadnezzar(네부카드네자르 2세) 왕에게 조공을 바치다가 자신을 왕으로 세운 애굽 쪽으로 돌아선다. 이 일은 여호야김이 죽고 그의 아들 여호야긴Jehoiachin이 왕이 되었을 때 바벨론의 무서운 보복을 불러일으키고야 만다. 느부갓네살은 예루살렘을 공격하여 성전과 왕궁의 각종 보물들을 파괴하고 여호야긴을 비롯한 왕족과 지도층 인사들, 기술자들을 바벨론으로 사로잡아 간다. 이것이 1차 포로 사건이다(기원전 597년). 예언자 에스겔도 바로 이때에 끌려갔다.

> 13그(느부갓네살)가 여호와의 성전의 모든 보물과 왕궁 보물을 집어내
> 고 또 이스라엘의 왕 솔로몬이 만든 것 곧 여호와의 성전의 금 그릇
> 을 다 파괴하였으니 여호와의 말씀과 같이 되었더라 14그가 또 예루
> 살렘의 모든 백성과 모든 지도자와 모든 용사 만 명과 모든 장인과
> 대장장이를 사로잡아 가매 비천한 자 외에는 그 땅에 남은 자가 없
> 었더라 15그가 여호야긴을 바벨론으로 사로잡아 가고 왕의 어머니
> 와 왕의 아내들과 내시들과 나라에 권세 있는 자도 예루살렘에서
> 바벨론으로 사로잡아 가고 16또 용사 칠천 명과 장인과 대장장이 천
> 명 곧 용감하여 싸움을 할 만한 모든 자들을 바벨론 왕이 바벨론으
> 로 사로잡아 가고 17바벨론 왕이 또 여호야긴의 숙부 맛다니야를 대
> 신하여 왕으로 삼고 그의 이름을 고쳐 시드기야라 하였더라
>
> — 열왕기하 24:13-17

느부갓네살은 요시야의 또 다른 아들인 맛다니야Mattaniah를 왕으로 삼으며 그 이름을 시드기야Zedekiah로 고쳤다. 바벨론에 예속된 시드기야는 통치 9년경에 느부갓네살에게 반기를 들었다. 그러자 느부갓네살은 군대를 보내 다시 예루살렘을 공격하여 그 성벽을 파괴하고 또다시 수천 명의 유대인들을 바벨론으로 끌고 갔다. 바벨론인들은 시드기야가 보는 앞에서 아들들을 죽인 후, 시드기야의 두 눈을 뽑고 놋 사슬로 그를 결박하여 바벨론으로 끌고 갔다. 이것이 2차 포로 사건이다. 느부갓네살은 예루살렘 성전을 완전히 파괴하며 남유다의 역사에 종지부를 찍는다. 찬란하게 시작했던 다윗 제국이 멸망하고 만 것이다.

> [1]시드기야 제구년 열째 달 십일에 바벨론의 왕 느부갓네살이 그의 모든 군대를 거느리고 예루살렘을 치러 올라와서 그 성에 대하여 진을 치고 주위에 토성을 쌓으매 [2]그 성이 시드기야 왕 제십일 년까지 포위되었더라… [6]그들이 왕을 사로잡아 그를 립나에 있는 바벨론 왕에게로 끌고 가매 그들이 그를 심문하니라 [7]그들이 시드기야의 아들들을 그의 눈앞에서 죽이고 시드기야의 두 눈을 빼고 놋 사슬로 그를 결박하여 바벨론으로 끌고 갔더라
>
> — 열왕기하 25:1-2, 6-7

한 나라의 왕들이 남의 나라 왕에 의해 죽임을 당하고 이름도 바뀌고 포로로 끌려가다니, 이미 유다 왕국은 사실상 왕국으로서의 면모를 완전히 상실해 버린 것이다. 이 비극은 여기에서 끝나지 않았다. 느부갓네살은 여호와의 성전과 왕궁 그리고 예루살렘에 있는 모든 집을 불사르고 성

벽을 헐어 버렸다. 성전에 남아 있던 기명들 중 값진 것은 모조리 수탈당하고, 4,600명의 백성이 바벨론으로 사로잡혀 갔다(기원전 587년).

> [8]바벨론 왕 느부갓네살의 열아홉째 해 오월 칠일에 바벨론 왕의 신복 시위대장 느부사라단이 예루살렘에 이르러 [9]여호와의 성전과 왕궁을 불사르고 예루살렘의 모든 집을 귀인의 집까지 불살랐으며 [10]시위대장에게 속한 갈대아 온 군대가 예루살렘 주위의 성벽을 헐었으며 [11]성 중에 남아 있는 백성과 바벨론 왕에게 항복한 자들과 무리 중 남은 자는 시위대장 느부사라단이 모두 사로잡아 가고 [12]시위대장이 그 땅의 비천한 자를 남겨 두어 포도원을 다스리는 자와 농부가 되게 하였더라
>
> — 열왕기하 25:8-12

이와 같은 역사 기록은 철저하게 종교적, 신앙적, 신학적 관점에서 남겨진 것이다. 군사력이나 경제력이 약하여서 무너진 것이 아니라, 종교적인 타락으로 인한 하나님의 심판이라는 것이다. 다시 생각해 본다. 요시야 이후의 남유다를 과연 왕국이었다고 말할 수 있을까? 아니다. 한 나라의 왕이 다른 나라의 왕에 의해 제거당하고, 왕위에 오르고, 다시 제거당하는 그런 왕국은 이미 왕국으로서의 의미가 없다. 요시야 이후 유다 왕국은 이미 국가로서의 힘과 기능을 상실했다고 볼 수밖에 없다.

잠시 남북 왕국의 관계를 더 생각해 본다. 앞서 살펴본 대로, 이스라엘의 땅은 남쪽으로 내려갈수록 광야지대이지만, 북쪽으로 올라갈수록 토지가 비옥하다. 북쪽 멀리 자리 잡은 헐몬Hermon산에서 지하로 흘러내린

물이 가장 먼저 당도하는 곳은 북이스라엘의 단 지파가 자리를 잡은 곳이고, 이스라엘의 곡창지대라 불리우는 이스르엘 평원, 〈샤론의 꽃 예수〉라는 찬송가에 나오는 샤론Sharon도 북이스라엘에 자리를 잡고 있다. 땅이 비옥하니 자연히 경제력도 북쪽이 우세할 수밖에 없었다. 그리고 무엇보다 북이스라엘은 언제나 남유다보다 강한 군사력을 지니고 있었다. 이스라엘 열두 지파 중 무려 열 지파가 북이스라엘을 이루었으니 훨씬 힘이 강했던 것이다. 더 강한 힘을 가지고 꾸준히 괴롭혀 온 북이스라엘이 멸망한 것이 과연 남유다에게도 좋은 일이었을까? 그렇지 않았다. 북쪽에서부터 내려오는 외세를 막아 주던 방패가 없어진 꼴이 되었고, 북이스라엘이 사라진 남유다 또한 얼마 버티지 못하고 역사의 무대에서 사라지고 만다. 다윗과 솔로몬 시대에 고대 근동을 호령하던 강력한 제국이 갈라진 후, 통일되지 못한 두 나라는 차례로 없어지고 만 것이다. 주목해야 할 것은 구약성서가 남유다의 멸망 이유 역시 군사력이나 경제력의 결핍에서 찾지 않고 종교적인 면에서 판단한다는 점이다.

> [26]그러나 여호와께서 유다를 향하여 내리신 그 크게 타오르는 진노를 돌이키지 아니하셨으니 이는 므낫세가 여호와를 격노하게 한 그 모든 격노 때문이라 [27]여호와께서 이르시되 내가 이스라엘을 물리친 것 같이 유다도 내 앞에서 물리치며 내가 택한 이 성 예루살렘과 내 이름을 거기에 두리라 한 이 성전을 버리리라 하셨더라
>
> — 열왕기하 23:26-27

신명기 사가는 남유다가 멸망한 이유도, 북이스라엘처럼 하나님의

명령을 버리고 우상을 숭배했기 때문이라고 말하고 있다. 철저히 신앙적, 신학적인 해석으로 결론내리고 있는 것이다. 온갖 '다른 신들'이 범람하던 문화 속에 살던 이스라엘이 한 분이신 하나님께 마음을 다하고 성품을 다하고 힘을 다해 섬긴다는 유일신 신앙은 구약 신앙의 핵심이 되는 것이다. 이 신앙이 무너지면 이스라엘 신앙은 존재할 수가 없다. 만일 한 분이신 하나님 이외에 이 세상의 어떤 것이 절대적인 충성의 대상이 된다면, 그것은 곧 우상숭배가 된다. 구약 신앙에서 가장 큰 죄는 결국 우상숭배인 것이다.[29]

29 시 44:15-20; 사 40:18-26; 렘 10:3-5 참조.

V. 역대기 역사서

역대상-느헤미야

…s in
…r, und
…ms am
…hat
…der

…ſſen
als wir werden
oft werden bei
…ſchem Glauben zu
die Menſchwerdung an
und den Tod Chriſti,
ſo hat er uns ein be-
ſondres Gedächtniß
und eine feyerliche
Verkündigung ſeines
Todes, ſo oft wir wol-
len, befohlen, daß wir
…uch äußerlich im
…cramment, der Ver-
…t verborgen, al-
…n Glauben aus
…rten Chr…

unſere … ſteßen … und
ligkeit. gewiſſe ſey
Dieſe heilige Hand- Se-
lung, o Erlöſete, helfe
euch Gott anjetzt mit
wahrer Andacht ver-
richten. Ihr müſſet
ſchon durch Gebeth
und Selbſtprüfung
dazu vorbereitet ſeyn,
und mit unverſtellter
Reue über eure Sün-
den, mit aufrichtigem
Verlangen nach der
Barmherzigkeit Got-
tes in Chriſto
und mit …

Ch…
muß
verſich…
und
d…
derfahren
Gott zum
ren Seelen
und euren
zur Erbauung
dig rühmen und
bar anwe…
dem …

또 하나의 역사서

여호수아부터 열왕기하까지의 신명기 역사서가 땅의 정복에서 사사 시대를 거쳐 왕정을 형성하고 그 땅에서 쫓겨나 포로로 끌려가기까지의 역사를 기록하고 있다면, 역대상·하1·2 Chronicles부터 느헤미야까지 이어지는 역사서는 아담에서 사울에게 이르는 족보를 시작으로 이스라엘의 왕정을 기록하고 포로에서 돌아와 다시 약속의 땅 가나안에서 종교적 공동체를 건설하는 내용을 담고 있다. 여기에는 다윗의 잘못과 부정적인 모습들, 예를 들면 사울 왕을 피해서 망명생활을 할 때, 이스라엘의 적이었던 블레셋 편에 가담한 일(삼상 27장; 29장), 밧세바와의 불륜 사건과 그의 남편 우리야를 죽게 한 일(삼하 11장), 아들 압살롬의 반란(삼하 13-19장) 등이 완전히 배제된다. 그 이유는 역대기가 묘사하는 다윗이 철저하게 종교적 지도자로 부각되기 때문이다. 다윗은 예루살렘 성전을 중심으로 하는 모든 종교 제도와 의식의 창시자이다(대상 22-28장). 성전 건축을 준비하고 솔로몬에 왕위를 이양하는 과정도 순조롭게 진행된다.

> [19]또 내 아들 솔로몬에게 정성된 마음을 주사 주의 계명과 권면과
> 율례를 지켜 이 모든 일을 행하게 하시고 내가 위하여 준비한 것으
> 로 성전을 건축하게 하옵소서 하였더라… [23]솔로몬이 여호와께서
> 주신 왕위에 앉아 아버지 다윗을 이어 왕이 되어 형통하니 온 이스
> 라엘이 그의 명령에 순종하며 [24]모든 방백과 용사와 다윗 왕의 여러
> 아들들이 솔로몬 왕에게 복종하니 [25]여호와께서 솔로몬을 모든 이
> 스라엘의 목전에서 심히 크게 하시고 또 왕의 위엄을 그에게 주사
> 그전 이스라엘 모든 왕보다 뛰어나게 하셨더라
>
> — 역대상 29:19, 23-25

솔로몬 역시, 여러 부정적인 모습들, 예를 들면 왕위를 계승하기 위해 쟁탈전을 벌였던 일(왕상 1-2장), 많은 여인들을 아내로 맞이하고 우상숭배의 죄를 범했던 일(왕상 11장) 등에 대한 언급 없이, 이상적인 종교 지도자로서의 모습만 부각된다. 이후 등장하는 남유다 왕들에 대한 평가 역시 왕들이 성전과 예배를 위해 공헌한 것이 무엇인지를 두고 이루어진다. 히스기야와 요시야가 대대적인 종교 개혁 운동을 펼친 것을 순수한 종교 공동체 회복을 위한 좋은 예로 삼고 있다.

전체적으로 역대상·하는 '이스라엘은 누구인가Who is Israel?', '이스라엘은 무엇인가What is Israel?'라는 질문을 던지면서 하나님 백성으로서의 통일성을 강조하고 있다. 그래서 족보geneology를 통해 이스라엘의 순수한 혈통을 강조하고(대상 1-9장), 이스라엘은 왕을 중심으로 하는 정치적 공동체가

아니라, 제사장이 중심이 되는 '종교적 공동체'임을 밝힌다.

솔로몬 사후에도 역대기는 남유다 중심의 역사를 기술하는데, 그 이유는 북이스라엘은 초대 왕 여로보암을 비롯한 모든 왕이 종교적 혼합주의와 우상숭배에서 떠나지 않았으며, 무엇보다도 멸망한 이후 앗수르 제국이 펼친 혼혈 정책으로 인해(왕하 17:6) 순수한 이스라엘 역사의 계승자가 될 수 없다고 보았기 때문이다. 그만큼 종교적 공동체로서의 남유다가 온 이스라엘을 대표한다는 사상을 철저하게 가지고 있었던 것이다. 또한 열왕기서에서 상당한 분량을 차지하고 있는 예언자 엘리야와 엘리사의 이야기가 빠져 있는 것도 이들에 대한 전승이 북이스라엘에서 생겨난 것들이기 때문이다.

포로민들의 귀향은 에스라서Ezra와 느헤미야서Nehemiah의 중심 내용이다. 히브리어 본문 전통에서 에스라서와 느헤미야서는 하나의 두루마리, 즉 하나의 책으로 읽혀 왔고, 번역본 중에는 느헤미야서를 제2의 에스라서로 부르는 경우도 있다. 그만큼 이 두 책은 내용과 구조에 있어서 서로 뗄 수 없을 만큼 긴밀한 관계를 유지하고 있다. 역대하의 마지막 부분과 에스라의 첫 부분은 이스라엘의 하나님을 참 신으로 선언하고, 포로로 끌려온 이스라엘 백성들을 고향으로 돌아가게 하는 바사Persia(페르시아) 왕 고레스Cyrus(키루스 2세)의 칙령을 소개한다(기원전 538년).[30]

3이스라엘의 하나님은 참 신이시라 너희 중에 그의 백성 된 자는 다

30 키루스 칙령과 관련된 내용은 '키루스 실린더'라는 점토 기둥에 적혀 있다. 키루스 실린더는 현재 대영박물관이 소장하고 있다(https://research.britishmuseum.org/research/collection_online/collection_object_details.aspx?objectId=327188&partId=1&searchText=cyrus+cylinder&page=1).

유다 예루살렘으로 올라가서 이스라엘의 하나님 여호와의 성전을 건축하라 그는 예루살렘에 계신 하나님이시라 [4]그 남아 있는 백성이 어느 곳에 머물러 살든지 그곳 사람들이 마땅히 은과 금과 그 밖의 물건과 짐승으로 도와주고 그 외에도 예루살렘에 세울 하나님의 성전을 위하여 예물을 기쁘게 드릴지니라 하였더라

— 에스라 1:3-4

이 칙령에 따라 바벨론에 포로로 끌려온 이스라엘 백성들은 모두 네 번에 걸쳐 다시 가나안 땅으로 돌아간다. 첫 번째 귀향은 고레스 왕의 칙령이 선포된 직후 유다의 마지막 왕이었던 여호야긴의 아들이자 유다 총독인 세스바살Sheshbazzar의 지도하에 이루어졌다(스 1장). 고레스 왕은 세스바살에게 여호와의 성전의 그릇을 돌려주었고(스 1:5-11), 모두 42,360명이 귀향했다. 이때에 세스바살은 새로운 성전의 기초를 놓기는 했으나 그 사역은 내부의 방해 등으로 이내 중단되었다(스 5:13-16).

두 번째 귀향은 다리오 왕Darius(다리우스 1세) 때에 제사장 예수아Jeshua와 왕족 스룹바벨Zerubbabel의 지도하에 이루어졌다. 이들 귀향자들에 의해 예루살렘 성전 재건이 시작되었으나, 사마리아 사람들이 성벽 건축에 대한 불만을 담아 아닥사스다 왕Artaxerxes(아르타크세르크세스 1세)에게 편지를 보내면서 한동안 성전 공사가 중단되었다(스 4:8-24). 그러나 예언자 학개와 스가랴가 스룹바벨에게 성전 재건을 계속하도록 용기를 주었고(스 5:1-5), 고레스 칙령을 담은 조서의 발견과 함께 재건을 허락하는 다리오 왕의 강력한 조서가 내려졌다(스 6:1-12). 이에 따라 드디어 성전이 건축, 봉헌되었다(기원전 515년). 이 성전을 '제2성전' 혹은 재건 당시 지도자의 이름을 따서 '스룹바

벨 성전'이라 부른다. 스룹바벨 성전은 모세의 율법과 다윗의 가르침대로 건축되었다. 이는 솔로몬 시대에 지어진 성전과 연속성을 지니고 있음을 말해 준다. 특히 첫 번째 성전이 솔로몬의 즉위 (넷째 해) 둘째 달에 시작되었던 것처럼, 두 번째 성전도 귀향민들이 예루살렘에 돌아온 지 (둘째 해) 둘째 달에 건축이 시작되었다는 것 또한 재건된 성전이 첫 번째 성전 못지않은 의미를 지니고 있음을 보여 준다.

에스라와 느헤미야

세 번째 귀향은 아닥사스다 왕 때에 이루어졌는데(기원전 458년), 이때 귀향민들을 이끌었던 이는 학사 겸 제사장이었던 에스라였다(스 7-10장). 예루살렘에 도착한 에스라의 손에는 아닥사스다 왕의 조서 외에 또 하나의 중요한 문서가 들려 있었다. 그것은 모세의 율법책이었고, 많은 학자들은 그 율법책이 지금의 오경일 것으로 생각한다. 이 법에 따라 잡혼 금지 등을 포함한 여러 강도 높은 종교 개혁 운동을 주도하여 종교적 공동체로서 이스라엘의 회복을 도모했다. 또한 율법의 낭독과 함께 이스라엘 모든 백성은 율법을 지킬 의무를 가지게 되었다. 모세의 율법은 곧 이스라엘의 국법이 되었다. 에스라의 종교 개혁은 많은 학자들에 의해 사실상 구약성서에서 유일하게 성공한 개혁 운동으로 평가받으며, 오경이 정경으로 그 권위를 인정받은 때 역시 에스라 시대로 보고 있다.

마지막 네 번째 귀향 역시 아닥사스다 왕 때에 이루어졌는데, 귀향

Gustave Doré, 〈사람들에게 율법을 읽어 주는 에스라〉, 1866년.

민들을 이끌었던 지도자가 바로 느헤미야이다. 예루살렘의 열악한 상황을 보고받고 자원하여 돌아갈 것을 요청한 느헤미야는 아닥사스다 왕으로부터 유다의 총독으로 임명을 받았다(기원전 445년). 귀향민을 이끈 느헤미야는 이후 12년간 유다의 총독을 지내면서 예루살렘 성벽을 다시 재건하고 에스라와 함께 사회 기강과 종교질서를 세우는 데 공헌한다.

또한 유다 땅 총독으로 세움을 받은 때 곧 아닥사스다 왕 제이십년부터 제삼십이년까지 십이 년 동안은 나와 내 형제들이 총독의 녹을 먹지 아니하였느니라

— 느헤미야 5:14

느헤미야서의 주제가 '예루살렘 성벽의 재건'이라고 할 수 있을 정도로 이 책은 귀향민을 이끌고 돌아온 느헤미야가 성벽을 재건하기까지 어떤 어려움들을 극복하였는지를 설명하고 있다. 성벽이 완성되기 전, 이미 에스라가 모세의 율법책을 낭독하며 백성들로 하여금 토라를 준수할 의미를 가지게 했는데, 느헤미야는 이스라엘 공동체가 그 율법을 지키도록 하기 위한 일련의 개혁들을 시행한다. 그리고 무엇보다도 안식일을 지키는 것을 엄격하게 감독하였다.

에스라는 유다 땅에 남아 있던 사람들이 이방인들과 혼인하여 섞여 살고 있는 모습에 놀라고 슬퍼한다. 그에게 있어서 유다 땅에 남아서 이방인들과 혼인을 한 사람들은 하나님 앞에서 죄를 지은 사람들이었고, 오직 사로잡혀 갔다가 돌아온 사람들만이 참 이스라엘 사람들이었다. 에스라는 새롭게 지어진 하나님의 성전 앞에 엎드려 울며 기도했고, 많은 백성이 통곡하면서 이 회개 운동에 동참한다(스 10:1). 이때 에스라는 아닥사스다 왕으로부터 받은 전권을 사용하지 않고 지도자들의 동의를 이끌어낸다. 백성의 지도자들은 백성을 한 자리에 모았고, 에스라는 이방인과 혼인한 자들의 죄를 고발하고 판결까지 내린다(스 10:7-17).

[10]제사장 에스라가 일어나 그들에게 이르되 너희가 범죄하여 이방

> 여자를 아내로 삼아 이스라엘의 죄를 더하게 하였으니 [11]이제 너희 조상들의 하나님 앞에서 죄를 자복하고 그의 뜻대로 행하여 그 지방 사람들과 이방 여인을 끊어버리라 하니 [12]모든 회중이 큰 소리로 대답하여 이르되 당신의 말씀대로 우리가 마땅히 행할 것이니이다
>
> — 에스라 10:10-12

이방 혼인의 정리는 삼 개월 만에 마무리되었고, 모두 110쌍이 이혼하게 되었다(스 10:18-44). 그러나 이러한 이방인과의 혼인 금지 조치가 느헤미야에게 이어지는 것으로 보아 이방인들과의 혼인 문제는 쉽게 정리되지 않았던 것이 분명하다. 느헤미야는 그들의 자녀가 유다 방언을 하지 못한다는 이유로 그들을 때리고 머리털을 뽑아 버릴 정도로 이방인과의 혼인을 적대시했고(느 13:25), 심지어 대제사장의 손자가 이방인의 집에 장가든 것을 알고 그를 내어 쫓기까지 했다.[31]

오늘날 다문화 시대를 살아가는 우리에게 있어서 에스라와 느헤미야의 조치는 쉽게 받아들이기 힘든 일임에는 틀림없다. 어린 자녀들을 때리고 머리털을 뽑아 버린 느헤미야의 조치는 일종의 가정파괴와 아동학대로 비쳐지기도 한다. 왜 이런 특단의 조치를 취해야만 했을까? 우리는 에스라와 느헤미야가 이러한 조치를 내릴 수밖에 없었던 이유를 먼저 생각해야 한다. 에스라가 선포한 모세의 율법에 따르면 이스라엘 사람들이 이방 사람들과 결혼하는 것을 금하여 우상숭배에 빠지지 못하도록 하고 있

31 느 13:28; 레 21:14 참조.

다.[32] 에스라의 조치는 신앙의 순수성 회복을 위한 조치로 받아들여야 한다. 그들은 이스라엘의 후손들이 모국어인 히브리어를 말하지도 못하는 지경에 이르게 된 상황을 걱정하고 있었다. 이대로라면 당장 예배를 드리는 것도 불가능했다. 새롭게 재건해야 하는 공동생활의 중심이 되는 예배가 사라질 위기에 놓여 있었던 것이다(느 13:24). 과격해 보이는 그들의 조치는 잃어버린 예배와 그 순수한 예배공동체의 재건을 위해서였다. 한편 이와 비슷한 시대에 기록되었을 것으로 추정되는 요나서와 룻기는 이방인들 역시 하나님의 사랑받는 자녀임을 보여 준다는 점에서 에스라의 종교 개혁 조치와 다분히 다른 관심을 드러내고 있다.

느헤미야 8장에는 에스라가 수문 앞 광장에 모여 있는 모든 백성 앞에서 여호와의 율법을 낭독하는 장면이 나온다. 흥미로운 것은 에스라가 율법을 낭독할 때 '나무 강단'에 섰다는 점이다.

> [3]수문 앞 광장에서 새벽부터 정오까지 남자나 여자나 알아들을 만한 모든 사람 앞에서 읽으매 뭇 백성이 그 율법책에 귀를 기울였는데 [4]그 때에 학사 에스라가 특별히 지은 나무 강단에 서고…
>
> — 느헤미야 8:3-4

이 나무 강단이 무엇인가? 오늘날의 설교단이라고 할 수 있다. 학사 겸 제사장이었던 에스라는 아마도 강단보다는 제단이 더 익숙했던 사람이었을 것이지만, 지금 말씀을 선포하기 위해 설교단에 서 있다. 그가 설교단

32 출 34:11-16; 신 7:1-6 참조.

에 서서 율법책을 펼 때 모든 백성이 일어섰고, 그가 여호와를 송축할 때에 백성은 아멘으로 응답하면서 얼굴을 땅에 대고 여호와를 경배했다. 에스라는 단순히 율법을 낭독하는 데서 그치지 않고 그 뜻을 해석해 주었으며, 백성들은 그 낭독하는 내용을 깨달을 수 있었다. 율법을 낭독하고 듣고 깨달았던 이 모임은 소규모로 매일 진행되었다. 백성들은 울면서 율법의 말씀을 들었고(느 8:9), 율법의 규정 중에 초막절에 대한 말씀(레 23:34-36, 39-43)을 접한 뒤, 지체 없이 바로 초막절을 지켰다. 첫날부터 끝날까지 날마다 하나님의 율법책을 낭독하면서 이레 동안 초막절을 지키고 마지막 여덟째 날에는 그 규례에 따라 성회를 열기까지 했다. 여호수아 시대 이후로 이와 같은 초막절 준수는 유례가 없는 일이었다(느 8:17-18).

에스라의 율법 낭독과 해석, 초막절 준수는 백성들로 하여금 죄에 대한 자각과 회개, 무너진 예배의 회복, 그리고 대대적인 기도 운동에 불을 지폈다. 잃어버렸던 자신들의 역사에 대한 인식과 신앙고백이 다시 하나님 백성의 입에서 흘러나오기 시작했다(느 9장). 히스기야의 종교 개혁이 므낫세와 아몬의 등장으로 무산되고, 요시야의 종교 개혁이 그의 안타까운 죽음으로 빛을 발하지 못한 반면, 에스라와 느헤미야의 종교 개혁은 구약성서에서 유일하게 성공한 종교 개혁으로 나타난다.

구약의 역사서는 이렇게 에스라, 느헤미야와 함께 이스라엘의 회개 운동과 예배의 회복 운동으로 마무리된다. 바벨론으로 사로잡혀 갔다가 다시 예루살렘으로 돌아온 사람들은 예후드Jehud라고 불렸고 여기에서 유대인Jew이라는 명칭이 생겨났다. 그리고 오늘날의 유대교Judaism 또한 이들 유대인들에게서 시작되었다.

에스더와 부림절

역대기 역사서는 느헤미야서로 마무리되지만, 우리말 성서에서는 그다음에 에스더Esther가 자리를 잡고 있다. 이 에스더서 역시 히브리 성서 전통에서는 성문서에 속한 것이지만, 그 시대적 배경이 바사 시대이기 때문에 같은 시대적 배경을 갖고 있는 에스라-느헤미야서 다음으로 위치가 이동된 것이다. 에스더서에는 하나님 혹은 하나님의 이름이 단 한 군데도 등장하지 않는다. 4장 14절에서 단 한 번 하나님의 도움이 암시될 뿐이다. 하지만 이 책에는 포로 시대 이후에 고향 땅 가나안으로 돌아가지 않고 바사 제국에 그대로 남아 있던 유다인들의 여호와 신앙과 그들을 향한 하나님의 도우심을 극적으로 묘사하고 있다. 에스더서는 구약성서 중에 유일하게 하나님이 언급되지 않는 책이지만, 그 어느 책보다도 하나님의 도우심을 강력하게 증언하는 책이다.

초등학교 시절, 아직 TV가 많이 보급되지 않았던 당시에 길거리를 지나가다가 전파상의 유리창 너머로 TV에서 나오는 뉴스를 물끄러미 쳐다본 적이 있다. 화면 조정 시간이 지나고 짧은 뉴스가 끝나면 어린이 프로그램이 진행되는 것을 알고 있었고, 그 프로그램을 보기 위해 마지못해 뉴스를 시청하고 있었다. 그때 나오던 뉴스가 이란과 이라크가 전쟁을 하고 있다는 내용이었던 것으로 기억한다. 내가 그 헤드라인을 지금까지도 기억하는 이유는 그 내용이 흥미로웠기 때문이 아니다. 초등학생에 불과했던 내가 남의 나라 사이의 전쟁에 무슨 관심이 있었겠는가? 다만 당시에 이란과 이라크의 전쟁은 매일같이 반복되는 중요 뉴스였고, 어린이 프로그램을 기다리며 마지못해 보던 뉴스의 화면 하단에 적힌 헤드라인이 아직까지 뇌리에 남아 있는 것이다. 고등학생이 되어 성서에 관심이 많아졌을 때, 나는 성서에 나오는 바벨론과 바사가 지금의 이라크와 이란의 조상이라는 사실을 알게 되었다. 그들의 싸움은 사실 고대 시대에서부터 있어 왔던 것이다.

기원전 538년, 신흥 바사 제국의 고레스 왕은 바벨론 제국의 오랜 지배를 종식시키면서 고대 근동의 패자로 군림하게 되었다. 이후로 바사 제국은 기원전 333년에 마케도니아의 알렉산드로스 대왕Alexandros III이 나타날 때까지 가장 강력한 지배력을 행사하고 있었다. 고레스 왕은 바벨론으로 사로잡혀 온 사람들이 고향으로 돌아갈 수 있도록 칙령을 내렸다. 포로민들과 그 후손들은 50년의 세월이 지난 후에 드디어 꿈에 그리던 고향으로 돌아갈 수 있었다. 귀향민들은 네 번에 걸쳐 예루살렘을 비롯한 가나안의 옛 땅으로 돌아갈 수 있었다. 그러나 포로민들이 모두 귀향한 것은 아니다. 고레스의 칙령에 따라 돌아간 자들이 있는가 하면, 더러는 다른 곳으로 이주한 자들도 있었고, 개중에는 모르드개Mordecai와 에스더처럼 바사 제국의 일원으로 남아 있는 자들도 있었다. 에스더 이야기는 바사 왕 아하수에로Xerxes(크세르크세스 1세)의 겨울 궁전이 있던 수산Shushan 성에서 시작된다. 아하수에로는 즉위 3년이 되던 해에 무려 반 년(180일)에 걸친 호화로운 잔치를 열었다. 자신이 가진 부와 권력을 자랑하기 위함이었다.

> 3왕위에 있은 지 제삼년에 그의 모든 지방관과 신하들을 위하여 잔치를 베푸니 바사와 메대Medes의 장수와 각 지방의 귀족과 지방관들이 다 왕 앞에 있는지라 4왕이 여러 날 곧 백팔십 일 동안에 그의 영화로운 나라의 부함과 위엄의 혁혁함을 나타내니라
>
> — 에스더 1:3-4

이 잔치에서 왕후 와스디Vashti는 남자들 앞에서 미모를 보이라는 왕의 명에 불복했고, 이것이 화근이 되어 왕실에서 영원히 추방을 당했다. 아하수에로는 신하들의 조언에 따라 127주에 속한 넓은 영토에서 가장 아름다운 처녀들을 수산 성으로 불러들였고, 그때 불려간 유대인 처녀 에스더는 와스디가 추방된 지 3년 만에 대제국 바사의 왕비로 역사의 무대에 오르게 된다.

> 17왕이 모든 여자보다 에스더를 더 사랑하므로 그가 모든 처녀보다 왕 앞에 더 은총을 얻은지라 왕이 그의 머리에 관을 씌우고 와스디를 대신하여 왕후로 삼은 후에 18왕이 크게 잔치를 베푸니 이는 에스더를 위한 잔치라…
>
> — 에스더 2:17-18

비록 왕의 총애를 받고 있지만, 고대 역사에서 음모와 계략은 흔히 일어나는 일이었고, 에스더의 삶 또한 이 음모에서 자유롭지 않았다. 제국 안에 있는 모든 유대인들을 죽이려는 하만Haman의 음모가 있었고, 그의 계략을 간파한 에스더의 사촌 모르드개는 왕의 생각을 바꿀 수 있도록 에스더에게 도움을 요청한다. 이 일로 에스더는 깊은 고민에 빠져든다. 비록 왕의 총애를 받고 있었음에도 불구하고 부름이 없는 상태에서 왕에게 나아가는 일은 죽음을 부르는 일이었기 때문이다(에 4:11).

아마도 에스더는 와스디의 경우를 생각하고 있었을 것이다. 와스디가 왕후의 자리에서 쫓겨난 이유가 바로 왕의 부름에 응하지 않았기 때문이었다. 그만큼 왕의 부름은 절대적이었다. 그러나 자신의 경우는 와스디와 사뭇 다르다. 부름에 응하지 않은 와스디는 그저 쫓겨나는 선에서 징벌이 끝났지만, 부르지도 않은 상태에서 왕에게 나아가는 일은 자기의 목숨을 내놓아야 하는 심각한 잘못이 되기 때문이다. 드디어 결단의 순간이 다가왔다. '왕후의 자리를 얻은 것이 이때를 위함이 아닌지 누가 알겠느냐'는 모르드개의 말에 에스더는 이렇게 화답한다.

> 당신은 가서 수산에 있는 유다인을 다 모으고 나를 위하여 금식하되 밤낮 삼 일을 먹지도 말고 마시지도 마소서 나도 나의 시녀와 더불어 이렇게 금식한 후에 규례를 어기고 왕에게 나아가리니 죽으면 죽으리이다 하니라
>
> — 에스더 4:16

모르드개와 에스더의 금식기도 후 상황은 극적으로 반전되기 시작

Giovanni Andrea Sirani, 〈아하수에로 왕 앞에 선 에스더〉, 약 1640년에서 1660년 사이.

한다. 의인의 간구懇求는 역사하는 힘이 크다고 하지 않는가(신약성서: 야고보서 5:16). 세상의 그 어떤 권력도 하나님의 백성을 멸절시킬 수 없었다. 그 이유는 하나님이 자기 백성을 도우시고 보호하시기 때문이다. 이는 하만의 아내가 하만에게 한 말에서도 암시된다.

> 자기가 당한 모든 일을 그의 아내 세레스와 모든 친구에게 말하매 그 중 지혜로운 자와 그의 아내 세레스가 이르되 모르드개가 과연 유다 사람의 후손이면 당신이 그 앞에서 굴욕을 당하기 시작하였으니 능히 그를 이기지 못하고 분명히 그 앞에 엎드러지리이다
>
> — 에스더 6:13

하만은 모르드개를 목매달기 위해 세운 나무에 자기가 달려 사형을 당하고(에 7:10), 유다 사람들은 왕의 조서를 통해 그들의 생존권을 보장받게 된다(에 8:11). 이날의 구원은 비단 모르드개와 에스더 개인의 승리로 끝나지 않았다. 바사의 본토민들 중에는 유다인을 두려워하여 스스로 유다인이 되는 자들이 많이 생겨났고(에 8:17), 바사 제국 전역에 흩어져 살고 있던 유다인들은 대적들을 공격하여 그들을 전멸시켰다.

에스더 이야기는 잔치로 시작해서 잔치로 끝난다. 종교적 전통을 지켜 나가려 하는 포로 시대 이후 유대인들의 삶과 그들이 당할 수밖에 없었던 어려움을 단적으로 잘 보여 주고 있다. 하만이 유대인들을 제비(히브리어로 '부르') 뽑아 전멸시키려 했던 것에서 유대인들은 부림절Purim이라는 이름을 짓고 죽음의 위협에서 벗어난 이날을 기념하여 축제로 지킨다. 이날은 지금도 금식과 카니발을 겸하여 지키는 절기로, 술에 취해 '모르드개는 저주받고 하만은 축복받아라'라고 말 실수를 해도 용서받을 정도로 유대인의 모든 절기 중에서 가장 즐겁게 지키는 절기가 되었다.

VI. 시가 문학

욥기–아가

unsere gewisse Se-
ligkeit.

Diese heilige Hand-
lung, o Erlösete, heisse
euch Gott anietzt mit
wahrer Andacht ver-
richten. Ihr müsset
schon durch Gebeth
und Selbstprüfung
dazu vorbereitet seyn,
und mit unverstellter
Reue über eure Sün-
den, mit aufrichtigem
Verlangen nach der
Barmherzigkeit Got-
tes in Christo
und mit

und den Tod Christi,
so hat er uns ein be-
sondres Gedächtniß
und eine feyerliche
Verkündigung seines
Todes, so oft wir wol-
len, befohlen, daß wir
äußerlich im
Sacrament, der Ver-
verborgen,
Glauben

우리말 성서에서 욥기에서 아가서까지의 다섯 권을 시가문학이라 하는데, 이는 이 책들이 주로 운문으로 기록되어 있기 때문이다. 이 책들은 모두 히브리 정경에서는 성문서에 포함된다. 흥미로운 것은 책들의 순서인데, 원래 히브리 정경 순서를 벗어나, 태어난 사람의 순서대로 배치되어 있다. 욥은 전통적으로 아브라함 시대만큼이나 아주 오래 전의 사람으로 생각되어 왔기 때문에 가장 앞부분에 위치하고 있고, 대부분이 다윗의 작품으로 구성된 시편은, 마찬가지로 대부분이 솔로몬의 작품인 것으로 인정받는 잠언과 전도서, 아가서보다 먼저 등장한다. 즉 먼저 태어난 아버지의 작품이 아들의 작품보다 먼저 등장하는 구조를 지니고 있는 것이다.

욥기

욥기Job는 전도서와 함께 구약성서의 사변적(회의적) 지혜문학에 속하는 책으로, 역사상 많은 문학가들에 의해 인류가 낳은 문학 작품 중 백미로 인정받아 왔다. 특히 [산문–운문–산문]으로 구성된 욥기의 문학 형태는 고대 근동의 다른 작품 속에서는 나타나지 않는 독특한 구조이다. 일반적으로 잘 알려진 욥기의 내용(산문으로 된 서장과 종장)은 의로운 사람이 고난 중에서도 하나님을 원망하지 않고 인내하여 마지막에 가서 갑절의 복을 받는다는 내용이다. 욥기의 무대는 두 군데, 천상의 무대와 지상의 무대이다. 천상 무대에서 열린 한 회의 결과로 지상의 무대에 있던 욥의 고난과 시련이 시작된다. 연속된 재앙으로 욥의 자녀들은 모두 죽임을 당했고 아내는 욥을 저주하며 떠나 버렸다. 그의 재산도 모두 사라졌지만 그런 상황 속에서도 욥은 성서에서 가장 위대한 신앙고백 중 하나를 한다.

이르되 내가 모태에서 알몸으로 나왔사온즉 또한 알몸이 그리로 돌아가올지라 주신 이도 여호와시요 거두신 이도 여호와시오니 여호와의 이름이 찬송을 받으실지니이다 하고

— 욥기 1:21

뒤이어 욥과 세 친구(엘리바스, 빌닷, 소발) 사이의 대화 혹은 논쟁이 모두 세 번에 걸쳐 나타난다. 첫 번째 대화(욥 4-14장)에서 친구들은 간접적으로 욥에게 지은 죄를 회개할 것을 제안한다. 고통을 연단鍊鍛의 목적으로 삼아 인내심을 갖고 기도할 것과 욥이 청결하고 정직하면 반드시 하나님이 돌보시리라는 것, 그리고 인간은 하나님 앞에 의로울 수 없다는 견해였다. 이들의 주장은 전통적인 신명기적 인과응보의 교리이다. 그러나 욥은 이러한 교리가 자신에게는 부합하지 않다고 반박한다.

두 번째 대화(욥 15-21장)에서 친구들은 욥을 강력하게 비판한다. 악한 자는 고난과 위험에 빠지고, 덫에 걸리고 잊혀지며, 그 생명이 길지 못하고 재물을 잃는다고 주장한다. 그들은 욥의 경우를 염두에 두고 있었다. 욥은 자신에게 고통을 주시는 하나님께 반항까지 하면서, 악한 사람이라도 번창하며 고통 없이 살다가 평화롭게 죽어 갈 수 있음을 들어 반박한다. 이들 네 사람의 논쟁은 거의 싸움에 가까울 정도이다.

친구들의 말에도 전혀 회개할 용의가 없어 보이는 욥의 태도는 세 번째 논쟁(욥 22-25장)을 부르게 된다. 엘리바스와 빌닷은 욥의 사회적 탈선과 영적인 무례함 그리고 전능하신 하나님의 능력과 인간의 비천함을 들어 욥을 공개적으로 비난한다. 욥은 끝까지 자신의 무죄를 주장하면서 하나님의 침묵에 원망한다.

Léon Bonnat, 〈욥〉, 1880년.

운문 부분의 후반부에 들어가면서 갑자기 엘리후라는 사람이 등장한다. 네 사람의 대화를 듣던 엘리후는 네 번의 연설을 통해 세 친구의 의견에 힘을 실어 준다. 우선 욥이 과거에 무슨 죄를 지었는지 알 수 없지만, 그가 자기의 무죄를 주장하면서 하나님께 죄를 지었을 것이라는 점이다. 즉 욥이 하나님을 높이기보다는 자신의 무죄와 의로움을 주장하기 위해 하나님을 낮추고 마치 하나님이 불의한 것처럼 말한 사실을 지적한 것이다(욥 33장). 그리고 욥이 스스로를 의롭다고 하면서 하나님이 잘못하신 것처럼 말하는 것 자체가 잘못이라고 지적한다(욥 34장). 엘리후는 욥이 매우 악한 사람이라고 말한다(욥 34:1-9). 아울러 하나님의 권위에 철저히 복종해야 하고, 어려운 일을 당할 때 무작정 자신이 결백하다고 말할 것이 아니라 자기도 모르는 죄가 있는지 살펴서, 만일 악을 행했다면 다시는 그런 죄를 짓지 않겠다고 하나님께 다짐해야 한다고 말한다(욥 34:31-32). 엘리후는 하나님에 비해 아무것도 아닌 인간이 선악 간에 어떤 일을 하건 하나님께 아무런 영향도 끼치지 못한다고까지 주장하고(욥 35장), 하나님이 세상을 다스리는 방법과 능력, 그리고 심판을 통해 죄인을 돌아오게 하는 사랑에 대해 설명한다(욥 36-37).

그러나 엘리후의 연설도 욥에게는 아무런 소용이 없었다. 결국에는 하나님이 직접 대화에 참여하시게 된다(욥 38-41). 욥이 그토록 원했던 하나님의 응답이 실현되었다. 그러나 하나님의 대답은 욥이 당하는 고난에 대한 아무런 이유를 알려 주지 않는다. 폭풍 가운데 들려오는 하나님의 음성은 욥에게 끊임없는 질문을 제기한다. 하나님은 여러 질문을 통해 하나님이 창조주이심을 알리며 창조주의 무한한 능력과 피조물의 제한된 능력을 대비시키신다.

> [4]내가 땅의 기초를 놓을 때에 네가 어디 있었느냐 네가 깨달아 알았거든 말할지니라 [5]누가 그것의 도량법을 정하였는지, 누가 그 줄을 그것의 위에 띄웠는지 네가 아느냐 [6]그것의 주추는 무엇 위에 세웠으며 그 모퉁잇돌을 누가 놓았느냐
>
> — 욥기 38:4-6

욥은 끝까지 하나님으로부터 자신이 당하는 고난의 이유에 대해 명쾌한 설명을 듣지 못하지만, 하나님과 만나는 체험을 통해 절대적인 믿음을 지킨다. 그것은 전능하신 하나님의 계획과 행동은 인간의 토론 대상 자체가 아니라는 것이었다. 운문 부분은 욥이 하나님에 대한 원망과 자신의 교만한 의로움까지도 회개하는 것으로 마무리된다.

> 5내가 주께 대하여 귀로 듣기만 하였사오나 이제는 눈으로 주를 뵈옵나이다 6그러므로 내가 스스로 거두어들이고 티끌과 재 가운데에서 회개하나이다
>
> — 욥기 42:5-6

욥기의 마지막은 다시 산문으로 돌아오는데, 욥은 자신을 공격하던 친구들을 위해 기도한다. 하나님은 그러한 욥에게서 모든 곤경을 거두시고 잃었던 소유물을 갑절로 회복시켜 주신다. 형제와 자매 그리고 이전에 알던 모든 사람들이 찾아와서 그의 회복을 축하해 주었다. 이와 같은 축복이, 욥이 마지막까지 하나님에 대한 경건함을 잃어버리지 않았기 때문에 주어졌다고는 볼 수 없다. 그 축복은 의로운 삶에 대한 기계적인 보상이 아니라, 전통적인 구약성서의 인과응보적 사상으로 풀이될 수 없는, 하나님의 자유로운 은혜에 근거를 둔다. 전통적 사상을 벗어나는 이와 같은 사상은 구약성서의 지혜문학에서 종종 발견된다.

시편

시편Psalms은 이스라엘 사람들이 하나님을 찬양하는 노래라는 뜻을 지니고 있다. 구약성서의 대부분의 다른 책들이 주로 인간을 향한 하나님의 말씀을 담고 있는 반면, 시편은 하나님을 향한 인간의 목소리, 찬양을 담고 있다. 주로 예배 때에 사용되었던 찬양의 노래이기 때문에 여러 가지 멜로디와 악기의 이름이 그 제목 중에 등장하는 경우가 많다. 그러나 안타깝게도 찬양의 가사는 기록으로 남아 있지만, 구약 시대의 예배 중에 사용된 그 멜로디와 악기 등이 구체적으로 어떤 것이었는지는 알 수가 없다.[33]

전체 150편의 시편이 총 5부로 구성되어 있는데, 이러한 구조는 구

33 깃딧(시 8편; 81편; 84편), 마스길(시 32편; 42편; 44–45편; 52–55편), 마할랏(시 53편; 88편), 뭇라벤(시 9편), 소산님(시 45편; 69편), 소산님에듯(시 80편), 수산에듯(시 60편), 스미닛(시 6편; 12편), 식가욘(시 7편), 아앨렛샤할(시 22편), 알다스헷(시 57–59편), 알라못(시 46편), 요낫 엘렘 르호김(시 65편), 힉가욘(시 9:17) 등이 그 예이다.

약성서에서 가장 권위 있는 부분인 오경의 형식을 본떴다는 것이 가장 일반적인 견해이다. 또한 시편은 그 내용과 형식에 있어서 찬양시, 감사시, 탄원시, 신뢰시, 지혜시, 토라시, 왕조시, 시내산 시편, 구속사 시편 등 참으로 다양하게 구분된다. 가장 많이 애독되는 시편 23편은, 하나님은 인간이 고통 중에서도 의지할 수 있는 분임을 노래하는 대표적인 신뢰시라 할 수 있다.

> [1]여호와는 나의 목자시니 내게 부족함이 없으리로다 [2]그가 나를 푸
> 른 풀밭에 누이시며 쉴 만한 물가로 인도하시는도다 [3]내 영혼을 소
> 생시키시고 자기 이름을 위하여 의의 길로 인도하시는도다 [4]내가
> 사망의 음침한 골짜기로 다닐지라도 해를 두려워하지 않을 것은 주
> 께서 나와 함께 하심이라 주의 지팡이와 막대기가 나를 안위하시나
> 이다 [5]주께서 내 원수의 목전에서 내게 상을 차려 주시고 기름을 내
> 머리에 부으셨으니 내 잔이 넘치나이다 [6]내 평생에 선하심과 인자
> 하심이 반드시 나를 따르리니 내가 여호와의 집에 영원히 살리로다
>
> — 시편 23:1-6

예수께서 구약의 여러 성문서들을 가리켜 '시편'이라고 말씀하실 정도로(신약성서: 누가복음 24:44) 시편은 신약 시대의 많은 사람들에 의해서도 가장 대표적인 성문서로 인정을 받은 책이다. 또한 시편은 신약성서에서도 가장 많이 인용되는 구약성서의 책이기도 하다. 신약성서에서 인용하는 구약성서 본문 중 3분의 1이 바로 시편의 말씀이고, 예배 중에 사용하는 교독문에서도 시편은 가장 많이 인용되는 책이다. 우리가 잘 알고 있는 신약성서의 말씀들을 찾아보면서 직간접적으로 인용된 그 예를 들어 보자.

예수께서 이르시되 너희가 성경에 건축자들이 버린 돌이 모퉁이의 머릿돌이 되었나니 이것은 주로 말미암아 된 것이요 우리 눈에 기이하도다 함을 읽어 본 일이 없느냐

— 마태복음 21:42 ≒ 시편 118:22-23

제구시에 예수께서 크게 소리 지르시되 엘리 엘리 라마 사박다니 하시니 이를 번역하면 나의 하나님, 나의 하나님 어찌하여 나를 버리셨나이까 하는 뜻이라

— 마가복음 15:34 ≒ 시편 22:1

곧 하나님이 예수를 일으키사 우리 자녀들에게 이 약속을 이루게 하셨다 함이라 시편 둘째 편에 기록한 바와 같이 너는 내 아들이라 오늘 너를 낳았다 하셨고

— 사도행전 13:33 ≒ 시편 2:7

또 다른 시편에 일렀으되 주의 거룩한 자로 썩음을 당하지 않게 하시리라 하셨느니라

— 사도행전 13:35 ≒ 시편 16:10

기록된 바 우리가 종일 주를 위하여 죽임을 당하게 되며 도살당할 양 같이 여김을 받았나이다 함과 같으니라

— 로마서 8:36 ≒ 시편 44:22

이방인들도 그 긍휼하심으로 말미암아 하나님께 영광을 돌리게 하려 하심이라 기록된 바 그러므로 내가 열방 중에서 주께 감사하고 주의 이름을 찬송하리로다 함과 같으니라

— 로마서 15:9 ≒ 시편 18:49

또 모든 열방들아 주를 찬양하며 모든 백성들아 그를 찬송하라 하였으며

— 로마서 15:11 ≒ 시편 117:1

시편 중에는 '알파벳 시'라는 독특한 형태의 시편도 존재한다. 히브리어 자음 22개가 각 절 혹은 각 연의 첫 글자로 등장해 히브리어 알파벳의 순서를 따르는 경우이다. 특히 시편 119편의 경우 1-8절까지는 첫 번째 알파벳인 א(알렙)이, 9-16절까지는 두 번째 알파벳인 ב(베트)가 사용되는 방식으로 마지막 176절에 이르기까지 매 8절씩 히브리어 알파벳이 순서대로 사용되고 있다. 이와 같은 알파벳 시편의 예들로는 시편 119편 외에도 25편과 34편, 그리고 비록 그 엄격성에서 다소 차이는 있지만, 시편 9-10편(원래는 이 둘이 한 편으로 된 시였음), 37편, 111-112편, 145편을 들 수 있다. 시편 외에도 잠언 31:10-31과 애가 1-4장 등도 정교한 알파벳 시문 형태를 지니고 있다. 이는 아마도 외우기 쉽도록 사용한 방법인 것으로 보이기도 하지만, 이와 같은 알파벳 시들은 구약성서의 시문이 얼마나 정교한 형태를 지니고 있는지를 잘 보여 주는 것들로, 안타깝게도 번역된 성서에서는 그 묘미를 느낄 수 없다.

잠언, 전도서, 아가

잠언Proverbs은 구약성서에서 삶의 지혜에 대한 증언을 다루는 책이다. 이 책은 욥기, 전도서와 함께 구약의 지혜문학이라는 독특한 장르를 형성한다. 지혜문학을 제외한 다른 구약성서의 책들은 그 출발점이 하나님에 대한 신앙고백에 있는 반면, 지혜문학은 인간의 이성과 경험, 즉 삶이 제기하는 여러 가지 문제의 해답을 찾으려고 하는 데에서 시작한다. 그러나 세상의 천박한 처세술이 아닌 하나님 경외에 근거를 둔 신앙적 입장에서 전개해 나가고 있다. 고대 근동의 다른 나라들, 이를 테면 애굽과 아라비아, 바벨론 등 이스라엘 주변의 나라들에서 지혜란 삶의 경험적인 지식을 통해 사람을 처세에 능하도록 이끄는 데 그 목적이 있었던 반면, 이스라엘의 지혜는 인생의 성공이 사람의 명철과 영리함에 달려 있는 것이 아니라 근본적으로 하나님을 두려워하고 그 뜻을 따르는 데 달려 있음을 알게 하는 데 그 목적이 있다고 할 것이다.

잠언의 첫 번째 부분은 '다윗의 아들 이스라엘의 왕 솔로몬의 잠언이라'(잠 1:1)는 서두로 시작되며 주로 '지혜' 자체에 신학화 작업이 이루어진 신학적 지혜theological wisdom를 담고 있다. 여기서 잠언은 일상적인 교훈을 전해 주는 데 목적을 두지 않는다. 비록 겉으로 보기에는 삶의 지혜를 전달하는 형태를 띠고 있는 것처럼 보일 수도 있지만, 사람이 참으로 지혜로운 삶을 살아갈 수 있는 방법은 여호와를 경외하는 것임을 말해 주고 있다(잠 1:7; 9:10).

> 여호와를 경외하는 것이 지식의 근본이거늘 미련한 자는 지혜와 훈계를 멸시하느니라
>
> — 잠언 1:7

이러한 하나님 경외 사상은 '마음을 다하여 여호와를 신뢰'하고 자신의 명철을 의지하지 않으며 범사에 하나님을 인정하고 악에서 떠나는 것(잠 3:5-7), '재물'과 '소산물의 처음 익은 열매', 즉 하나님이 주신 것들을 다시 하나님께 드리는 것(잠 3:9), 자녀를 가르침에 있어서 하나님의 말씀에 따라 징계하는 교육적인 조치(잠 3:11-12) 등을 통해 나타난다. 마치 독립적인 여성으로 인격화되는 지혜는 길거리와 광장 등 사람들이 모여 있는 곳이면 어디나 찾아다니며 외치고 있다. 그리고 사람들에게 외치는 올바른 지식이란 바로 하나님을 경외하는 것이라고 말하고 있다(잠 1:29). 더 나아가 잠언은 이 세계가 지혜를 통해 지음을 받았고 그 형태를 갖추었다고 말하고 있다. 그렇다면 지혜란 세상의 창조 이전에 선재先在하였고, 하나님이 세상을 창조할 때에는 그 동역자가 되는 것이다. 이는 고대 근동의 다른 지

혜문학에서는 발견할 수 없는 구약성서만의 독특한 표현이다. 다른 고대 근동의 문헌에서는 지혜가 그저 인간의 인성적 활동을 촉발시키는 도구에 불과하지만, 구약성서는 지혜가 궁극적으로 인간의 이성적 산물이 아니라 하나님의 경외에서부터 시작됨을 역설하고 있는 것이다.

잠언에 나타나는 지혜에는 삶에 대한 실용적인 지혜practical wisdom도 있다. 실용적 지혜가 다루고 있는 범주는 부지런함(잠 10:4; 12:27; 13:4; 18:9; 19:15), 일(잠 12:11), 지식(잠 10:14; 13:16; 16:23; 19:2), 자제력(잠 10:19; 11:22; 16:32; 25:28), 정직(잠 10:9; 11:1, 6) 등 다양하게 나타난다. 여기서는 [의인 = 지혜로운 사람]이라는 등식이 성립될 정도로 의인이란 하나님의 언약을 지키며 살아가는 사람임을 강조하고 있다. 즉 하나님의 계명을 진지하게 받아들이고 지키며 살아가는 사람은 행복하고 성공적인 삶을 누릴 수 있지만, 하나님의 뜻과 계명을 대수롭지 않게 여기는 미련하고 지혜롭지 못한 사람은 결국 망하고야 만다는 인과율이 강하게 나타나고 있다. 이러한 실용적 지혜는 주로 두 갈래로 된 양극의 길을 대칭적으로 보여 주는 평행법 형태를 띠고 있다. 평행법이란 한 구절이 전반절과 후반절로 한 쌍을 이루는 두 반절半節의 형태를 말한다. 여기에 나타나는 여러 종류의 평행법을 살펴보면 다음과 같다.

> 공평한 저울과 접시 저울은 여호와의 것이요
> 주머니 속의 저울추도 다 그의 것이라
>
> — 동의적 평행법(잠언 16:11)

> 유순한 대답은 분노를 쉬게 하여도

과격한 말은 노를 격동하느니라

— 반의적 평행법(잠언 15:1)

패역한 자는 다툼을 일으키고

말쟁이는 친한 벗을 이간하느니라

— 종합적 평행법(잠언 16:28)

잠언에는 솔로몬의 잠언만 있는 것은 아니다. 잠언에서 언급되는 일곱 개의 표제들(잠 1:1; 10:1; 22:17; 24:23; 25:1; 30:1; 31:1)은 잠언의 저자와 그 기록 연대에 대해 매우 중요한 정보를 제공해 주고 있다. 이 표제들 중 잠언 1장 1절, 10장 1절, 25장 1절은 모두 그 저자가 솔로몬이라고 말하고 있다. 그러나 잠언에는 솔로몬의 작품이 아닌, 익명의 지혜자의 기록들 또한 등장한다. 특히 잠언 25-29장은 '이것도 솔로몬의 잠언이요, 유다 왕 히스기야의 신하들이 편집한 것이라'(잠 25:1)고 하는 새로운 서두로 시작한다. 유다 왕 히스기야는 북이스라엘을 멸망시킨 앗수르의 위협을 하나님을 믿는 신앙으로 극복하려 했던 왕이다. 아마도 히스기야는 왕궁의 서기관들을 통해 솔로몬 시대의 자료를 수집하고 정리하면서 이스라엘의 민족정신을 되찾고, 그 자료들 속에 배어 있는 지혜와 신앙의 힘으로 위기를 극복하고자 했을 것이다. 솔로몬의 세 번째 잠언이라고 할 수 있는 이 부분은 왕과 신하들을 위한 잠언(잠 25:1-15), 미련하고 게으른 자들에 대한 잠언(잠 26장), 지혜로운 삶에 대한 잠언(잠 27장), 장래의 통치자들을 위한 잠언(잠 28-29장) 등 신학적 지혜보다는 실용적 지혜가 주축을 이루고 있다.

잠언의 마지막 부분 30장과 31장은 각각 '야게의 아들 아굴의 잠언'

과 '르무엘 왕이 말씀한 바 곧 그의 어머니가 그를 훈계한 잠언'으로 소개된다. 잠언 30장의 아굴이 누구인지에 대해서는 아직 알려진 바가 거의 없다. 아굴은 지혜와 하나님을 아는 지식을 동일시하면서 자신은 아직 그 지혜에 이르지 못하였음을 고백한다(잠 30:3-4). 그러나 그는 하나님과 하나님의 말씀에 대한 분명한 신앙고백을 잠언으로 표현하고 있다.

> 하나님의 말씀은 다 순전하며 하나님은 그를 의지하는 자의 방패시니라
>
> — 잠언 30:5

잠언 31장의 르무엘 왕 또한 누구였는지는, 아라비아 부족에 속한 사람이었을 것이라는 추측만 가능할 뿐이다. 르무엘은 이방의 왕이지만 그 이름의 뜻이 '하나님께 속하였다'인 것을 감안해 볼 때, 이스라엘의 신앙에 영향을 받았을 것으로 보인다. 이 잠언은 여자와 술을 조심하라는 르무엘 왕의 어머니의 훈계로 시작한다(잠 31:2-7). 특이한 것은 '현숙한 아내'에 대해 말하고 있는 10-31절의 각 구절 첫 글자가 히브리어 알파벳 순서를 따르고 있다는 점이다. 즉 앞서 언급한 것처럼, 모두 22개의 글자로 이루어진 히브리어 알파벳이 각 구절마다 첫머리에 순서대로 하나씩 등장하고 있는 것이다. 잠언의 마지막을 장식하는 이 단락에서도 현숙한 여인이 되기 위한 중요 품목으로 여호와를 경외하는 것이 제시된다(잠 31:30).

전도서Koheleth는 욥기, 잠언과 더불어 구약성서의 지혜문학에 포함되면서도, 성공적인 삶과 행복이 사람의 행동에 좌우된다는 전통적인 지

혜관과는 사뭇 다른 가르침을 주는 책이다. 히브리어 성서에서 전도서는 '코헬렛Koheleth'이라고 불린다. 이 말은 전도자, 설교가를 의미하지만, 종교를 전하는 선교자의 의미보다는 좋은 지혜의 말씀을 전하는 설교자의 책이라는 뜻이 더 강하다. 전통적으로 전도서의 저자는 솔로몬으로 여겨져 왔으나 이 책에 솔로몬이 저자라는 직접적인 표현은 나타나지 않는다. 그러나 '다윗의 아들 예루살렘의 왕 전도자의 말씀이라'(전 1:1)와 '나 전도자는 예루살렘에서 이스라엘 왕이 되어'(전 1:12)라는 구절에 등장하는 '다윗의 아들'과 '이스라엘의 왕'이라는 표현 때문에 전통적으로 솔로몬의 저작이라고 여겨져 왔다. 솔로몬은 성서에 나오는 모든 왕 중에서 가장 부유했으며 사람이 누릴 수 있는 많은 영광과 사치와 영화를 한껏 누린 왕이었다. 전도자는 그런 솔로몬의 고백을 통해 삶의 참 의미를 전하고 있다.

> [24]사람이 먹고 마시며 수고하는 것보다 그의 마음을 기쁘게 하는 것은 없나니 내가 이것도 본즉 하나님의 손에서 나오는 것이로다 [25]아, 먹고 마시는 일을 누가 나보다 더 해보았으랴 [26]하나님은 그가 기뻐하시는 자에게는 지혜와 지식과 희락을 주시나 죄인에게는 노고를 주시고 그가 모아 쌓게 하사 하나님을 기뻐하는 자에게 그가 주게 하시지만 이것도 헛되어 바람을 잡는 것이로다
>
> — 전도서 2:24-26

본디 사람의 행복이란 열심히 땀 흘려 일하고 거기서 누리는 삶의 열매로 인하여 얻는 것이다. 그러나 전도자는 해 아래에서 수고하는 그와 같은 모든 노력과 그로 인한 열매마저 다 헛되다고 말한다.

헛되고 헛되며 헛되고 헛되니 모든 것이 헛되도다 해 아래서 수고하는 모든 수고가 사람에게 무엇이 유익한가

— 전도서 1:2

내가 해 아래서 행하는 모든 일을 보았노라 보라 모두 다 헛되어 바람을 잡으려는 것이로다

— 전도서 1:14

해 아래 있는 모든 것이 헛되다는 회의론적인 선언은 전도서의 주제가 된다. 많은 사람이 일생 동안 추구하는 향락(전 2:1), 권세와 권력(전 4:14-16), 많은 물질(전 5:10-17), 부귀영화와 장수, 심지어 그 자손까지도 헛될 뿐이라고 말한다. 이와 같은 것들은 어느 한순간에 다 사라져 버릴 수도 있는 것들이고 마지막에는 하나도 남지 않을 것들이기 때문이다. 물질과 부귀영화처럼 눈에 보이는 것에서 한 걸음 더 나아가 전도자는 지식과 지혜를 많이 쌓는 것조차 헛되다고 말한다.

[17]내가 다시 지혜를 알고자 하며 미친 것들과 미련한 것들을 알고자 하여 마음을 썼으나 이것도 바람을 잡으려는 것인 줄을 깨달았도다
[18]지혜가 많으면 번민도 많으니 지식을 더하는 자는 근심을 더하느니라

— 전도서 1:17-18

그렇다고 전도자가 인생과 세상을 부정적으로 보는 것은 아니다.

단지 하나님이 하시는 일의 시종始終을 사람이 알 수 없을 뿐이지만 그 모든 일에는 때가 있고 삶과 세상은 하나님이 주신 선물임을 말하고 있다. 전도자는 사람들이 '먹고 마시는 것과 수고함으로 낙을 누리는' 것들이 다 하나님의 선물인 것을 인정하고(전 3:13), 하나님은 모든 것에 때를 정해 주셨으며 그 모든 것들을 아름답게 하셨음을 인정한다. 시종, 즉 처음과 끝의 전체적인 흐름을 사람은 알아낼 수 없고 이를 곰곰이 생각해 보는 것도 어려운 일이지만 전도자는 그 가운데에서 하나님의 자비와 은혜를 알아볼 것을 권고한다. 즉 사람은 하나님이 선물로 주신 제각각의 삶, 즉 각자의 몫에 만족하고 감사하는 마음으로 기뻐하면서 누리며 살 것을 권고한다(전 3:9-13). 전도자는 영원하신 하나님이 정하신 질서를 사람이 알 수 없는 이유는 유한한 사람들이 하나님을 경외하도록 하기 위함이라고 고백한다(전 3:14). 이러한 전도자의 하나님 경외 사상은 예배 태도에 대한 경고로 나타난다.

> [2]너는 하나님 앞에서 함부로 입을 열지 말며 급한 마음으로 말을 내지 말라 하나님은 하늘에 계시고 너는 땅에 있음이니라… [4]네가 하나님께 서원하였거든 갚기를 더디게 하지 말라 하나님은 우매한 자들을 기뻐하시나니 서원한 것을 갚으라 [7]… 오직 너는 하나님을 경외할지니라
>
> — 전도서 5:2, 4, 7

전도자는 많은 제물을 차려 놓고 시끄럽게 떠들어 대는 자들을 '우매한 자들'이라고 말한다(전 5:1-3). 하나님을 경외한다는 것은 많은 제물을

쌓아 놓고 예배드리는 데에서 찾을 수 있는 것이 아니라, 하나님의 말씀을 듣고 순종하며 살아가는 것임을 말하는 것이다. 그래서 전도자는 하나님의 '말씀을 듣는 것'이, '악을 행하면서도 깨닫지 못하는' 우매한 자들이 드리는 제물보다 낫다고 말한다.

전도자는 마지막으로 삶을 살아가는 데 있어서 중요한 원칙 하나를 제시한다. 그것은 자신의 창조주 하나님을 기억하라는 것이다.

> [1]너는 청년의 때에 너의 창조주를 기억하라 곧 곤고한 날이 이르기 전에, 나는 아무 낙이 없다고 할 해들이 가깝기 전에 [2]해와 빛과 달과 별들이 어둡기 전에, 비 뒤에 구름이 다시 일어나기 전에 그리하라… [7]흙은 여전히 땅으로 돌아가고 영은 그것을 주신 하나님께로 돌아가기 전에 기억하라
>
> — 전도서 12:1-2, 7

창조주를 기억하며 사는 것이, 일견 허무해 보이는 이 세상에서 가장 의미 있는 인생을 살아가는 방법이라는 것이다. 전도자에게 있어서 가장 큰 시련은 죽음이었다.[34] 모든 것을 헛되게 만드는 죽음을 넘어서는 유일한 방법은 창조를 기억하는 것이고, 창조주를 기억한다는 것은 곧 하나님을 찬양하고 예배하는 삶을 산다는 것을 말한다. 전도자가 경험한 삶은 그리 길지 않다. 자신이 살아온 인생을 짧다고 느꼈기 때문에 곧 해와 빛과 달과 별들이 어두워질 것이고, 힘 있고 젊은 이들의 허리가 굽어질 것이고,

34 전 2:20–21; 3:19–20; 5:15; 9:4–6 참조.

길거리 문들이 닫힐 것이고, 노인이 되어 잠이 없어지면 새의 소리로 인해 일어날 것이고, 숨이 차서 높은 곳에 오르기 힘들고, 길에 널려 있는 위험을 피하기도 쉽지 않고 결국은 죽어서 영원한 집으로 돌아가 자신을 찾아온 조문객들이 왕래할 것이라고 말한다(전 12:2-5). 이렇게 짧은 인생이 끝나기 전에 가장 중요한 것은 청년의 때 곧 일찍부터 창조주 하나님을 기억하고 예배하며 사는 것이다. 그래서 전도서의 마지막은 잠언서와 마찬가지로 여호와를 경외하는 것이 모든 사람이 지켜야 할 본분이자 참 지혜임을 강조한다(전 12:13-14). 결국 전도자는, 창조주 하나님이 지으신 세계에서 사람은 한정된 생활공간(해 아래) 안에서 살아갈 수밖에 없으며, 하나님께서 하시는 일을 인간의 지혜와 경험과 지식으로 다 알 수 없음을 고백한다. 하나님을 떠난 사람의 지혜와 지식으로는 그 인생이 허무할 수밖에 없고, 가장 큰 지혜는 창조주 하나님을 기억하고 경외하며 그 하나님이 주신 선물인 삶을 기쁨으로 누리면서 살아가는 것임을 말하고 있다.

궁극적으로 전도서는, 세상과 사물, 사람, 삶의 의미를 하나님만이 알고 계시고, 그 하나님을 경외하며 기억하고 살아가는 사람을 지혜로운 사람이라고 말한다는 점에서 잠언의 가르침과 상통하고 있다. 유대인 회당에서는 전도서를 이스라엘 3대 절기 중 하나인 초막절에 읽어 왔다.

아가Song of Songs는 사랑하는 두 남녀의 시적 고백을 통해 사랑을 고백한 노래모음 책이다. 구약성서 가운데 가장 아름다운 노래로 알려진 이 책의 아가雅歌(아 1:1)라는 이름은 노래들 중의 노래, 즉 가장 아름다운 노래라는 뜻을 담고 있다. 아가서는 하나님의 이름이 한 번도 등장하지 않고, 남녀 간의 성적 표현이 거침없이 드러나 있다는 등의 이유로 구약의 정경에 포함되기까지는 우여곡절이 많았다. 그러나 많은 논란에도 불구하고 아가서가 구약의 성문서에 포함될 수 있었던 것은 이 책에 등장하는 연인이 하나님과 이스라엘의 관계, 그리스도와 교회의 관계 혹은 그리스도와 신자의 관계를 표상한 것이라는 은유적allegorical 해석 때문이었다. 유대교 전통에서 아가는 '구약 안의 지성소'로 여겨졌고, 아이들이 성인식을 올릴 때까지는 읽는 것이 금기되어 있는 책이다. 구약 시대의 지성소가 함부로 들어갈 수 없는 신성한 장소였듯이, 아가서는 남녀 간의 밀월적이고 뜨거운 사랑을 통해 하나님과 이스라엘 사이의 진실한 사랑, 더 나아가서 주님이신 그리스도와 교회의 긴밀한 사랑을 이해하지 않고서는 읽어 내기가 쉽지 않은 책이라는 뜻이다.

아가서는 '솔로몬의 아가라'는 표제어로 시작한다(아 1:1). 이스라엘 역사에서 세 번째 등장하는 왕 솔로몬은 처음으로 예루살렘 성전을 지은 왕이고 '이재의 왕'으로 통할 만큼 지혜와 권력, 부를 두루 갖춘 왕이었다. 이스라엘 지혜문학 전통에서 솔로몬은 지혜의 스승이자 많은 노래를 지은 시인으로도 통한다. 학자들은 아가서가 솔로몬의 저작이라는 1장 1절의 진술이, 마치 연애시 정도로 보이는 아가서의 가치를 높이고 경전의 하나로 자리 잡는 데 중요한 역할을 한다고 보고 있다.[35]

예루살렘의 다른 처녀들의 부러움과 시샘의 대상이 되는 한 여인에 대한 솔로몬의 사랑 노래는, 하나님이 창조한 이성 간의 사랑이 소중하고 고귀한 축복임을 가르쳐 준다. 사랑은 서로가 서로에게 귀속되며 존중하고 둘 사이의 결속을 더욱 굳게 만드는 것이다. 사랑하는 남녀가 서로에게

35 왕상 4:32 참조.

속하는 것은 아가서가 전하는 중요한 중심 주제이다.

> 내 사랑하는 자는 내게 속하였고 나는 그에게 속하였도다 그가 백합화 가운데에서 양 떼를 먹이는구나
>
> — 아가 2:16

> 나는 내 사랑하는 자에게 속하였고 내 사랑하는 자는 내게 속하였으며 그가 백합화 가운데에서 그 양 떼를 먹이는도다
>
> — 아가 6:3

> 나는 내 사랑하는 자에게 속하였도다 그가 나를 사모하는구나
>
> — 아가 7:10

특히 은유적 해석으로 말하자면 이 두 남녀 간의 사랑은 이스라엘에 대한 하나님의 진솔한 사랑이라고 할 수 있다. 하나님과 이스라엘의 사랑을 인간이 가장 뜨겁게 경험할 수 있는 남녀 간의 사랑으로 표현하고 있는 것이다. 이는 마치 창세기 2장 23절에서 아담이 하와에게 '이는 내 뼈 중의 뼈요 살 중의 살이라'고 했던 사랑 고백과 비슷하다고 할 것이다. 두 남녀의 관계와 사랑을 끊어 놓을 수 있는 유일한 장애는 이제 죽음밖에 없다. 그러나 둘의 사랑은 그 죽음을 두려워하지 않을 정도로 강력하다.

> 6너는 나를 도장 같이 마음에 품고 도장 같이 팔에 두라 사랑은 죽음 같이 강하고 질투는 스올 같이 잔인하며 불길 같이 일어나니 그

기세가 여호와의 불과 같으니라 [7]많은 물도 이 사랑을 끄지 못하겠고 홍수라도 삼키지 못하나니 사람이 그의 온 가산을 다 주고 사랑과 바꾸려 할지라도 오히려 멸시를 받으리라

— 아가 8:6-7

남자의 마음과 팔에 여자의 도장이 찍힌다는 것은 다른 사람이 넘보지 못하도록 그 소유권이 특별한 사람에게 한정되어 있다는 말이다. 사람의 생명을 상징하는 곳(마음)과 가장 가까이에 있던 도장처럼 여기서 여자는 사랑하는 남자와 가까이 있고 싶은 마음을 표현한다. 여기에는 이스라엘이 하나님의 사랑이듯 하나님 또한 이스라엘의 유일한 사랑이 되어야 한다는 사실이 진하게 배어 있다. 구약성서는 여러 곳에서 하나님과 이스라엘의 특별한 관계를 말해 주고 있다. '세계가 다 내게 속하였나니 너희가 내 말을 잘 듣고 내 언약을 지키면 너희는 모든 민족 중에서 내 소유가 되겠고'(출 19:5), '여호와께서 자기를 위하여 야곱 곧 이스라엘을 자기의 특별한 소유로 택하셨음이로다'(시 135:4) 등 구약성서는 신랑이신 하나님과 신부인 이스라엘 사이의 특별한 사랑을 강조하고 있다. 그 사랑은 많은 물, 즉 바닷물과 홍수로도 끌 수 없는 하나님과 이스라엘 사이의 불붙은 사랑, 죽음과 스올을 넘어서는 가장 큰 사랑인 것이다.

아가서는 전통적으로 유월절 기간, 즉 우리나라의 3-4월에 해당하는 니산Nissan월 15-21일에 읽혔다. 여기서 유월절 이야기와 함께 시작되는 고대 이스라엘의 출애굽 기간이 하나님과 이스라엘 사이의 긴밀한 사랑의 기간이었음을 생각해 볼 필요가 있다.

Ⅶ. 예언서

이사야-말라기

...unsere ...ießen und
...gewisse sey
...heit.
Diese heilige Hand-
lung, o Erlösete, helfe
euch Gott anwenden mit
wahrer Andacht ver-
richten. Ihr müsset
schon durch Gebeth
und Selbstprüfung
dazu vorbereitet seyn,
und mit unverstellter
Reue über eure Sün-
den, mit aufrichtigem
Verlangen nach der
Barmherzigkeit Got-
tes in Christo
und mit ...

...oft als wir lei... werden
...chem werden zu
die Glauben an
und Menschwerdung
so den Tod Christi,
hat er uns ein be-
sondres Gedächtniß
und eine feyerliche
Verkündigung seines
Todes, so oft wir wol-
len, befohlen, daß wir
äußerlich im
Sacrament, der Ver-
verborgen, ...
Glauben an ...

8세기 예언자

아모스

문서 이전 예언자들의 등장은 대개 역사적인 순서를 따르고 있으나, 문서 예언자들의 경우는 그렇지 않다. 이들은 북이스라엘이 멸망하기 직전인 기원전 8세기에 등장하기 시작했다. 그렇다면 첫 번째 문서예언자는 누구일까? 그는 북이스라엘에서 활동했던 아모스Amos이다. 우리말 성서에서 아모스서는 세 번째로 등장하는 소예언서이지만, 아모스는 모든 문서예언자 중에서 가장 먼저 활동을 시작한 예언자이다.

아모스는 남유다 드고아Tekoa 출신이지만, 그가 활동하던 장소는 북이스라엘이다. 아모스는 기원전 750년경 북이스라엘의 여로보암 2세 때에 북이스라엘의 성소가 있는 벧엘을 중심으로 활동했다. 당시 여로보암 2세는 요아스의 아들로 41년 동안이나 치리했지만 여호와께서 보시기에 악한 왕이었다(왕하 14:23-29). 아모스가 활동하던 이 시기는 정치, 경제, 군사적인

Francesco Rosselli & Baccio Baldini, 〈예언자 아모스〉, 《Prophets and Sibyls》 삽화, 1480-1490년.

면에서 북이스라엘이 가장 번성하던 시기였으나, 종교적인 면과 도덕적인 면에서는 부패와 타락이 극심하던 때였다. 아모스는 당시 '사람들이 은을 받고 의인을 팔며 신발 한 켤레를 받고 가난한 자를 팔며'(암 2:6), 이스라엘의 상류층이 '상아 상에 누워 비파소리를 들으며 대접으로 포도주를 마시며 귀한 기름을 몸에 바르는'(암 6:4-6) 사회적 부패와 부조리를 신랄하게 비판하고 나섰다.

경제적으로 윤택하고 군사적으로 막강한 이스라엘의 삶의 배후에는 무너진 사회 기강과 윤리적인 부패가 자리 잡고 있었다. 아모스의 눈에는 북이스라엘에서 가난한 사람들이 착취를 당하고, 어려운 사람들이 압제를 받으며(암 2:6-7; 3:10; 4:1; 5;11; 8:4-6), 정의가 공평하게 행해지지 않는 것이 보였다(암 5:7; 5:11). 반면 부자들은 화려하고 사치스러운 생활에 젖어 있으면서, 계절별로 겨울궁, 여름궁, 상아궁 등 화려한 별장에 살았고, 남녀 간에는 무절제한 성생활이 난무했으며, 하나님의 뜻과 가난한 자를 생각하지 않았다(암 6:3-6). 자연히 그들의 신앙생활에는 생명력이 없었고 기계적인 의식으로 대신하는 것만 횡행했을 뿐이다(암 4:4-5; 5:4-5; 8:11-14). 아모스서에 나오는 충격적인 말씀 중 하나는 하나님이 신앙의 생명력을 잃은 이스라엘이 지키는 각종 절기와 드리는 제사를 받지 않으신다는 것이다.

> [21]내가 너희 절기들을 미워하여 멸시하며 너희 성회들을 기뻐하지 아니하나니 [22]너희가 내게 번제나 소제를 드릴지라도 내가 받지 아니할 것이요 너희의 살진 희생의 화목제도 내가 돌아보지 아니하리라 [23]네 노랫소리를 내 앞에서 그칠지어다 네 비파소리도 내가 듣지 아니하리라 [24]오직 정의를 물 같이 공의를 마르지 않는 강 같이 흐르게 할지어다
>
> — 아모스 5:21-24

하나님이 이스라엘의 절기들을 미워하고 사람들이 드리는 번제나 소제를 받지 않으신 이유가 무엇일까? 그것은 이스라엘의 예배와 삶이 하

나가 되지 않았기 때문이다. 본디 예배(제사)란 '섬김'이라는 뜻을 지닌 히브리어 '아바드avad'에서 나온 말이다. 아바드는 흔히 영어의 서비스service로 번역되곤 한다. 이 서비스가 하나님을 대상으로 할 때는 예배라는 의미가 되지만, 사람을 대상으로 할 때는 섬김과 돌봄을 의미한다. 그러므로 눈에 보이지 않는 하나님을 향한 예배는 눈에 보이는 사람을 향한 돌봄과 섬김으로 구체화되어야 한다. 그러나 아모스의 눈에 비친 이스라엘 사람들은 가난하고 힘없는 이웃들을 배척하면서 하나님께 드리는 예배를 자신들의 행복을 위한 수단으로 생각하던 사람들이었을 뿐이다. 이런 상황에서 아모스는 사회정의를 이루자고 외치며(암 5:14-15; 5:24), 일상생활에서 하나님을 버린 삶은 아무리 많은 예배와 예물이 동원된다 해도 하나님을 기쁘게 할 수 없다는 사실을 선포하고 있는 것이다. 일반적으로 아모스를 '정의의 예언자'라 부르는 이유가 바로 이 때문이다. 아모스의 예배 비판은 여기에서 그치지 않는다.

> [4]너희는 벧엘에 올라가서 범죄하며 길갈에 가서 죄를 더하며 아침마다 너희 희생을, 삼일마다 너희 십일조를 드리며 [5]누룩 넣은 것을 불살라 수은제를 드리며 낙헌제를 소리내어 선포하려무나 이스라엘 자손들아 이것이 너희가 기뻐하는 바니라 주 여호와의 말씀이니라
>
> — 아모스 4:4-5

벧엘과 길갈은 북이스라엘의 대표적인 예배장소이다. 그는 이스라엘 백성이 벧엘과 길갈에 올라가서 드리는 예배(제사)를 범죄로 규정하기까지 한다. 이는 아모스가 하나님께 드리는 예배를 무시하는 것이 아니다.

그는 예배 자체를 거부하는 것이 아니라, 사회적인 불의를 저지르며 살고 있으면서도 그것이 예배에는 아무런 문제가 되지 않는다고 생각하는 점을 꾸짖고 있는 것이다. 그렇게 사회적 불의와 한데 버무려진 예배는 하나님과는 아무런 상관없이 그저 '너희가 기뻐하는' 행위에 지나지 않을 뿐이다.

아모스서 후반부(암 7-9장)에는 다른 예언의 말씀들과 함께 다섯 가지의 환상에 대한 이야기가 등장한다. 처음 세 가지 환상은 메뚜기(암 7:1-3)와 불(암 7:4-6), 다림줄(암 7:7-9)이고, 이어 여름 과일 한 광주리(암 8장)와 제단 위에 계신 하나님(암 9장)에 대한 환상이 등장한다.

아모스가 본 첫 번째 환상은 메뚜기 떼였다. 고대 근동에서 메뚜기로 인한 피해는 빈번한 일이었지만, 아모스는 이 재난을 단순한 자연현상이 아니라 하나님의 심판으로 보았다. 두 번째 환상은 큰불이었다. 마치 바다를 삼키며 육지를 삼켜 버릴 듯한 불이었다. 세 번째 환상은 다림줄 환상이었다. 아모스는 쓰러질 듯이 비뚤어져 서 있는 담벽 옆에 다림줄을 들고 재고 계시는 하나님을 본다. 앞서 등장한 메뚜기나 불은 구약성서에서 흔히 등장하는 하나님의 징벌 도구이다.

그렇다면 다림줄이란 무엇인가? 다림줄은 목수가 담을 쌓을 때 벽이 수직을 유지하도록 돕는 일종의 측량 도구를 말한다. 종합하면, 이스라엘 백성이 하나님의 다림줄에서 너무 벗어나 있어서 어쩔 수 없이 헐어 버려야 할 성벽이 되어 버린 것이다. 아모스가 본 네 번째 환상은 더 독특하다. 바로 잘 익은 여름 과일 광주리였다. 하나님은 아모스에게 여름 과일 한 광주리를 보여 주시면서 '내 백성 이스라엘의 끝이 이르렀은즉 내가 다시는 그를 용서하지 아니하리라'(암 8:2)고 말씀하신다. 왜 하나님은 이스라엘에 대한 심판을 말씀하시면서 여름 과일 광주리를 보여 주셨을까? 그것은 히브리어에서 여름 과일에 해당하는 단어 '카이츠qayits'와 종말에 해당하는 단어 '케츠qets'의 철자법과 발음이 거의 비슷하기 때문이다. 그래서 아모스는 여름 과일을 보면서 이스라엘의 종말을 연상했던 것이다. 무르익은 과일처럼 모든 것이 부족하지 않은 풍성한 삶을 살아가고 있는 사람들에게 오히려 그 끝이 무르익었음을 경고하고 있는 것이다.

이어 아모스는 성전 안의 제단 앞에 서 있을 때 마지막 환상을 보며 하나님의 음성을 듣게 된다. 그것은 하나님이 직접 이스라엘을 심판하실 것이고 아무도 하나님의 심판을 피하지 못하리라는 것이었다. 이스라엘 사람들에게 있어서 성전은 늘 하나님께 예배드리고 하나님을 만나는 장소였지만, 하나님은 바로 그 성전에서 심판을 시작하신다는 것이다. 아모스가 본 다섯 가지 환상들은 모두 이스라엘의 죄 때문에 닥칠 하나님의 심판을 의미했다. 하나님은 이미 오래 전부터 이스라엘과 특별한 관계를 맺으시고 이스라엘을 사랑하셨으나 이스라엘이 이 특별한 관계와 사랑을 먼저 깨뜨렸기 때문에 하나님은 이스라엘의 절기와 제사들을 뿌리치시고 벌하실 수밖에 없다는 것이다. 부패한 이스라엘을 향해 하나님의 말씀을 사자후처럼 거침없이 선포한 아모스의 예언은 무시무시한 경고의 말씀 그 자체였다. 이스라엘은 하나님께서 '땅의 모든 족속 가운데서 너희만을 알았다'고 하실 만큼(암 3:2) 귀하게 선택받은 민족이었다. 그러나 그렇게 선택받았다는 것은 동시에 선민으로서의 특별한 책임이 있음을 의미했다. 아모스는 선택받은 하나님의 백성 이스라엘이 반드시 하나님의 백성답게 곧게 서는 날을 기대하면서 궁극적인 희망의 말씀으로 끝을 맺는다.

[14]내가 내 백성 이스라엘의 사로잡힌 것을 돌이키리니 그들이 황폐

한 성읍을 건축하여 거주하며 포도원들을 가꾸고 그 포도주를 마시며 과원들을 만들고 그 열매를 먹으리라 [15]내가 그들을 그들의 땅에 심으리니 그들이 내가 준 땅에서 다시 뽑히지 아니하리라 네 하나님 여호와의 말씀이니라

— 아모스 9:14-15

아모스서의 마지막을 장식하는 이 말씀에는 자신의 백성이 세상에서 맡겨진 역할을 충실히 감당하기를 바라시는 하나님의 마음이 고스란히 배어 있다. 부패한 이스라엘 속에서 한 줄기 희망을 소망하고 있는 이 말씀은 1948년 5월 14일, 이스라엘의 독립기념일에 초대 수상이었던 벤 규리온Ben Gurion이 앞으로 펼쳐질 이스라엘에 대한 희망을 품으며 읽은 말씀이기도 하다.

호세아

열두 권의 소예언서 중 가장 먼저 등장하는 호세아Hoshea는 북이스라엘에서 활동한 8세기의 예언자이다. 북이스라엘에서 활동한 문서예언자는 아모스와 호세아 둘뿐이다. 그런데 아모스의 고향이 남유다의 드고아였던 점을 생각해 볼 때(암 1:1), 호세아는 문서예언자들 중 유일하게 북이스라엘 출신이라고 할 수 있다. 북이스라엘은 여로보암 2세가 죽은 후, 정치적 번영기가 끝나고 극도로 혼란한 시기에 접어들었다. 호세아는 이러한 이스라엘의 혼란을 단순히 정치적인 아노미 현상으로 보지 않고 이스라엘의 영적인 질병 상태에서 그 원인을 찾았다. 같은 시대, 같은 나라에서 활동한 아모스의 예언이 주로 사회적인 불의social violence를 질타했던 반면,

Lieven van Lathem, 〈예언자 호세아와 그 아내 고멜〉, 《Master of Catherine of Cleves》 삽화, 15세기.

호세아는 이스라엘의 혼란과 부패 중에서도 특히 종교적인 부패, 즉 우상 숭배 문제에 관심을 갖고 비판한다.

호세아는 하나님의 명령에 따라 특이한 결혼생활을 한 사람으로 유명하다. 7세기의 예언자 예레미야는 하나님의 명령에 따라 평생을 독신으로 산 반면, 호세아는 결혼하라는 하나님의 말씀에 순종함으로써 그의 예언생활을 시작한다. 하지만 그 결혼생활은 처음부터 '행복'과는 거리가 먼 일이었다. 그 이유는 하나님께서 호세아에게 '음란한 여자'를 아내로 맞이하여 '음란한 자식들'을 낳으라고 했기 때문이다(호 1:2). 음란한 여자를 만나 음란한 자식을 낳으라니! 호세아는 이해하기 힘든 하나님의 명령 때문에 고멜Gomer이라는 여인과 결혼하여 세 자녀를 낳고 각각 이스르엘Jezereel(호 1:4), 로루하마Lo-Ruhamah(호 1:6), 로암미Lo-Ammi(호 1:9)라는 이상한 이름을 짓는다. 이 이름들은 호세아가 아닌 하나님께서 지어 주신 이름들이다. 전통적으로 이스라엘의 곡창지대였던 이스르엘은 피비린내 나는 전쟁이 잦은 곳이었다. 더구나 아합과 이세벨이 별궁을 확장하고 싶은 욕심 때문에 죄 없는 나봇을 죽여 그 피를 흘린 곳이었고, 여로보암 2세의 증조부였던 예후가 아합의 온 집안을 잔인하게 죽인 곳이기도 했다. 따라서 당시로서는 곡창지대의 이미지보다는 '피바다' 같은 이미지가 훨씬 짙은 이름이었다. 딸 로루하마는 '긍휼히 여기지 않겠다'는 뜻을 지닌다. 하나님은 이 이름을 지어 주시면서 이스라엘 족속을 긍휼히 여겨서 용서하지 않겠다고 하신다. 막내아들 로암미는 '내 백성이 아니다'라는 뜻을 담고 있다. 하나님은 이스라엘을 자신의 백성으로 인정하지 않고 당신 또한 이스라엘의 하나님이 되지 않겠다고 하신다. 호세아 개인의 입장에서 볼 때는 다른 남자의 품에 안겨 있던 고멜이 낳은 아들이었기에 그가 자신의 아들이 아닐 수 있다는 뜻을 담고 있다고 하겠다. 음란한 여인이란 호세아 당시에 성적 방탕으로 유명했던 여인을 지칭한다기보다는 영적 음란에 젖어 버린 이스라엘의 모습을 상징적으로 가리키는 말이다. 호세아와 고멜 사이에 태어난 세 자녀의 이름 역시 배역한 이스라엘을 긍휼히 여기시고, 자신의 백성으로 삼고 싶어 하시는 하나님의 안타까운 마음을 역설적으로 대변하고 있다. 호세아의 가정생활이 정상이 아니듯 하나님과 이스라엘 사이의 관계는 이미 오래전부터 정상이 아니었던 것이다.

이러한 호세아의 불행한 결혼생활은 하나님과 이스라엘의 관계를 상징하는 예언자의 상징 행동prophetic symbolic actions에 해당한다. 구약의 예언자들은 비단 입술로만 하나님의 말씀을 전한 것은 아니다. 예언자들은 일반 사람들이 볼 때에는 이해하기 힘든 비정상적인 행동을 하기도 한다. 예를 들면 이사야는 삼 년 동안 벌거벗은 몸으로 생활하면서 포로로 잡혀가는 이스라엘의 모습을 나타냈고, 예레미야는 베띠를 사서 강가 바위틈에 묻어 두고 썩어서 쓸 수 없게 만드는가 하면, 토기장이의 옹기를 사서 '힌놈의 아들'이라는 골짜기에 가서 깨뜨렸다. 예언자들의 이러한 행동들은 말로는 다 표현하지 못하는 하나님의 메시지를 상징적인 행동으로 대변한 것들이다. 호세아 또한 고멜이라는 정체모를 음란한 여인과의 결혼생활을 통해 하나님에 대한 이스라엘의 부정한 신앙생활을 보여 주고 있는 것이다.

호세아서에 나타나는 하나님은 이스라엘을 사랑하여 그에게 장가드신 분이다(호 2:19-20). 본디 이스라엘은 긍휼히 여겨지지 않고, 하나님의 백성이 아니었던 자들이었다. 그러나 하나님이 이스라엘에게 장가든 사건은 이스라엘을 그 땅에서 자리 잡게 하였고, 긍휼히 여겨지지 않던 자(로루하마)가 긍휼히 여겨지는 일이 되었고(루하마), 하나님의 백성이 아니었던 자(로암미)에게 하나님의 백성(암미)이라는 선언을 불러일으켰다. 그런 하나님이 이스라엘에게 듣고 싶은 말은 '주는 내 하나님이시라'는 고백이었다(호 2:23).

호세아는 이스라엘이 이와 같이 우상숭배에 젖어 있는 것은 이스라엘에게 세 가지 중요한 요소가 없기 때문이라고 말한다.

> [1]… 이 땅에는 진실도 없고 인애도 없고 하나님을 아는 지식도 없고… [6]내 백성이 지식이 없어 망하는도다 네가 지식을 버렸으니 나도 너를 버려 내 제사장이 되지 못하게 할 것이요 네가 네 하나님의 율법을 잊었으니 나도 네 자녀들을 잊어버리리라
>
> — 호세아 4:1, 6

'진실'과 '인애', 그리고 '하나님을 아는 지식'이 바로 그것이다. 진실이란 하나님에 대한 변치 않는 신실함을 말하고, 인애란 하나님에 대한 이스라엘의 사랑을 말한다. 그리고 마지막으로 하나님을 아는 지식이란 하나님에 대한 절대적인 순종과 충성을 말한다. 이 세 가지 중에서 호세아가 가장 많이 강조하고 있는 것은 바로 '하나님을 아는 지식'이다. 이스라엘이 저지르는 모든 죄의 근원은 하나님을 아는 지식을 잃어버렸기 때문이라는 것이다. 여기서 '안다yadah'라는 말은 단순한 지적 인지를 말하는 것이 아니다. 이 말은 부부간의 성생활을 가리키는 말이기도 하지만, 하나님이 이스라엘을 아신다는 말은 이스라엘을 당신의 백성으로 선택하시고 보호하시며 은총을 베풀어 주신다는 말이고, 이스라엘이 하나님을 안다는 말은 바알들을 비롯한 다른 우상들을 섬기지 않고 유일하신 참 하나님 한 분만 절대적으로 믿고 섬긴다는 것을 의미한다.

지식이란 '알아 감'이다. 하나님을 알아 감이 하나님에 대한 지식이다. 이스라엘에게 장가드신 하나님을 알아 감이다. 부부의 사랑만큼이나 순결한 앎이다. 무지함도 무서운 일이지만, 잘못 아는 것은 더 위험하다. 백성에게 하나님에 대해 가르칠 책임이 있었던 제사장들의 불신실함이 백성과 그 후손들로 하여금 하나님을 전혀 모르는 사람들로, 잘못 알고 있

으면서도 그 사실을 깨닫지 못하는 이상한 백성으로 만들어 버리고야 말았다. 급기야 하나님은 자기를 모르는 이스라엘 백성을 자신도 잊어버리겠다고 선언하신다. 그래서 호세아는 이스라엘로 하여금 '우리가 여호와를 알자 힘써 여호와를 알자'고 역설한다(호 6:1, 3). 그리고 구약의 다른 예언자들과 마찬가지로 호세아도 이스라엘의 예배에 대해 혹독한 질타를 가한다.

> 에브라임은 죄를 위하여 제단을 많이 만들더니 그 제단이 그에게 범죄하게 하는 것이 되었도다
>
> — 호세아 8:11

본디 제단이란 죄를 용서받기 위해 만들어 둔 장소가 아니던가? 하나님께 예배를 드리면서 죄를 씻는 곳이 오히려 더 많은 죄를 양산하는 장소가 되어 버리고야 말았다. 참으로 이상한 일은 하나님을 모르는 이스라엘 백성이 하나님께 제사를 드리고 있다는 사실이다. 그런데 그것은 잘못된 제사였다. 하나님은 그들의 제물과 제사를 기뻐하기는커녕 오히려 그들의 죄악을 기억하시고, 심지어는 애굽에서 해방시키신 자기 백성을 다시 애굽으로 돌려보내려고까지 하신다(호 8:13). 하나님을 모르면서 안다고 착각하는 이들이 드리는 제사는 범죄에 지나지 않았던 것이다. 이스라엘은 바로 알아야 했다. 하나님이 참으로 원하시는 것은 하나님을 바로 알고 사랑하는 것이지, 각종 진귀한 고기로 넘쳐나는 제사가 아니었음을 말이다.

호세아는 북이스라엘의 여러 제단들을 혹독하게 비판하면서 벧아웬Bethaven이라는 낯선 지명을 몇 번 사용한다(호 4:15; 5:8; 10:5). 이 지명이 여

호수아서(수 7:2; 18:12)와 사무엘상(삼상 13:5; 14:23)에서 각각 두 번씩 등장하고 있긴 하지만, 그것들은 호세아가 말하는 벧아웬과는 다르다. 호세아가 말하는 벧아웬이란 벧엘(하나님의 집)을 말한다. 벧엘은 일찍이 이스라엘 민족의 조상 야곱이 하나님을 만나는 경험을 하고 그 하나님을 두려워하는 마음으로 기둥을 세우고 기름을 부어 거룩하게 한 장소였다(창 28:16-19). 이후로 벧엘은 이스라엘의 역사 속에서 성소로서의 중요한 의미를 간직해 왔다(삿 20:18; 삼상 10:3; 암 5:5 등). 그러나 북이스라엘의 왕 여로보암 1세는 이곳에 하나님의 임재를 대신하는 황금송아지를 만들었고, 북이스라엘의 많은 우상숭배 제단들을 대표하는 곳이 되어 버렸다. 호세아는 이미 '하나님의 집'으로서의 기능을 상실해 버린 벧엘을 비꼬아 벧아웬(악의 집)으로 부르고 있는 것이다.

우상숭배에서 떠나지 않는 이스라엘을 향해 마땅히 이혼을 선언하고 뒤돌아서야 할 것이거늘, 호세아의 메시지는 이스라엘에 대한 심판 선언으로 끝나지 않는다. 이스라엘을 향한 하나님의 사랑은 하나님의 마음 안에서 불붙듯 일어나는 긍휼로 나타난다.

> [8]에브라임이여 내가 어찌 너를 놓겠느냐 이스라엘이여 내가 어찌 너를 버리겠느냐 내가 어찌 너를 아드마 같이 놓겠느냐 어찌 너를 스보임 같이 두겠느냐 내 마음이 내 속에서 돌이키어 나의 긍휼이 온전히 불붙듯 하도다 [9]내가 나의 맹렬한 진노를 나타내지 아니하며 내가 다시는 에브라임을 멸하지 아니하리니 이는 내가 하나님이요 사람이 아님이라…
>
> — 호세아 11:8-9

여기서 '에브라임'과 '이스라엘'은 같은 표현이다. 에브라임은 원래 요셉의 둘째 아들의 이름이지만, 이스라엘 민족을 형성하는 지파의 이름이기도 하다. 르호보암 시대에 왕국이 남북으로 분열되었을 때 북이스라엘의 열 지파 중에서 가장 강력한 힘을 지니고 있었기 때문에 흔히 북이스라엘을 에브라임이라고도 부른다. 그렇다면 '아드마Admah'와 '스보임Zeboiim'은 무엇인가? 이 이름들은 일찍이 하나님이 유황과 불로 진멸한 소돔과 고모라 인근에 자리를 잡고 있던 도시들이다(창 10:19; 14:2; 14:8). 이 두 도시의 죄악 또한 소돔과 고모라와 다르지 않아 함께 멸망당할 수밖에 없었다.

> 그 온 땅이 유황이 되며 소금이 되며 또 불에 타서 심지도 못하며 결실함도 없으며 거기에는 아무 풀도 나지 아니함이 옛적에 여호와께서 진노와 격분으로 멸하신 소돔과 고모라와 아드마와 스보임의 무너짐과 같음을 보고 물을 것이요
>
> — 신명기 29:23

하나님이 이스라엘을 아드마와 스보임처럼 다루지 않겠다는 말은 소돔과 고모라처럼 멸망시키지는 않겠다는 의미가 된다. 그 이유가 이스라엘의 남편이 사람이 아니라 하나님이시기 때문이라고 하신다. 이런 생각을 해 본다. 하나님이 하나님이어서 참 다행이라고 말이다. 호세아와 결혼한 음란한 여자 고멜이 과연 특정인을 가리키는 말이었을까? 그리고 음란한 여인과 결혼했다고 해서 그 자식들 역시 음란하다고 규정하는 일이 과연 가능한 일일까? 그들도 분명 처음부터 음란한 아내, 음란한 자식들은 아니었을 것이다. 하나님의 큰 사랑을 받으면서도, 그 사랑을 이용하거나

빗겨 가기 시작하면서 잘못된 사랑에 빠지고 배역背逆의 길로 걸어갔을 것이다. 벧엘을 벧아웬으로 변질시키고 현대판 바알로 대변되는 돈, 권력, 명예를 하나님보다 더 사랑하는 인간의 모습이 고멜과 이스라엘의 모습이 아니던가? 다행스러운 것은 고멜을 포기하지 않은 호세아처럼, 이스라엘을 사랑하신 하나님이 지금의 우리도 역시 당신의 아내로 맞아 사랑하신다는 사실이다. 마치 우리 외에는 아무도 사랑할 사람이 없는 것처럼 말이다.

> 내가 이해할 수 없는 가장 놀라운 신비 하나는 하나님이 나를 사랑한다는 사실이다. 나를 사랑하시되 마치 사랑할 사람이 나밖에 없는 것처럼 나를 사랑하신다.
>
> — 아우구스티누스

이사야

남유다에서 활동한 이사야Isaiah는 웃시야, 요담, 아하스, 그리고 히스기야에 이르기까지 4대 왕에 걸친, 구약의 문서 예언자들 중에서 가장 오랜 기간 동안 예언 활동을 한 기원전 8세기의 예언자이다. 그는 결혼하여 가정생활을 꾸렸는데 아내 역시 예언자였고, 두 아들에게는 스알야숩(남은 자는 돌아오리라)과 마헬살랄하스바스(노략이 속히 임할 것이다)라는 상징적인 이름을 지어 주었다(사 7-8장).

이사야는 성전에서 천상회의에 참여하는 환상 가운데 예언자로 부름을 받는다. 그 천상회의에는 보좌에 앉으신 이(하나님)가 있었고, 스랍Seraphim들은 하나님의 거룩하심을 세 번 외쳤다. '거룩하다, 거룩하다, 거룩하다'라는 외침이 세 번 반복된 것은 하나님의 거룩하심을 강조하는 것이다. 너무도 거룩하신 하나님의 영광(임재) 앞에서 스랍들은 자신의 얼굴과 발을 가렸다. 하나님의 영광은 천사들조차도 감히 쳐다볼 수 없었고, 발을 가렸다는 것은 벌거벗은 하체를 가렸다는 일종의 완곡어법euphemism이다. 구약성서는 죄인인 인간이 거룩하신 하나님의 얼굴을 보면 반드시 죽을 수밖에 없다고 말한다(출 33:20). 이사야가 '화로다 나여 망하게 되었도다… 만군의 여호와이신 하나님을 뵈었음이로다'라고 했던 것은 바로 이 때문이다. 너무도 거룩한 이의 영광을 본 이사야는 본디 죽었어야 했지만, 스랍 중의 하나가 부젓가락으로 제단의 숯불을 가지고 와서 이사야의 입술에 대며 '네 악이 제하여졌고 네 죄가 사하여졌다'고 말한다. 분향단에 핀 숯이 있던 것으로 보아 아마 이사야는 성전에서 기도하던 중에 이와 같은 환상을 경험했던 것으로 보인다. 하나님의 부르심을 직접 들은 것은 바로 이 순간이었다.

> 내가 또 주의 목소리를 들으니 주께서 이르시되 내가 누구를 보내며 누가 우리를 위하여 갈꼬 하시니 그 때에 내가 이르되 내가 여기 있나이다 나를 보내소서 하였더니
>
> — 이사야 6:8

이사야의 예언을 이해하기 위해서는 그의 시대에 있었던 두 번의 전쟁을 먼저 이해해야 한다. 그 하나는 기원전 735년, 북이스라엘이 아람과 동맹을 맺고 남유다를 공격한 시리아-에브라임 전쟁이다. 아람과 북이스라엘이 동맹을 맺어 신흥 앗수르 제국에 대항하려 했고, 남유다에게도 동맹에 가담할 것을 요구했으나 남유다는 이를 거절했다. 이것이 빌미가

Michelangelo, 〈예언자 이사야〉, 시스티나 예배당 천장화 일부, 1508-1512년.

되어 유다는 동맹을 맺은 두 나라의 공격을 받게 된 것이다. 풍전등화風前燈火 같은 위기 상황에서 이사야는 하나님 한 분만 굳게 믿으라고 선포한다.

… 만일 너희가 굳게 믿지 아니하면 너희는 굳게 서지 못하리라

— 이사야 7:9

하나님 안에서 스스로를 굳게 하는 믿음이 없으면 너희가 스스로를 지속시킬 수 없다는 이 말에 등장하는 '(너희가) 굳게 믿다'(타아미누)와 '(너희가) 굳게 서다'(테아메누)는 사실 같은 뿌리에서 나온 단어이다. 우리가 즐겨 사용하는 '아멘amen'도 여기에서 나온 말이다. 전쟁 중에 하나님을 믿으라고 외친 것은 이뿐만이 아니다. 하나님이 유다와 함께 하신다는 임마누엘Immanuel의 예언 역시 이 전란의 과정 중에서 주어진 말씀이다.

> 그러므로 주께서 친히 징조를 너희에게 주실 것이라 보라 처녀가 잉태하여 아들을 낳을 것이요 그의 이름을 임마누엘(하나님이 우리와 함께 하신다)이라 하리라
>
> — 이사야 7:14

신약성서의 누가복음에서는 이 본문을 예수의 탄생과 연결 짓고 있으나, 사실 이는 하나님이 이스라엘과 함께하시기 때문에 북이스라엘과 아람의 연합군이 남유다를 침공한다고 해도 하나님을 의지하면서 이겨 낼 수 있다는 확신을 심어 주는 맥락에서 선포된 말씀이다. 그러나 어리석게도 아하스 왕은 앗수르의 왕 디글랏 빌레셀에게 원조를 요청했다. 디글랏 빌레셀은 곧바로 아람의 수도 다메섹을 점령하고 왕 르신을 죽였으며, 그 백성을 사로잡아 갔다(왕하 16:9). 또 북이스라엘의 북쪽 지역과 요단 동쪽 부분을 빼앗아 앗수르의 영토에 편입시켜 버렸다(왕상 15:29). 그러나 이것으로 다 끝난 것이 아니었다. 아하스 입장에서는 남의 나라의 힘을 빌어 생명을 유지했으니, 속국의 왕으로서 감사의 표시를 해야 했을 것이다. 그는 디글랏 빌레셀이 있는 다메섹으로 가서 '거기 있는 (이방) 제단을 보고 그 제단

의 모든 구조와 양식을 그려' 예루살렘에 있는 제사장 우리야에게 보낸다. 우리야는 왕의 명령대로 제단을 만들었다. 이로 인해 그때부터 하나님께 드리는 제물은 이방의 제단 위에 놓여지게 된다. 분명 아하스 왕은 하나님을 섬기는 백성의 전통을 지키고자 했을 것이지만 그가 드리는 제사는 앗수르의 본을 따라 만든 제단에서 드려질 수밖에 없었다.

남유다에게 닥친 또 한 번의 전란은 기원전 701년 히스기야 왕 때 일어났다. 당시 히스기야는 고대 근동을 처음으로 통일한 대제국 앗수르에 종속되기를 거부하며, 사라져 버린 옛 이스라엘 왕국 영토의 일부와 블레셋 도시들에 대한 지배권을 확장하려 했다. 이러한 히스기야의 정치 개혁 단행은 당연히 앗수르의 군사적 대응을 야기시켰다. 앗수르의 왕 산헤립은 남유다 전역을 공격하고 예루살렘을 포위했다. 이때 백성의 지도자들은 애굽과 동맹을 맺어 그 위기를 벗어나려 했으나, 이사야는 이번에도 외국의 힘을 빌리지 말고 철저하게 하나님만을 의지하고 믿으라고 선포한다.

> [1]도움을 구하러 애굽으로 내려가는 자들은 화 있을진저 그들은 말을 의지하며 병거의 많음과 마병의 심히 강함을 의지하고 이스라엘의 거룩하신 이를 앙모하지 아니하며 여호와를 구하지 아니하나니… [3]애굽은 사람이요 신이 아니며 그들의 말들은 육체요 영이 아니라 여호와께서 그의 손을 펴시면 돕는 자도 넘어지며 도움을 받는 자도 엎드러져서 다 함께 멸망하리라
>
> — 이사야 31:1, 3

히스기야는 아하스와는 달랐다. 그는 애굽에 도움을 요청하기보다

이사야를 통해 전해진 하나님의 말씀을 따랐고, 앗수르의 공격을 막아 내는 데에 성공했다. 역사적으로 남유다는 북이스라엘보다도 약한 나라였지만, 거대한 제국 앗수르의 대대적인 공격을 받고도 살아남았다는 점은 의미가 크다. 이사야의 예언대로 두 번의 전쟁 모두에서 예루살렘은 구원을 받은 것이다. 전쟁의 와중에서도 예언자 이사야는 하나님 한 분만 의지할 것을 외쳤기에 그에게는 '믿음의 예언자'라는 별명이 붙기도 한다.

이사야가 살았던 시대처럼 지금도 전쟁의 시대이다. 우리가 살아가는 세상은 과거 어느 때보다 많은 전쟁의 위협 가운데 놓여 있다. 칼과 총, 핵으로 싸우는 전쟁도 그러하거니와 이념과 자원을 둘러싼 전쟁 또한 가히 그 끝에 서 있다고 할 정도로 위험 수위를 넘고 있다. 두 번씩이나 경험했던 큰 전쟁에서 하나님 한 분만을 굳게 의지할 것을 외친 이사야는, 다른 어느 누구보다도 하나님이 이루실 평화를 크게 외친 예언자이기도 하다. 그 평화는 예루살렘에서 시작해서 온 세상으로 이루어가게 될 것이다(사 2:2-4). 비단 이스라엘 백성뿐만 아니라 세상의 많은 백성이 여호와의 산에 오르며 야곱이 만든 하나님의 전에 올라서 시온에서 흘러나오는 말씀을 맛보는 평화이다.

뉴욕에 있는 UN 빌딩 앞에는 1950년 노벨평화상을 수상한 미국의 정치인이자 외교관 랄프 번치Ralph Bunche의 이름을 딴 작은 공원이 있다. 당시 랄프 번치는 이스라엘과 팔레스타인 사이의 중재를 위해 노력한 공을 인정받아 노벨상을 수상했다. 겨우 의자 몇 개가 있는 작은 공원이지만, 이 공원 벽에는 예언자 이사야가 외쳤던 평화의 말씀 한 구절이 알파벳 대문자로 큼직하게 새겨져 있다.

> They shall beat their swords into plowshares, And their spears into pruning hooks: nation shall not lift up sword against nation, Neither shall they learn war any more.
> … 무리가 그들의 칼을 쳐서 보습을 만들고 그들의 창을 쳐서 낫을 만들 것이며 이 나라와 저 나라가 다시는 칼을 들고 서로 치지 아니하며 다시는 전쟁을 연습하지 아니하리라
>
> — 이사야 2:4

그가 꿈꾸었던 '다시는 전쟁을 연습하지 아니하는' 시대는 이제 우리에게 주신 사명으로 다가오고 있다.

이사야 40-55장에서 선포되는 이사야의 예언은 그 무대가 예루살렘이 아닌 바벨론으로 옮겨진다. 구약성서 역사 중에 이스라엘 민족이 겪은 가장 힘들고 어려운 경험은 단연 바벨론 포로기(기원전 587-538년)이다. 바벨론 제국의 왕 느부갓네살에 의해 유다 왕국이 패망하고 하나님의 성전이 있는 예루살렘이 불타 사라진 후 백성들의 일부는 바벨론으로 포로가 되어 끌려갔다. 남유다의 마지막 왕이었던 시드기야 또한 바벨론 군대에 의해 자식들이 목전에서 죽는 모습을 본 후 두 눈을 뽑히고 짐승처럼 끌려갔다. 예루살렘에 남아 있는 백성들의 상황 역시 처참하기 그지없었다. 자신들을 보호해 줄 나라가 없는 백성의 삶은 이미 그 사람다움을 상실하고 있었다. 굶주림에 지친 상황에서 급기야 자신의 아이를 삶아 먹는 이들까지 속출하게 되었다(애 4:10). 이사야 40-55장은 바벨론에 포로로 끌려와 살고 있는 포로민들에게 주시는 하나님의 말씀을 담고 있다. 이처럼 끔찍한 바벨론 포로기의 시작과 함께 선지자 이사야가 전한 첫 말씀은 바로 '내 백성

을 위로하라'는 것이었다.

> 너희의 하나님이 이르시되 너희는 위로하라 내 백성을 위로하라 너희는 예루살렘의 마음에 닿도록 말하며 그것에게 외치라 그 노역의 때가 끝났고 그 죄악이 사함을 받았느니라…
>
> — 이사야 40:1-2

그런데 이 말씀은 이사야 40장 이전의 말씀과는 확연히 다른 것이었음을 주목할 필요가 있다. 이사야 1-39장의 말씀은 예루살렘의 멸망 이전의 상황을 묘사하면서 이스라엘에 대한 하나님의 심판이 곧 닥칠 것이라 전하는 예언자의 외침으로 가득 차 있다. 그러한 예언자의 절규 속에는 자신이 전하는 하나님의 심판이 실제로 일어나지 않기를 바라는 간절한 소원이 배어 있었다. 그러나 이스라엘의 죄로 인해 예언자가 그토록 걱정했던 재난, 곧 왕국이 무너지고 성전이 불에 타고, 예루살렘이 황량한 폐허가 되는 일이 정말로 일어나고야 말았다. 이미 멸망한 백성을 향한 이사야의 외침은 더 이상 자기 백성을 향한 심판을 담지 않는다. 이제부터는 위로와 희망의 말씀을 전하게 된 것이다.

형언할 수 없는 고난을 당해 본 적이 있는가? 그 누군가의 진심 어린 위로마저 전혀 도움이 되지 않는 그런 고난을 당해 본 적이 있는가? 이스라엘이 당한 고난은 사람의 위로가 통할 수 없는 고난이었다. 이스라엘은 이미 사람의 경험과 지혜로는 치료할 수 없는 아픔 속을 헤매고 있었던 것이다. 예언자 이사야의 말도 그들에게는 전혀 위로가 되지 못했다. 이때에 이스라엘의 진정한 위로자는 오직 한 분밖에 없었다.

> 하늘이여 노래하라 땅이여 기뻐하라 산들이여 즐거이 노래하라 여호와께서 그의 백성을 위로하셨은즉 그의 고난 당한 자를 긍휼히 여기실 것임이라
>
> — 이사야 49:13

> 이르시되 너희를 위로하는 자는 나 곧 나(여호와 하나님)이니라…
>
> — 이사야 51:12

포로기 이후의 이사야는 이스라엘을 위로하시는 하나님에 대해 거듭 강조하고 있다. 이스라엘의 하나님, 그분이 직접 이스라엘을 위로하고 있다! 그 위로는 사람의 위로처럼 허무하지 않았다. 그분의 위로는 말씀으로만 그친 것이 아니었다. 드디어 끝을 헤아릴 수 없이 아팠던 고난의 기간, 사람의 모든 희망이 사라져 버린 것 같은 그 암울한 포로 기간도 결국은 신흥 바사 제국의 등장과 함께 마무리되었던 것이다. 그것은 이스라엘의 힘으로 된 일이 아니었다. 이스라엘을 떠나 버린 줄 알았던 하나님이 사실은 그 백성과 함께 계셨고, 하나님은 하나님의 때를 기다리고 계셨던 것이다. 하나님은 바사 왕 고레스를 들어 바벨론 제국을 역사 속으로 사라지게 하시고 포로와 난민으로 살아가던 이스라엘을 구원하셨다. 이스라엘의 역사와 함께 해 오신 하나님, 자기 백성의 패망을 보면서 누구보다도 통곡하셨던(사 22:4) 그 하나님이 이스라엘의 진정한 위로자이셨던 것이다.

미가

미가Micah 예언자는 이사야처럼 웃시야 왕의 죽음 후 격동하는 혼란

기에 활동한 8세기의 마지막 문서예언자이다. 이사야와 미가는 모두 남유다에서 활동했으나, 몇 가지 점에서 차이가 난다. 우선 이사야가 남유다의 수도 예루살렘에서 활동한 귀족적인 예언자였다면, 미가는 지방의 서민적인 예언자였다. 흔히 미가를 농촌 예언자라고 부르는 것은 그가 모레셋 Moresheth이라는 유다의 작은 지방 출신이었기 때문이다. 모레셋은 예루살렘 남방 40km 즈음, 블레셋 평지를 굽어보는 곳에 있는 국경지대의 작은 촌락이었다. 국경지대에 위치하고 있었기 때문에 북이스라엘을 멸망으로 이끈 시리아-에브라임 전쟁 때에 어려움을 겪은 지역이었고, 기원전 701년 앗수르 왕 산헤립이 남유다를 침략해 왔을 때에도 수난을 당한 곳이다(미 5:4). 이사야와 미가의 예언에서 가장 큰 차이는 남유다의 수도인 예루살렘의 존립에 대한 것이었다. 이사야는 예루살렘은 하나님이 함께하시는 도시이기 때문에 절대로 무너지지 않는다고 보았으나, 미가는 예루살렘도, 심지어 성전까지도 하나님의 심판에서 예외가 될 수 없다고 선언했다.

미가보다 약 백 년 후에 활동한 예언자 예레미야를 잠시 살펴보자. 기원전 587년, 바벨론 왕 느부갓네살의 대대적인 예루살렘 침략 직전, 예언자 예레미야는 예루살렘 성전에서 '내가(하나님) 이 성전을 세계 모든 민족의 저줏거리가 되게 하리라'는 하나님의 말씀을 전했다. 성전이 무너지고 저줏거리가 될 것이라는 이 유명한 성전 설교를 들은 유다 백성과 거짓 예언자들을 비롯한 지도자들은 즉각 분노하여 예레미야를 죽이려 했다. 그러나 예레미야는 죽임을 당하지 않았다. 그때 지방의 장로들 중 몇 사람이 나서서 이런 말을 했기 때문이다.

> 18유다의 왕 히스기야 시대에 모레셋 사람 미가가 유다의 모든 백성

에게 예언하여 이르되 만군의 여호와께서 이와 같이 말씀하셨느니라 시온은 밭 같이 경작지가 될 것이며 예루살렘은 돌 무더기가 되며 이 성전의 산은 산당의 숲과 같이 되리라 하였으나 [19]유다의 왕 히스기야와 모든 유다가 그를 죽였느냐… 우리가 이같이 하면 우리의 생명을 스스로 심히 해롭게 하는 것이니라

— 예레미야 26:18-19

'시온은 밭 같이… 숲과 같이 되리라'는 말은 일찍이 미가가 예루살렘을 향해 선포했던 말씀이었다(미 3:12). 우리는 예루살렘과 그 성전이 완전히 파괴되리라는 미가의 무시무시한 예언이 이사야와 동시대를 살았던 남유다 백성들에게 얼마나 큰 충격을 주었는지에 대해 알 수 없다. 어쩌면 아무런 충격이 되지 못했을 것이고 사실상 잊혀져 간 말씀에 지나지 않았을 수 있다. 예루살렘이 어떤 곳이던가? 바로 얼마 전 하나님께서 앗수르 왕 산헤립의 대대적인 침략으로부터 지켜 주신 곳이 아닌가! 아마도 미가 예언자의 이 예언은 많은 사람들에게 한낱 비웃음거리밖에는 되지 않았을 것이다. 그러나 한 세기의 세월이 흐른 후 예언자 미가의 예언은 그 말씀을 기억하고 있던 장로들에 의해 다시 선포되었고, 죽음의 위협에 놓였던 위대한 예언자 예레미야의 목숨을 살려 낸 것이다.

그렇다면 미가는 왜 하나님의 도성 예루살렘이 무너지리라고 외쳤던 것일까? 그것은 남유다 지도층의 부패 때문이다. 미가는 지도층의 착취 행위를 강렬한 비유로 묘사한다. 미가의 눈에 비친 왕국의 지도자들은 '백성의 가죽을 벗기고 그 뼈에서 살을 뜯어 먹는 자들'이고, '다시 그 뼈를 꺾어 냄비와 솥에 담아 다져 먹는 자들'이었다(미 3:2-3). 선지자들과 제사장들

또한 다르지 않았다. 그들은 사람들이 가져오는 선물에 따라 하나님의 말씀을 다르게 선포하는 자들이었다(미 3:5). 푼돈을 받으면 불행한 미래를 예언하며 협박하다가, 큰돈을 받으면 희망과 환희에 찬 미래를 축복하는 자들이었다. 하나님의 말씀을 있는 그대로 전해야 할 예언자들은 이미 자신들의 숭고한 사명을 잊은 지 오래였다. 그들은 그저 돈과 삯에 따라 백성이 원하는 답변을 만들어 내는 장사꾼에 지나지 않았던 것이다.

> 그들의 우두머리들은 뇌물을 위하여 재판하며 그들의 제사장은 삯을 위하여 교훈하며 그들의 선지자는 돈을 위하여 점을 치면서도 여호와를 의뢰하여 이르기를 여호와께서 우리 중에 계시지 아니하냐 재앙이 우리에게 임하지 아니하리로라 하는도다
>
> — 미가 3:11

성서는 미가가 모레셋이라는 작은 시골 마을 출신이라는 것 외에는 그의 개인 신변에 대해 거의 아무것도 알려 주지 않는다. 일개 시골의 예언자에 불과했던 그가 어떻게 한 나라의 지도층들을 꾸짖고 예루살렘이 무너지리라는 엄청난 심판을 예언할 수 있었을까? 미가가 선포한 예언의 힘과 권위는 어디에서 나온 것일까? 그것은 미가 자신의 것이 아니라 하나님의 영으로 말미암은 것이었다.

> 오직 나는 여호와의 영으로 말미암아 능력과 정의와 용기로 충만해져서 야곱의 허물과 이스라엘의 죄를 그들에게 보이리라
>
> — 미가 3:8

작가 미상, 〈예언자 미가〉, 모스크바 수태고지 성당 벽화, 16세기 중반.

하나님의 영으로 선포하는 미가의 예언은 다른 8세기의 예언자들과 마찬가지로 하나님께서 인간에게 진정으로 요구하시는 것이 무엇인지에 대해 대답하고 있다. 예루살렘의 지도자들을 엄하게 꾸짖던 미가는 좋은 제물을 가지고 간다면 하나님을 만족시키는 제사를 드릴 수 있다는, 오랫동안 이어진 백성들의 잘못된 예배인식을 질책한다.

[6]내가 무엇을 가지고 여호와 앞에 나아가며 높으신 하나님께 경배
할까 내가 번제물로 일 년 된 송아지를 가지고 그 앞에 나아갈까
[7]여호와께서 천천의 숫양이나 만만의 강물 같은 기름을 기뻐하실까
내 허물을 위하여 내 맏아들을, 내 영혼의 죄로 말미암아 내 몸의
열매를 드릴까 [8]사람아 주께서 선한 것이 무엇임을 네게 보이셨나
니 여호와께서 네게 구하시는 것이 오직 정의를 행하며 인자를 사
랑하며 겸손하게 네 하나님과 함께 행하는 것이 아니냐

— 미가 6:6-8

일 년 된 송아지와 천천의 숫양, 그리고 강물 같은 기름은 구약성서가 말하는 최고의 제물들이다. 역사상 가장 먼저 사용된 제물은 아벨이 바친 '양의 첫 새끼와 그 기름'이었다. 일 년 된 가축과 기름은 레위기가 추천하는 대표적인 제물 품목들이다. 심지어 맏아들을 바친다는 것은 믿음의 조상 아브라함이 그의 영적 장자였던 이삭을 모리아산에서 번제물로 드리려 했던 사건을 떠올리게 한다. 그러나 이젠 그것들로는 하나님을 기쁘게 할 수 없게 되었다. 더 이상 하나님이 그 기름진 제물들을 기뻐하지 않으시니 말이다. 그렇다면 하나님이 받으실 만한 예배가 되기 위해 유다 백성이 준비해야 할 것은 무엇일까? 미가는 이에 대한 대답으로 '사람아 주께서 선한 것이 무엇임을 네게 보이셨다'고 말한다. 하나님이 기쁘게 받으실 제물이 무엇인지를 이미 알려 주셨다는 말이다. 바로 '정의를 행하며' '인자를 사랑하며' '겸손하게 네 하나님과 함께 행하는 것'이 그 제물들이다(미 6:8).

이는 8세기에 활동하던 예언자들의 사상을 잘 종합한 말씀이라고 할 수 있다. 동시대 예언자들의 선포를 다시 떠올려 보자. 아모스가 부르

짖었던 예언의 핵심 주제가 무엇이었던가? 바로 정의로운 사회가 아니었던가! '인자를 사랑'하는 일은 호세아의 핵심 메시지였다. 살얼음을 걷듯 위태로운 이스라엘의 영적 음란에서 자기 백성을 포기하지 않은 하나님의 사랑이 전해져 오지 않는가? 그리고 '겸손히 하나님과 함께 행하는 것'이란 말씀에서는 하나님에 대한 절대적인 신뢰를 잃지 말아야 한다는 이사야의 외침이 들려오고 있다. 하나님의 백성에게 심판이 임박했다고 경고하는 미가는, 자신보다 약간 앞서 활동했던 동시대 예언자들의 메시지를 가슴 속에 품고 있었다. 그리고 메세지를 듣고도 이내 잊어버리는 백성들에게 그 품은 말씀들을 다시 펼쳐 전하고 있는 것이다.

미가가 유다와 예루살렘의 멸망에 대한 경고와 심판만 외친 것은 아니다. 그는 심판과 동시에 하나님께서 다시 이루실 구원의 역사를 보았다. 하나님께서 온 누리에 흩어진 당신의 백성들을 다시 모아 강한 나라를 세운다는 미래였다.

> 발을 저는 자는 남은 백성이 되게 하며 멀리 쫓겨났던 자들이 강한 나라가 되게 하고 나 여호와가 시온산에서 이제부터 영원까지 그들을 다스리리라
>
> — 미가 4:7

지금은 포학한 지도층과 거짓 예언자와 제사장들 아래에서 하나님의 백성들이 다리를 절고 있다. 그러나 이제 더 이상 부패한 지도자들의 착취와 거짓된 종교생활에서 신음하지 않아도 될 것이다. 죄로 인해 쫓겨나고 상처 입은 상황 속에서 절뚝거리며 살아가더라도 하나님의 백성답게

살아가기를 포기하지 않은 이들을 하나님이 직접 다스리실 것이기 때문이다. 여기에 구약성서의 중요 사상 가운데 하나인 '남은 자Remnant' 사상이 확연히 나타난다. 남은 자 사상이란 구약성서 전반에 걸쳐 등장하는 중요 사상으로, 혼돈과 멸망의 시기에도 하나님이 구원하시는 소수의 의인들은 늘 존재한다는 사상이다.[36] 이 새로운 역사의 중심에는 백성을 하나로 통일하고 평화를 가져올 위대한 통치자가 자리를 잡고 있었다. 바로 베들레헴 에브라다Bethlehem Ephrathah에서 나실 이스라엘의 메시야이다.

> 베들레헴 에브라다야 너는 유다 족속 중에 작을지라도 이스라엘을 다스릴 자가 네게서 내게로 나올 것이라 그의 근본은 상고에, 영원에 있느니라
>
> — 미가 5:2

미가가 '유다 족속 중에 작다'고 말하는 바로 이 베들레헴에서 구약성서의 위대한 왕이자 그리스도의 조상이 되는 다윗 왕이 출생했다. 그리고 온 세상의 평강의 왕으로 오신 예수 그리스도가 출생함으로써 미가의 약속은 마침내 이루어졌다.[37]

36 창 7:23; 겔 9:4–6; 사 7:3; 10:20–23; 11:11–16; 28:5; 암 5:3–4; 습 3:11–13 등.
37 [신약성서] 마태복음 2:6; 요한복음 7:40–43 참조.

7세기 예언자

예레미야

하나님의 말씀을 대신 전한다는 것은 영광스러운 일이 아닐 수 없다. 그러나 대신 전하는 그 하나님의 말씀을 청중이 원하지 않거나 배척한다면 그 자부심은 오히려 감당하기 어려운 짐이 될 수 있다. 예언자 예레미야Jeremiah의 경우가 그러했다.

> 여호와여, 저는 어수룩하게도 주님의 꾐에 넘어갔습니다. 주님의 억지에 말려들고 말았습니다. 그래서 날마다 웃음거리가 되고 모든 사람에게 놀림감이 되었습니다. 저는 입을 열어 고함을 쳤습니다. 서로 때려잡는 세상이 되었다고 외치며 주의 말씀을 전하였습니다. 그 덕에 날마다 욕을 먹고 조롱받는 몸이 되었습니다. '다시는 주의 이름을 입밖에 내지 말자. 주의 이름으로 하던 말을 이제는

그만두자' 하여도, 뼛속에 갇혀 있는 주의 말씀이 심장 속에서 불처럼 타올라 견디다 못해 저는 손을 들고 맙니다

— 예레미야 20:7-9(공동번역)

예언자의 타들어 가는 속마음을 이처럼 솔직하게 잘 표현한 구절이 또 있을까? 예언자 예레미야는 하나님을 가리켜 '자신을 꾀어 말씀을 전하

Rembrandt, 〈예루살렘의 파괴를 애통해하는 예레미야〉, 1630년.

게 하신 분'이라고까지 말한다. 그리고 그 억지 같은 꾐에 넘어간 자신에게 백성들로부터 돌아온 반응은 욕과 조롱뿐이었음을 한탄한다. 만약 오늘날의 목회자들이 매번 설교를 마치고 난 후의 반응이 이와 같다면 더 이상 설교자로서의 사역은 불가능하다고 해야 하지 않을까? 그럼에도 불구하고 예레미야의 사역은 중단되지 않았다. 예레미야는 '다시는 주의 이름을 입 밖에 내지 말자. 주의 이름으로 하던 말을 이제는 그만하자'고 스스로 몇 번이나 되내었지만, 하나님으로부터 전달받은 말씀이 '심장 속에서 불처럼 타올라' 두 손 들고 다시 주의 말씀을 전하러 나간다.

예레미야는 경건한 제사장 가문 아나돗Anathoth 출신으로 요시야 왕 13년(기원전 627)부터 남유다가 멸망할 때까지 활동했다. 신흥 바벨론 제국이 일어나 남유다를 공격해 들어올 때 대항해 싸우지 말고 항복할 것을 권했던 예언자이다. 당시 거짓 예언자들이 하나님이 가져다주실 승리와 평화를 예언하고 있을 때에 그는 왕국의 패망과 항복을 외쳤다. 예레미야인들 어찌 왕국의 멸망을 예언하고 싶어 했겠는가? 그러나 어찌하랴, 그것이 바로 하나님이 맡기신 말씀인 것을….

예레미야의 활동을 돕고 그의 말씀을 받아 기록한 비서 겸 제자 바룩Baruch(렘 45:1)이 끝까지 예레미야와 그 삶을 같이했다. 흔히 예레미야를 '눈물의 예언자', '고독한 예언자', '고난받는 예언자'라고 부르는 것은 그가 다른 예언자들과는 달리 하나님의 말씀을 전하면서 느꼈던 참담함을 잘 표현하고 있고, 원하지 않았던 예언자로 살아간 그의 삶 자체가 슬픔과 아픔으로 가득 차 있기 때문이다.

주님 손에 잡힌 몸으로 이렇게 울화가 치밀어올라 홀로 앉아 있습

> 니다. 이 괴로움은 왜 끝이 없습니까? 마음의 상처는 나을 것 같지 않습니다. 주께서는 물이 마르다가도 흐르고, 흐르다가도 마르는 도무지 믿을 수 없는 도랑같이 되셨습니다
>
> — 예레미야 15:17-18(공동번역)

예레미야가 예언자로서의 사명을 얼마나 힘들어했는지는 자기 생일을 저주했던 모습에서도 찾아볼 수 있다. 예레미야는 구약성서에서 욥(욥 3:1, 11)과 더불어 자신의 생일을 저주했던 두 사람 중 하나이다.

> [14]저주받을 날, 내가 세상에 떨어지던 날, 어머니가 나를 낳던 날, 복과는 거리가 먼 날… [18]어찌하여 모태에서 나와 고생길에 들어서 이 어려운 일을 당하게 되었는가! 이렇게 수모를 받으며 생애를 끝마쳐야 하는가
>
> — 예레미야 20:14, 18

남유다의 지도자들과 백성들이 예레미야와 그의 예언을 배척했던 결정적인 장면은 소위 성전 설교라고 불리는 부분에서 찾아볼 수 있다(렘 7장). 여호야김의 통치 초기(기원전 609-608년)에 예레미야는 성전 안뜰로 들어가는 여러 문 가운데 하나에 서서 말씀을 전하라는 명령을 받아 전한다. 일찍이 이스라엘이 가나안 땅을 정복한 후에 옛 성소가 바로 실로에 있었다(수 18:1). 하나님이 자신의 이름을 둔 처소라는 점에서 예전의 실로는 예루살렘 성전의 전신이라고 할 수 있는 장소였다.[38] 그러나 실로는 블레셋 사람들에 의해 파괴되었다. 예레미야는 하나님이 '내가 처음으로 내 이름을

둔 처소'라고 말하는 실로 역시 심판을 받았던 것처럼[39] 예루살렘도 하나님의 심판을 비껴갈 수 없었다고 역설한다. 이는 성전에서 단순히 절기를 지키는 행위로 참다운 예배를 대체할 수 없음을 보여 주는 것이다. 하나님이 성전에 계시겠다고 약속하시지만(신 12:11; 왕상 8:29), 이것이 예루살렘이 하나님의 심판에서 무조건 제외된다는 보장은 아니었다. 예레미야의 눈에 비친 성전은 더 이상 거룩하신 하나님의 성소가 아니었다.

> 너희는 이것이 여호와의 성전이라, 여호와의 성전이라, 여호와의 성전이라 하는 거짓말을 믿지 말라
>
> — 예레미야 7:4

세 번씩이나 거듭해서 나타나는 '여호와의 성전이라'는 말은 거짓 예언자들의 거짓말에 불과할 뿐이었다. 일상의 삶이 하나님을 떠나 부패해 있으면서, 하나님의 성전을 찾아 나오는 것만으로 그들의 신앙을 지킬 수 있다고 스스로 속아 넘어가는 백성들에 대한 질타였다. 예레미야는 예언자들의 선포와 백성의 통념을 거짓으로 규정하고 있으며, 도둑질, 살인, 간음, 거짓 맹세, 우상숭배 등 일상의 삶이 하나님의 계명, 특히 십계명에서 떠나 버린 사람들이 하나님의 집을 도둑의 소굴로 만들고 있다고 비판한다. 예수께서 성전을 '도둑의 소굴'로 비유한 것은 이 말씀을 인용하신 것이다(신약성서: 마가복음 11:17). 급기야 하나님은 예전의 성소가 있던 실로에

38 렘 7:12; 신 12:5 참조.
39 신 12:5; 삼상 1–3장 참조.

행하셨던 것처럼 하나님의 집인 성전이 있는 예루살렘을 떠나 버리실 것이고, 북이스라엘 백성이 망했던 것처럼, 남유다 백성들도 예루살렘에서 내어 쫓으시리라고 하신다(렘 7:14-15).

예레미야 26장은 그의 성전 설교가 다시 한번 반복되는 것으로 시작된다.

> 내가 이 성전을 실로같이 되게 하고 이 성을 세계 모든 민족의 저주거리가 되게 하리라
>
> — 예레미야 26:6

이와 같은 성전 설교의 파장은 컸다. 예레미야가 여호와의 성전에서 전한 이 말을 들은 제사장들과 여러 예언자들, 백성은 적잖은 충격을 받았다. 그들은 예레미야를 죽이기 위해 모여들었다. 그때 지방의 장로 중 몇 사람이 예전 미가 시대의 선례를 들며 예레미야를 옹호한다(렘 26:17-19). 일찍이 8세기의 예언자 미가 역시 예레미야처럼 예루살렘의 멸망을 예언했지만 당시 히스기야 왕과 백성이 하나님을 두려워하여 예언자 미가를 죽이지 않았다는 것이다. 만약 그들의 옹호가 없었더라면 예레미야는 처형당하지 않을 수 없었을 것이다.

예레미야는 처음으로 참 예언자와 거짓 예언자를 구별했던 예언자였다. 예레미야의 활동에는 여러 거짓 예언자들과의 대결이 나타난다. 당시 남유다의 국록國祿을 먹으면서 거짓 예언을 했던 예언자들은 '만사가 잘되고 아무 문제가 없을 것이다'라는 식의 샬롬shalom[40]의 예언을 했다.[41] 많은 거짓 예언자들이 평화, 평강을 외치던 때에 예레미야는 언제나 불길한

예언, 엔샬롬no-peace, 즉 평화 부재의 예언만 했다. 그것이 하나님이 그에게 맡기신 말씀이었다. 진실을 말하는 입술은 어디에서도 찾아볼 수 없는 현실, 제도와 의식과 거짓으로 가득 찬 종교 현실에서 끝까지 절망하지 않고, 패망으로 치닫는 조국을 향해 회개하고 하나님 앞에 돌아올 것을 외쳤다. 앞으로 닥치게 될 국가적인 대재난 역시 남유다의 죄에 대한 하나님의 징벌이라고 말하는 예레미야는 심지어 바벨론의 왕 느부갓네살을 '하나님의 종'으로 부르기까지 한다(렘 26:7).

이와 같은 예레미야의 메시지는 평화를 예언하는 하나냐Hananiah(렘 28장)와 스마야Shemaiah(렘 29장)를 비롯한 거짓 예언자들과 남유다의 보수 세력의 강력한 반발을 불러일으켰고, 급기야 예레미야는 반역 죄인으로 몰려 매질을 당하고 감옥에 갇혔으며(렘 37:14-15) 구덩이에 던져지기도 한다(렘 38:1-13). 예레미야 자신도 남유다가 바벨론에게 멸망하지 않기를 간절히 바랐지만, 결국 그의 예언은 역사적 현실이 되었다. 예루살렘이 함락된 후에 석방된 예레미야는 바벨론에서 좋은 대우를 받을 수 있었지만, 유다 땅에 남아 있기를 원한다. 그러나 유다의 총독으로 임명된 그다랴Gedaliah가 이스마엘Ishmael을 중심으로 한 일당들에 의해 암살당하는 사건이 일어나자, 요하난Johanan을 비롯한 군 지휘관들이 유다 땅에 머물라는 여호와의 목소리에 순종하지 않고 유다의 남은 자들과 함께 달아나게 된다. 예레미야는 그

40 흔히 '평화(peace)'라는 말로 번역되는 샬롬의 본래의 뜻은 '온전함(wholeness)', '완전함(completeness)'이다. 평화라는 의미로서의 히브리어 샬롬은 라틴어의 '팍스(pax)'와는 차이가 있다. 팍스가 군사력과 무력을 통해 이루어지는, 단지 전쟁이 없는 상태의 평화를 의미하는 것이라면, 히브리어의 샬롬은 온전한 관계, 우호적, 협동의 관계를 의미한다. 박준서(2001), 『구약세계의 이해』(서울: 한들출판사), 383, 386쪽.

41 렘 4:10; 6:14; 8:11; 14:13; 23:17; 28:8–9 참조.

들에게 유다 땅에 머물라는 말씀을 전했으나 억지로 애굽으로 끌려가서 그곳에서 예언 활동을 하다가 삶을 마감한다(렘 44장 이하).

예레미야서에 나타나는 유다 백성의 최종 거주지가 애굽이라는 점을 주목해 보자. 애굽으로 도망간 백성들은 엘레판틴Elephantine이라는 곳에 성전을 세우고 유대인 공동체를 꾸려 나갔다. 이는 신학적으로 중요한 의미를 지닌다. 애굽이 어디던가? 노예생활과 학정으로 인해 이스라엘 백성의 선조들이 뛰쳐나온 곳이자, 이스라엘에 대한 하나님의 구원 역사가 시작된 곳이다. 유다의 마지막 왕들과 수천 명의 백성이 바벨론으로 끌려 가기도 했지만, 한편으로는 애굽으로 도망간 백성들도 있었다. 애굽에서 나온 사람들의 후손이 다시 애굽으로 돌아갔다는 말이다. 출애굽한 백성이 다시 애굽으로 가서 거주하게 된다는 것, 그것은 신명기가 말하는 마지막 심판의 말씀이기도 하다(신 28:68). 곧 출애굽의 역사가 무위로 돌아간 것이다.

그러나 예레미야가 남유다를 향해 불길한 심판의 예언만 했던 것은 아니다. 예레미야는 또한 희망의 길을 열어 놓았다. 유다 백성이 하나님께로 돌아와서 회개하고 다른 신들을 버린다면, 하나님이 그들을 용서하리라는 점을 강조하면서 유다의 새로운 미래에 대한 희망을 제시하고 있다.

바벨론에게 끌려간 자들에게는 '칠십 년'이 지나면 그들이 가나안으로 돌아올 것과 하나님이 다시 유다 백성들을 만나 주실 것을 예언하기도 했다(렘 27:10-14). 또한, '위로의 책'이라 불리는 예레미야 30-33장에서는 이스라엘과 유다에 대한 구원의 말씀을 전하기도 한다. 특히 예레미야 31장에는 새 언약 사상New Covenant이 등장하는데, 하나님에 대한 이스라엘의 배신 행위가 너무 커서 옛 언약 자체가 무효화되었기 때문에 새 언약을 맺을 구원의 시기가 다시 올 것이라 기대하고 있다.

> [31]여호와의 말씀이니라 보라 날이 이르리니 내가 이스라엘 집과 유다 집에 새 언약을 맺으리라… [33]그러나 그날 후에 내가 이스라엘 집과 맺을 언약은 이러하니 곧 내가 나의 법을 그들의 속에 두며 그들의 마음에 기록하여 나는 그들의 하나님이 되고 그들은 내 백성이 될 것이라 여호와의 말씀이니라
>
> — 예레미야 31:31, 33

옛 언약이나 새 언약 모두 하나님과의 기본적인 관계에는 변함이 없다. 다만 돌판 위에 새겨진 옛 언약은 문자적인 법을 준수하는 데 그쳤으나, 마음속에 새겨진 새 언약은 그 마음이 움직여 하나님의 법을 즐겨 지키는 것이다. 그리고 새 언약은 하나님이 원하시는 것이 무엇인가를 모든 사람이 알게 하며, 또 하나님이 과거의 일을 이미 용서하셨기 때문에 과거의 문제, 죄가 다시는 논의되지 않을 것이라는 희망의 메시지를 선포하고 있다. 후에 신약성서(새 언약, New Covenant/Testament)라는 이름은 바로 이 예레미야의 말씀에서 빌려 온 것이다. 오늘날까지 한국 교회는 대언자들의 샬롬 선언 속에서 성장해 온 것이 사실이다. 이제는 예레미야의 엔샬롬, 그의 심장 속에서 타오르던 목소리에 귀를 기울여야 할 때가 아닐까.

우리말 구약성서에서 예레미야서 다음에는 예레미야 애가Lamentations라는 책이 뒤따른다. 예레미야 애가는 대예언서는 물론 예언서도 아니다. 원래 성문서 중 하나로 자리를 잡고 있던 책이었으나, 전통적으로 예레미야가 그 저자로 생각되어 왔기 때문에(대하 35:25 등) 우리말 성서에서는 예언서 예레미야 다음으로 위치 이동이 있었고, 책의 이름도 애가서에서 예레미야 애가로 바뀌었다.

기원전 587년에 일어난 바벨론 왕 느부갓네살의 예루살렘 파괴는 애가서에 있는 시 다섯 편의 역사적 배경이 되며, 기원전 587-533년 사이에 경제적, 정신적으로 폐허가 된 고향 땅에서 살았던 팔레스타인 유대인들의 관점에서 대재난 사건을 운문, 특히 알파벳 순서를 따른 아크로스틱 acrostic으로 기록하고 있다.[42] 애가서에 나오는 시들은 예루살렘 도시의 멸망 사건을 순서대로 나열한 것이 아니다. 여러 화자들을 통해 예루살렘의 포위와 그 직후의 공포를 생생하게 묘사하고, 자신의 도시와 성전을 파괴하도록 내버려 두신 하나님께 호소하고 있다.

> 슬프다 이 성이여 전에는 사람들이 많더니 이제는 어찌 그리 적막하게 앉았는고 전에는 열국 중에 크던 자가 이제는 과부 같이 되었고 전에는 열방 중에 공주였던 자가 이제는 강제 노동을 하는 자가 되었도다
>
> — 예레미야 애가 1:1

애가서가 묘사하는 예루살렘의 상황은 처참하기 그지없다. 전쟁 중 칼로 죽임을 당한 이들은 차라리 행운이었을 정도로, 사람들은 굶어 죽어 갔고, 급기야 살아남기 위해 어미들은 자기 자식을 삶아먹을 정도였다(애 2:20; 4:9-10). 이러한 상황에서 애가서는 아이러니하게도 하나님이 계시던 예루살렘 성전을 멸망시키고 불태운 이는 바벨론이 아니라 바로 하나님 자

42 예레미야 애가 1-4장. 특히 3장은 세 번 연속으로 시의 각 절에 같은 자음으로 시작하는 삼중 알파벳 구조를 지니고 있으며, 5장은 아크로스틱은 아니지만, 다른 장들과 균형을 유지하기 위해 22절로 되어 있다.

신이라고 말한다(애 1:13; 2:3; 4:11 등). 이스라엘의 하나님이 자기 백성의 대적이 된 이유는 그들이 지은 죄 때문임을 분명히 하는 것이다. 그리고 비록 한때 이스라엘의 원수가 되신 하나님이시지만, 그것은 하나님의 본심이 아니었다는 것(애 3:33)과 하나님의 징벌을 조롱과 약탈과 파괴의 기회로 삼은 이방에 대해 하나님의 심판이, 이스라엘에게 있었던 것처럼 반드시 행해지고야 말 것을 확신하고 있다.

나훔

예언자 나훔Nahum을 이해하기 위해서는 고대 근동을 최초로 통일한 대제국 앗수르를 먼저 이해해야 한다. 메소포타미아 지역을 기반으로 성장한 앗수르는 기원전 9세기경부터 고대 근동의 주도권을 장악하고 이 지역의 새로운 패권자로 자리매김을 하기 시작했다. 앗수르는 막강한 군사력만큼이나 그들이 보여 준 잔인함으로 유명했다. 그들이 세운 어떤 승전비에 따르면, 양털을 붉게 물들이는 것처럼 피정복민들의 피로 산을 붉게 물들이고, 시체로 골짜기를 메우고, 패전한 병사들의 머리를 잘라 놓은 것이 높은 기둥이 될 정도였다. 그들은 나이 어린 사람들과 여자들까지도 불에 태워 죽일 정도로 그 잔인함이 극에 달했다.

구약성서의 이스라엘 역사에 등장하는 두 왕국 중 북이스라엘도 앗수르 왕 살만에셀에 의해 종국을 맞이했다(기원전 722년). 북이스라엘의 멸망에서 우리가 눈여겨보아야 할 점이 하나 있는데, 그것은 왕국의 멸망이 하나님의 심판이었으며 앗수르 제국은 하나님이 사용하신 심판의 도구였다는 것이다.

(이스라엘이) [17]여호와 보시기에 악을 행하여 그를 격노하게 하였으므
로 [18]여호와께서 이스라엘에게 심히 노하사 그들을 그의 앞에서 제
거하시니 오직 유다 지파 외에는 남은 자가 없으니라

— 열왕기하 17:17b-18

앗수르 사람은 화 있을진저 그는 내 진노의 막대기요 그 손의 몽둥이는 내 분노라

— 이사야 10:5

그러나 앗수르는 정작 자기가 하나님을 심판 도구라는 사실을 모르고 있었다. 그저 자신의 강한 힘을 뽐내며 오만한 정복자의 승리감에 도취되어 있었고, 극에 달한 잔인한 권력을 즐기고 있을 뿐이었다. 지리적으로 볼 때 상업도로 근처에 자리잡은 앗수르의 도시 니느웨는 물질적으로 흥하였으나, 자기의 이익을 위해 무역로를 차단하고 상인들과 다른 국가를 압제하였으며, 수단과 방법을 가리지 않고 자기의 이익을 추구했다.[43] 예언자 이사야는 이와 같은 앗수르 왕의 오만한 모습을 질타하고 있다.

[6]내가 그를(앗수르 사람) 보내어 경건하지 아니한 나라를 치게 하며 내
가 그에게 명령하여 나를 노하게 한 백성을 쳐서 탈취하며 노략하
게 하며 또 그들을 길거리의 진흙 같이 짓밟게 하려 하거니와 [7]그의
뜻은 이같지 아니하며 그의 마음의 생각도 이같지 아니하고 다만

43 나 3:1-4; 왕하 18:28-35 참조.

그의 마음은 허다한 나라를 파괴하며 멸절하려 하는도다

— 이사야 10:6-7

힘은 그것을 소유한 자에게 책임을 요구한다. 책임이 따르지 않는 힘의 사용은 악할 뿐이라는 사실을 앗수르는 모르고 있었다. 앗수르 왕은 자기 자신의 능력으로 열국을 정복했다고 생각했고, 피정복민들을 마음대로 학대하는 것을 당연하다고 여겼다. 앗수르는 힘없는 새의 둥지를 습격하는 뱀과 같았고, 그 뱀에게 정복당한 민족들은 그 잔인한 정벌과 학대에 날개를 치지도 입을 벌려 지저귀지도 못하는 불쌍한 새들의 처지와 다를 바 없었다.

[13]그의 말에 나는 내 손의 힘과 내 지혜로 이 일을 행하였나니 나는 총명한 자라 열국의 경계선을 걷어치웠고 그들의 재물을 약탈하였으며 또 용감한 자처럼 위에 거주한 자들을 낮추었으며 [14]내 손으로 열국의 재물을 얻은 것은 새의 보금자리를 얻음 같고 온 세계를 얻은 것은 내버린 알을 주움 같았으나 날개를 치거나 입을 벌리거나 지저귀는 것이 하나도 없었다 하는도다

— 이사야 10:13-14

급기야 하나님은 심판의 도구로 사용하신 앗수르가 심판의 대상이 되리라고 말씀하신다. 역사의 주인이신 하나님은 지금 당장은 앗수르를 사용하여 열국을 심판하시지만, 시온과 예루살렘에 대한 심판이 있고 난 후에는 앗수르 왕의 '완악한 마음의 열매와 높은 눈의 자랑을' 벌하시리라

Francesco Rosselli & Baccio Baldini, 〈예언자 나훔〉, 《Prophets and Sibyls》 삽화, 1480-1490년.

고 말씀하신다(사 10:12). 그리고 이 예언처럼 한때 애굽의 수도 테베Thebes를 점령할 정도로 강력했던 제국이었으나(기원전 664-663년), 무자비한 정복과 힘으로 일관하던 앗수르의 영화는 오래가지 못했고, 앗수르 제국의 동쪽과 남쪽에서 위치했던 메대와 바벨론에 의해 수도를 빼앗기면서 역사 속에서 완전히 사라지게 되었다(기원전 609년).

> 8네가 어찌 노아몬보다 낫겠느냐 그는 강들 사이에 있으므로 물이 둘
> 렀으니 바다가 성루가 되었고 바다가 방어벽이 되었으며 9구스와 애
> 굽은 그의 힘이 강하여 끝이 없었고 붓과 루빔이 그를 돕는 자가 되
> 었으나 10그가 포로가 되어 사로잡혀 갔고 그의 어린 아이들은 길 모
> 퉁이 모퉁이에 메어침을 당하여 부서졌으며 그의 존귀한 자들은 제
> 비 뽑혀 나뉘었고 그의 모든 권세자들은 사슬에 결박되었나니 11너
> 도 술에 취하여 숨으리라 너도 원수들 때문에 피난처를 찾으리라
>
> — 나훔 3:8-11

예언자 나훔이 활동하던 시기가 바로 이때였다. 나훔은 앗수르가 애굽의 수도 테베를 정복했듯이, 앗수르의 수도 니느웨가 테베(노아몬) 같이 멸망할 것이고, 피난처를 찾아야 하는 처지가 될 것이라고 말한다. 애굽의 수도 테베가 나일 강 가운데 위치한 것처럼, 니느웨는 티그리스 강변에 위치했다. 고대 근동 세계를 최초로 통일한 대제국이었으나, 그 화려했던 제국의 역사가 티그리스강의 물결과 함께 흘러가 버리리라는 것이다.

아쉽게도 예언자 나훔에 대해서는 그가 엘고스Elkoshite 출신이라는 것 외에는 알려진 바가 없다. 아직까지도 엘고스가 어디를 말하는 것인지는 밝혀지지 않았다. 신약성서에 가버나움Capernaum(나훔의 마을)이라는 도시가 등장하지만, 그곳이 예언자 나훔과 어떤 연관이 있는지는 알 수가 없다. 나훔이라는 이름은 '위로'라는 뜻을 담고 있다(느헤미야라는 이름 또한 같은 뜻을 지니고 있다). 실제로 예언자 나훔이 전한 메시지는 유다 백성들에게 적잖은 위로가 되었을 것이다. 왜냐하면 동시대의 예언자 하박국과 더불어 나훔 또한 자신의 메시지를 '경고'라고 소개하고 있는데(나 1:1), 그 경고가 앗수르의

수도 니느웨를 향하고 있기 때문이다. 형제 국가인 북이스라엘을 멸망시켰으며, 히스기야 왕 때에는 유다 온 땅을 황폐화시키고 돌아간 앗수르[44]가 패망하리라는 하나님의 말씀은 비단 유다 백성들뿐 아니라 백여 년 동안이나 학대를 받으며 지내 온 팔레스타인 지역의 작은 나라들 모두에게 분명 위로와 기쁨이 되었을 것이다.

유다 백성이 위로를 얻은 것은 하나님의 보복 때문이다. 나훔서에 나타나는 하나님은 보복하시는 하나님이다. 나훔은 구약의 예언자 중에서 누구보다도 보복하시는 하나님을 부각시킨다.

> 여호와는 질투하시며 보복하시는 하나님이시라 여호와는 보복하시며 진노하시되 자기를 거스르는 자에게 여호와는 보복하시며 자기를 대적하는 자에게 진노를 품으시며
>
> — 나훔 1:2

나훔 1장 2절은 한 구절 안에 '보복'이라는 단어가 세 번이나 등장하고 있다. 같거나 비슷한 표현이 연이어 세 번 등장하는 것은 구약에서 특별한 강조를 할 때 사용하는 표현이다. 이를테면 성전에서 하나님의 임재를 경험한 이사야는 스랍들이 하나님의 거룩하심을 외치는 소리를 세 번 듣는다(사 6:3). 나훔이 하나님을 '보복하시는 하나님'으로 강조하는 것은 구약성서에서 복수의 주체는 하나님이시리라는 중요한 원칙을 재천명하는 것이다. 정의로우시며 공의를 이루시는 하나님은 당신의 백성이 당하는 억

44 왕하 18:13; 19:35-36 참조.

울함과 압제를 대신 보복하시는 분이시다. 그래서 하나님의 백성은 사사로이 보복할 것이 아니라 억울한 일에 대한 보복을 하나님께 맡겨야 한다. 의도하지 않은 살인을 저지른 사람이 생명을 부지하도록 하는 도피성 제도[45]나, 자신을 죽이려는 사울 왕으로부터 도망하던 다윗이 엔게디En Gedi의 동굴에서 사울 왕을 죽일 수 있는 기회가 있었음에도 그를 살려 주었던 것은, 보복은 하나님께 속한 것이기에 하나님께 맡겨야 한다는 뿌리 깊은 신앙과 결부되어 있다.

> 여호와께서는 나와 왕 사이를 판단하사 여호와께서 나를 위하여 왕에게 보복하시려니와 내 손으로는 왕을 해하지 않겠나이다
>
> — 사무엘상 24:12

예언자 나훔 역시 앗수르 제국에 대한 보복은 철저히 하나님의 몫이라는 신앙을 대변하고 있다. 하나님은 누구보다도 정의로운 보복을 행하실 분이고, 당신이 창조한 세계의 질서를 지켜 가시는 분이다. 하나님은 비록 노하기를 더디하는 분이시지만 벌 받을 자를 결코 내버려 두지 않는 분이다(나 1:3). 하나님의 질서를 파괴하는 모든 불의와 강포, 죄악을 심판하는 분이고, 이 하나님을 거스르고 대적하는 모든 사람과 나라는 하나님의 보복 대상이 된다. 나훔은 앗수르가 행했던 그대로 하나님이 앗수르에게 보복할 것이고(나 1:11-13), 보복을 당하는 앗수르를 위해 위로할 자가 없으리라고 말한다(나 3:7). 위로자 나훔의 예언이 앗수르로 인해 압제를 당하던 나

45 민 35:9–15, 22–28; 수 20:1–9 참조.

라와 사람들에게는 위로를 전하지만, 정작 패망하는 앗수르는 그 누구에게서도 아무런 위로를 받지 못한다는 것이다. 더 나아가 나훔은 한때 천하를 호령하던 앗수르 왕에 대한 심판의 선언으로 그 예언을 마무리한다.

> [18]앗수르 왕이여 네 목자가 자고 네 귀족은 누워 쉬며 네 백성은 산들에 흩어지나 그들을 모을 사람이 없도다 [19]네 상처는 고칠 수 없고 네 부상은 중하도다 네 소식을 듣는 자가 다 너를 보고 손뼉을 치나니 이는 그들이 항상 네게 행패를 당하였음이 아니더냐 하시니라
>
> — 나훔 3:18-19

이러한 하나님의 심판은 일견 가혹한 것처럼 보이기도 하지만, 여기에는 하나님의 사랑과 정의가 숨김없이 드러난다. 하나님의 진노와 보복은 자신을 사랑하는 자를 돌보시는 정의로운 심판이다. 이 하나님의 정의로움은 나훔뿐 아니라 유다 백성들에게 진정한 위로가 되었다. 하나님의 위로하심이 어디 그들의 것만이겠는가? 어느 때보다 힘들고 어려운 시대를 살아가는 현대인들에게도 하나님의 정의로움과 한없는 사랑은 진정한 위로가 된다. 하박국이나 나훔이 살았던 불의한 현실이 지금까지 이어지고 있는 것을 부인할 수 없다. 그러나 불의한 현실 속에서도 살아계신 하나님의 정의가 이 땅에 흐르고 있음을 믿기에 우리는 그 하나님 한 분으로 말미암아 위로를 얻는 것이 아닐까. 더 나아가 나훔의 예언은 우리 역시 하나님의 철저한 정의와 보복에서 예외가 될 수 없음을 일러 준다. 니느웨를 향한 하나님의 보복은 하나님의 백성이면서도 그분의 백성답게 살지 못하는 모든 이에게도 엄중한 경고가 된다. 고아와 과부와 나그네를 신원伸冤

하시며 그들을 억울함을 들으신 하나님은 이 시대에도 그들처럼 살아가는 많은 이들이 보호받고, 존중받고, 사랑받아야 할 하나님의 백성이라고 말한다. 하나님은 비단 이스라엘만의 하나님이 아니라 모든 사람들의 하나님이시고, 우리를 통해 하나님의 사랑과 정의가 실현되기를 원하신다. 우리가 살고 있는 이 시대 역시 정의로운 하나님의 뜻이 여전히 꿈틀거리고, 니느웨에 울려 퍼진 나훔의 목소리가 구석구석에서 들려온다는 사실을 잊지 말아야 할 것이다. 가장 두려워해야 할 것은 하나님의 진노이고, 손에 잡히거나 눈에 보이는 도움보다 더 의지해야 할 것은 약자를 위로하시고 압제자에게 보복하시는, 역사의 주인이신 하나님이다.

하박국

하박국Habakkuk은, 갈그미스Carchemish 전투에서 대승을 거둔 느부갓네살이 세계 제국을 건설하면서 무자비하게 권력을 휘두를 때에 역사 가운데 행하시는 하나님의 뜻에 대해 진지한 질문들을 던진다. 급속도로 변하는 국제 정세 속에서 소위 하나님의 정의(神正論), 하나님의 정치(神政論)를 묻는다. 하박국을 '신정론의 예언자'라 부르는 것은 이 때문이다. 다른 문서예언자들의 경우, 대개는 예언자가 하나님의 말씀을 받아 그 활동을 시작하지만, 하박국은 하나님의 뜻을 묻고 기도하며 말씀을 기다리고 듣는 형태로 그의 메시지를 전한다.

하박국이 제기한 신정론의 문제는 크게 두 가지로 요약될 수 있다. 우선 선한 왕 요시야가 죽고, 여호아하스가 폐위되었으며, 여호야김이 왕위에 올라 사회가 어지럽혀지고 있는데, 왜 하나님께서 침묵을 지키시는가가 첫 번째 문제이다. 하나님의 율법을 귀하게 여기고 바른 예배를 지켜 내려 했던 요시야와는 정반대의 길을 걸어가는 여호야김으로 인해 유다가 잘못된 방향으로 나아가고, 의인보다 악인이 더 잘되는 모습을 왜 하나님이 지켜만 보고 있느냐는 것이다.

> [2]여호와여 내가 부르짖어도 주께서 듣지 아니하시니 어느 때까지리이까… [4]율법이 해이하고 정의가 전혀 시행되지 못하오니 이는 악인이 의인을 에워쌌으므로 정의가 굽게 행하여짐이니이다
>
> — 하박국 1:2, 4

하박국이 제기한 두 번째 문제점은 앗수르를 멸망시킨 바벨론 또한 악한 세력인데, 왜 하나님이 그러한 악한 세력을 하나님의 도구로 사용하시는가 하는 점이었다. 하박국은 유다가 처해 있는 상황을 그물의 비유로 설명한다. 바벨론 사람들이 사용하는 그물에 압제당하는 사람들은 마치 물고기처럼 아무런 저항조차 할 수 없다는 뜻이었다.

> [13]… 악인이 자기보다 의로운 사람을 삼키는데도 잠잠하시나이까… [15]그가(바벨론 사람) 낚시로 모두 낚으며 그물로 잡으며 투망으로 모으고 그리고는 기뻐하고 즐거워하여… [17]그가 그물을 떨고는 계속하여 여러 나라를 무자비하게 멸망시키는 것이 옳으니이까
>
> — 하박국 1:13, 15, 17

하나님께 진지하게 물은 하박국은 파수하는 곳에 서서 하나님의 말씀을 기다린다. 드디어 하나님은 예언자의 진지한 질문에 대답하셨다. 그

Francesco Rosselli & Baccio Baldini, 〈예언자 하박국〉, 《Prophets and Sibyls》 삽화, 1480-1490년.

것은 비록 더딜지라도 기다리라는 것이었다.

> 3이 묵시는 정한 때가 있나니 그 종말이 속히 이르겠고 결코 거짓되
> 지 아니하리라 비록 더딜지라도 기다리라 지체되지 않고 반드시 응
> 하리라 4보라 그의 마음은 교만하며 그 속에서 정직하지 못하나 의

인은 그의 믿음으로 말미암아 살리라

— 하박국 2:3-4

지금까지 기다려 왔기에 지쳐 버린 하박국에게 더 기다리라는 하나님의 말씀은 얼핏 지나친 말씀처럼 들리기도 한다. 그러나 인간사가 아무리 제멋대로이고 무의미한 것처럼 보이더라도, 하나님이 역사를 주관하시고 자신의 뜻을 펼쳐 가시기 때문에 하나님의 백성은 실망하지 말아야 한다. 비록 지금은 하나님이 약속 성취가 지지부진해 보이지만, 하나님께서 미리 정하신 때가 이르면 그 약속이 반드시 이루어질 것이기 때문이다. 지금 당장은 바벨론의 압제를 받을 것이지만, 압제를 받던 민족들과 하나님의 백성들이 역으로 바벨론 사람들을 비웃고 꾸짖게 될 때가 이를 것인데, 하박국은 그 '비웃고 꾸짖는 행위'를 다섯 가지 '화 있을진저'라는 형식의 말씀으로 열거한다.

화 있을진저 자기 소유 아닌 것을 모으는 자여…

— 하박국 2:6b

재앙을 피하기 위하여 높은 데 깃들이려 하며 자기 집을 위하여 부당한 이익을 취하는 자에게 화 있을진저

— 하박국 2:9

피로 성읍을 건설하며 불의로 성을 건축하는 자에게 화 있을진저

— 하박국 2:12

> 이웃에게 술을 마시게 하되 자기의 분노를 더하여 그에게 취하게 하고 그 하체를 드러내려 하는 자에게 화 있을진저
>
> — 하박국 2:15

> 나무에게 깨라 하며 말하지 못하는 돌에게 일어나라 하는 자에게 화 있을진저
>
> — 하박국 2:19a

하나님은 알고 계셨다. 비록 바벨론이 지금은 하나님의 심판 도구로 사용되고 있으나, 그들이 많은 사람들을 억압하고, 피를 흘리게 하고, 불법적인 이득을 구하고, 자신들의 집과 성을 건축하기 위해 불의를 저지르고, 그들로 인해 우상숭배가 만연해 지리라는 것을 말이다. 그러나 하나님이 정하신 때가 이를 때에 그들은 분명 심판을 받게 될 것이고, 살아계신 하나님이 참 하나님이심을 스스로 입증하실 것이다. 특이한 점은 하나님은 하박국이 우선적으로 해야 할 일이 백성들에게 외치는 것이 아니라, 하나님이 전하는 말씀을 판에 명백히 새겨 두라는 것이다(합 2:2). 하나님의 말씀을 말이 아닌 글로 남겨 두고 전해 주어서 언제라도 백성들이 읽을 수 있도록 해야 한다는 것이다.

하나님은 하박국에게 바벨론 사람들의 '마음이 교만하며 그 속에서 정직하지 못하나', '의인은 그의 믿음으로 말미암아 살리라'고 말씀하신다. 믿음이란 '비록 더딜지라도 기다리라 지체되지 않고 반드시 응하리라'는 하나님의 말씀에 대한 절대적인 신뢰를 말한다. 눈앞에 보이는 모든 현실이 하나님의 약속과는 정반대의 방향으로 가고 있는 것 같은 상황 속에서

도, 하나님은 정하신 때에 정하신 일을 반드시 이행하신다는 흔들리지 않는 믿음이다. 사도 바울은 우리가 이런 믿음으로 말미암아 하나님 앞에서 의인이 된다는 기독교의 교리를 세워 나갔다.

> 복음에는 하나님의 의가 나타나서 믿음으로 믿음에 이르게 하나니 기록된 바 오직 의인은 믿음으로 말미암아 살리라 함과 같으니라
>
> — 로마서 1:17

> 또 하나님 앞에서 아무도 율법으로 말미암아 의롭게 되지 못할 것이 분명하니 이는 의인은 믿음으로 살리라 하였음이라
>
> — 갈라디아서 3:11

하나님에 대한 절대적인 믿음으로 구원을 얻는다는 하박국의 선언은, 마지막 3장 전체를 차지하는 찬양과 감사시詩의 형태로 나타난다. '시기오놋에 맞춘 선지자 하박국의 기도'라는 설명(합 3:1)에서 '시기오놋'이 무엇을 말하는지는 분명하지 않다. 아마도 시편에서 흔히 나타나는 표현처럼, 지금은 사라져 버린 고대 이스라엘의 곡조를 말하고 있는 듯하다. 이 찬양 시에서 하박국은 이제 곧 닥칠 이스라엘에 대한 하나님의 심판 한가운데에서도, 구원자이신 하나님에 대한 믿음에는 변함이 없음을 말해 주고 있다. 특히 구약성서에서 가장 아름다운 찬양시 한 편을 통해 하나님을 이스라엘의 구원자로 찬양하고 있다. 바벨론 사람들에 대한 두려움 때문에 '창자가 흔들리고', '입술이 떨리고', '몸은 처소에서 떨리는'(합 3:16) 상황 속에서도 하박국은 하나님을 향한 절대적인 신뢰와 감사의 끈을 놓지 않

고 있다.

> [17]비록 무화과나무가 무성하지 못하며 포도나무에 열매가 없으며 감람나무에 소출이 없으며 밭에 먹을 것이 없으며 우리에 양이 없으며 외양간에 소가 없을지라도 [18]나는 여호와로 말미암아 즐거워하며 나의 구원의 하나님으로 말미암아 기뻐하리로다 [19]주 여호와는 나의 힘이시라 나의 발을 사슴과 같게 하사 나를 나의 높은 곳으로 다니게 하시리로다
>
> — 하박국 3:17-19

외경 가운데 하나인 『벨과 용Bel and Dragon』에는 재미있는 이야기 하나가 기록되어 있다. 바벨론으로 끌려온 다니엘이 사자굴에 갇혀 있을 때, 하나님의 천사는 하박국을 데리고 다니엘을 찾아가 그에게 음식을 제공하게 한다. 다니엘은 하박국이 전해 준 음식을 먹고 힘을 얻는다. 그런가 하면 현존하는 최고最古의 구약성서 사본인 사해사본에 기록된 하박국서는 특별한 점이 하나 있다. 1947년 사해사본이 발견될 때에 하박국 1-2장이 적힌 두루마리에는 흥미롭게도 이 두 장에 대한 주석이 함께 발견되었다는 것이다. 바로 『하박국 주석』이다. 성서 본문만 발견된 다른 책들과는 달리, 쿰란 공동체Qumran Community[46]의 구성원들은 유독 하박국서에 대해서만큼은 주석을 기록하고 보존해 왔던 것이다. 삶의 문제에 아무런 대답을 찾

46 사해 북서쪽에 위치한 쿰란을 중심으로 형성된 유대인 종교 집단으로, 에세네파(Essenes)에 속한 공동체다. 이들은 가장 오래된 구약성서 사본인 사해사본을 만들어 내었는데, 1947년 쿰란에서 사해사본을 비롯한 여러 유물들이 발견되면서 세상에 알려졌다.

을 수 없는 상황에서, 모든 희망이 다 사라져 버린 것 같은 암흑 속에서도 하박국이 다니엘에게 새 힘을 주었던 것처럼, '의인은 그 믿음으로 말미암아 살리라'는 하나님의 말씀이 쿰란 공동체에게도 희망의 줄을 놓치지 않게 한 새로운 힘을 주었던 것이 아닐까?

스바냐

스바냐Zephaniah의 첫 구절에는, 다른 예언자들을 소개할 때와는 달리, 스바냐 한 사람을 소개하기 위해 긴 족보가 열거된다. 세 명의 왕을 포함해서 무려 일곱 명의 인물이 등장하고 있다.

> 아몬의 아들 유다 왕 요시야의 시대에 스바냐에게 임한 여호와의 말씀이라 스바냐는 히스기야의 현손이요 아마랴의 증손이요 그다랴의 손자요 구시의 아들이었더라
>
> — 스바냐 1:1

이 족보에 등장하는 인물 중 스바냐의 고조부인 히스기야를 주목할 필요가 있다. 히스기야가 누구인가? 남유다에서 요시야와 더불어 가장 훌륭했던 왕으로 인정받는 사람이 아닌가. 그는 앗수르 제국의 속국으로 전락해 버린 유다의 주권을 되살리고 잃어버린 신앙의 순수성을 되찾기 위해 치열한 싸움을 했던 위대한 왕이었다. 스바냐가 바로 그 히스기야 왕의 후손임을 알리기 위해 다른 예언서에서는 찾아볼 수 없는 긴 족보를 열거하고 있는 것으로 보인다. 이렇게 히스기야의 후손임을 강조하는 이유는 스바냐가 활동하던 시대에 남유다의 또 다른 위대한 왕 요시야의 종교 개

혁이 있었기 때문이다. 요시야의 종교 개혁이 있기 직전, 악한 왕이었던 므낫세와 아몬으로 인해 유다 왕국의 종교는 그 순수성을 잃어버리고 혼합 종교로 전락해 가고 있었다. 스바냐가 활동했던 시대는 요시야의 종교 개혁이 있기 바로 직전으로, 유다 왕국에서 가장 악한 왕으로 평가받는 므낫

작가 미상, 〈예언자 스바냐〉, 18세기.

세의 우상숭배가 여전히 사라지지 않은 때였던 것으로 보인다.

> [4]내가 유다와 예루살렘의 모든 주민들 위에 손을 펴서 남아 있는 바알을 그 곳에서 멸절하며 그마림이란 이름과 및 그 제사장들을 아울러 멸절하며 [5]또 지붕에서 하늘의 뭇 별에게 경배하는 자들과 경배하며 여호와께 맹세하면서 말감을 가리켜 맹세하는 자들과 [6]여호와를 배반하고 따르지 아니한 자들과 여호와를 찾지도 아니하며 구하지도 아니한 자들을 멸절하리라
>
> — 스바냐 1:4-6

이 외침에 여러 히브리어 이름이 등장한다. 앞서 나왔듯이, '바알'은 가나안 원주민들이 섬기던 다산의 신이다. 가나안 땅에 정착한 이스라엘 사람들은 바알과 그 배우자 아세라의 종교적 유혹에서 벗어나지 못했다. 히스기야의 뒤를 이은 므낫세 왕은 예루살렘 성전 안에 아세라 여신상을 세우는 범죄를 저질렀다(왕하 21:7). '그마림Kemarim'은 우상의 이름이라기보다는 우상을 섬기던 제사장을 히브리어 그대로 음역한 것이다. '말감Malcham'은 요단강 건너편에 위치한 암몬 사람들이 섬기던 신으로 '밀곰Milcom'이라는 이름으로 더 유명하다. 하늘의 일월성신 숭배는 특히 앗수르와 바벨론 제국에서 성행했던 우상숭배로, 구약성서는 이를 엄격히 금지하고 있다. 스바냐의 조상 히스기야는 이와 같은 종교적 문란 행위들을 척결하고자 했던 왕이었고, 요시야 또한 대대적인 종교 개혁을 통해 유다 왕국의 순수한 여호와 신앙을 회복하고자 했다(기원전 621년).

> [14]여호와의 큰 날이 가깝도다 가깝고도 빠르도다 여호와의 날의 소리로다 용사가 거기서 심히 슬피 우는도다 [15]그날은 분노의 날이요 환난과 고통의 날이요 황폐와 패망의 날이요 캄캄하고 어두운 날이요 구름과 흑암의 날이요 [16]나팔을 불어 경고하며 견고한 성읍들을 치며 높은 망대를 치는 날이로다
>
> — 스바냐 1:14-16

스바냐는 '여호와의 날The Day of Yahweh'이 가까웠음을 선포하며 나선다. 여호와의 날이란 전통적으로 이스라엘 사람들이 막연히 기다리고 있던 기쁨과 승리의 날이었다. 이 날은 하나님께서 이스라엘의 대적들을 물리쳐 주시고 이스라엘을 구원해 주시는 구원의 날이었다. 그런데 스바냐가 생각하는 여호와의 날은 다른 사람들이 기대하던 날과는 완전히 다른 날이었다. 비단 스바냐뿐 아니라 여러 문서예언자들은 이 날을 하나님께서 이스라엘을 심판하시는 징벌과 심판의 날이 될 것으로 사용했다.[47] 모두 여덟 번에 걸쳐 여호와의 날을 말하는[48] 스바냐에게 이 날은 여호와께서 이스라엘에게 분노하시는 날이었다.[49] 웃음이 끊어지고 울음소리와 무너지는 소리가 들리는 날이며, 광명이 사라지고 암흑이 덮이는 날이다. 더 나아가 이 날은 블레셋, 모압과 암몬, 구스, 앗수르 등 이방 민족들까지도 그들이 저지른 범죄에 대해 하나님의 심판을 받게 될 것이고(습 2:4-15), 땅 위에 있는 모든 사람과 짐승, 공중의 새와 바다의 고기까지도 모두 진멸을

47 사 2:12; 13:6, 9; 겔 13:5; 30:3; 욜 1:15; 2:1, 11; 3:14; 암 5:18, 20; 슥 14:1 등 참조.
48 습 1:7–8, 10, 14, 18; 2:2–3; 3:8 참조.
49 습 1:15, 18; 2:2–3 참조.

당하는 날이다(습 1:2-3). 기쁨과 승리의 날로 고대해야 할 날이 왜 하나님께서 분노하시는 날이 되었을까? 그것은 예루살렘(의 백성)이 '하나님의 명령을 듣지 아니하고 교훈을 받지 아니하며 여호와를 의뢰하지 아니하고 자기 하나님에게 가까이 나아가지 아니하였기' 때문이다(습 3:2). 앞서 언급했듯이 히브리어로 하나님의 말씀을 '듣는다(샤마)'는 것은 '순종한다'는 의미를 동시에 지니고 있다. 그들은 당신의 백성에게 들려주시는 하나님의 말씀을 귀로만 들을 뿐, 마음으로 받아들이지 낳았고, 듣고 순종해야 할 명령으로는 받아들이지 않았던 것이다. 이스라엘을 바른길로 인도하기 위해 전해 준 교훈도 무의미하게 들렸을 뿐이다. 그들은 하나님에 대한 전적인 신뢰를 포기하고 아예 가까이 나아가기를 거부했던 것이다.

예루살렘의 백성들이 하나님을 등지게 된 배후에는 방백과 재판장들, 선지자들, 제사장들이라는 지도층 인사들의 잘못이 자리를 잡고 있었다(습 3:3-4). 방백과 재판장들은 먹이를 쥐고, 소리를 지르는 사자와 이리들이다. 개인적인 욕심에 눈이 멀어 백성들을 쥐어짜는 지도자들은 자기 백성을 잡아먹는 짐승과 다를 바 없었던 것이다. 하나님의 말씀을 전해야 할 선지자들은 그저 백성들이 듣기 좋아하는 말을 해 주는 경솔하고 간사한 자들로 전락해 버렸다. 제사장들은 거룩이라는 자리를 포기하고 성소를 더럽히고 하나님의 율법을 범하는 데 앞장을 서고 있었다.

스바냐의 눈에 비친 여호와의 날은 임박해 있었다. 하나님의 분노가 이미 극에 달해 있어서 그 날은 곧 예루살렘에 대한 엄청난 심판으로 이어질 것이었다. 스바냐는 눈앞에 닥친 여호와의 날이 이르기 전에 이스라엘이 다시 찾아야 할 몇 가지를 제시한다.

> [2]명령이 시행되어 날이 겨 같이 지나가기 전, 여호와의 진노가 너희에게 내리기 전, 여호와의 분노의 날이 너희에게 이르기 전에 그리할지어다 [3]여호와의 규례를 지키는 세상의 모든 겸손한 자들아 너희는 여호와를 찾으며 공의와 겸손을 구하라 너희가 혹시 여호와의 분노의 날에 숨김을 얻으리
>
> — 스바냐 2:2-3

아직은 여호와의 날이 이르지 않았다. 스바냐는 예루살렘 백성들에게도 심판을 피할 기회가 있음을 말한다. 그래서 예루살렘 사람들에게 이 기회를 놓치지 말라고 외친다. 그리스의 시라큐스Syracuse라는 거리에는 '기회'라는 이름의 동상이 있다. 사람의 모양으로 만들어져 있는데, 앞머리는 머리카락이 무성하고 뒷머리는 머리카락이 전혀 없는 맨머리이다. 날개가 있어서 천사처럼 보이지만, 그 날개는 등이 아닌 발에 달려 있다. 날개가 발에 달린 기회는 순식간에 지나가 버린다. 앞머리가 무성한 이유는 기회가 올 때 사람들이 놓치지 않고 잡을 수 있도록 하기 위함이고, 뒷머리가 맨머리인 것은 지나간 기회란 잡기 어렵다는 것을 알려 주려 함이다.

예루살렘이 심판을 피하기 위해 주어진 기회는 그들이 등을 돌린 '여호와를 다시 찾는' 것이다. 여호와를 배반하고 우상을 따른 범죄에서 돌이켜 참 신이신 하나님을 다시 그들의 하나님으로 깨달아야 하는 것이다. '공의를 구한다'는 것은 우상숭배와 함께 무너져 버린 이스라엘의 사회질서를 다시 회복한다는 것을 말한다. 그리고 '겸손을 구한다'는 것은 하나님과의 관계에서 이스라엘이 본연의 위치로 돌아가야 함을 말한다. 하나님은 여호와의 날에 무엇보다도 교만한 자를 심판하실 것이기 때문이다.

내가 네 가운데 교만하여 자랑하는 자들을 제거하여 네가 나의 성산에서 다시는 교만하지 않게 할 것임이라

— 스바냐 3:11

흥미롭게도 스바냐는 곤고하고 가난한 백성은 여호와의 날이 이를 때에 예루살렘에서 구원을 받을 '남은 자'라고 말한다(습 3:12). 곤고한 자란 사회적으로 연약한 자를 말하고, 가난한 자란 경제적 약자를 말한다. 이들은 여호와의 이름을 의지하며 보호를 받게 된다. 하나님이 아니면 의지할 것이 전혀 없는 자들이기에 더욱 하나님을 전적으로 의지할 것이고, 하나님을 의지하기에 '악을 행하지 아니하며 거짓을 말하지 아니하며 입에 거짓된 혀가 없으며 먹고 누울지라도 그들을 두렵게 할 자가 없을 것'이다(습 3:12-13). 사회적, 종교적 지도층에 있는 이들이 심판과 징벌의 대상이 되는 반면, 아무것도 가진 것이 없는 연약한 이들이 이스라엘의 남은 자가 되리라는 스바냐의 선포는 우리에게 많은 것을 생각하게 한다. 구약성서, 특히 예언자들에게서 가난과 약함에 대해 긍정적으로 말하는 유일한 예가 되는 말씀이다. 이 곤고하고 가난한 자들은 2장 3절에서 말하는 겸손한 자들이라고 할 수 있다. 하나님께서는 가난하지만 겸손한 자들을 구원하시고, 이들을 통해 역사를 새롭게 시작하신다는 것이다. 겸손하고 가난한 자들이 새로운 시대에 하나님 나라의 초석이 된다는 예수님과 신약성서의 가르침들[50]이 구약에서는 스바냐의 입을 통해 전해지고 있는 것이다.

50 [신약성서] 마태복음 5:3-6; 11:5; 누가복음 1:51-53; 4:18; 6:20; 14:21; 로마서 15:26; 갈라디아서 2:10; 야고보서 2:5 등 참조.

남유다와 예루살렘을 향한 하나님의 철저한 심판, 임박한 여호와의 날을 선포한 스바냐이지만, 그의 선포는 하나님의 백성을 향한 구원과 희망의 메시지로 끝을 맺는다. 하나님의 백성이 심판을 받는 것이 최종적인 목적은 아니기 때문이다. 심판은 처음부터 하나님이 바라셨던 것이 아니었다. 스바냐는 하나님의 백성을 향한 여호와의 궁극적인 구원의 약속으로 새롭게 시작될 역사에 비전을 제시한다.

> 너의 하나님 여호와가 너의 가운데에 계시니 그는 구원을 베푸실 전능자이시라 그가 너로 말미암아 기쁨을 이기지 못하시며 너를 잠잠히 사랑하시며 너로 말미암아 즐거이 부르며 기뻐하시리라 하리라
>
> — 스바냐 3:17

어느 복음성가 가사로도 유명한 이 말씀을 가만히 음미해 보자. 이스라엘의 진정한 왕이신(습 3:15) 여호와께서 당신의 백성 가운데 함께 계실 것이고, 그는 자기 백성에게 궁극적인 구원을 가져다주실 것이다. 자기 백성으로 인한 기쁨에 겨워하시고, 그들을 잠잠히 사랑하시고, 하나님 자신이 이스라엘로 인해 노래를 부르시며 기뻐하실 것이다. 하나님이 이토록 기뻐하실 이유는 무엇인가? 비록 죄악으로 가득 찬 예루살렘이지만, 심판을 받는 중에서도 여호와를 찾고 공의와 겸손을 구하는 남은 자들이 있기 때문이다. 새로운 시대의 소망이 바로 그들에게 있기 때문이다.

포로기 예언자

에스겔

미국의 4인조 혼성 그룹인 보니 엠Boney M.이 부른 〈바벨론 강가에서Rivers of Babylon〉라는 노래를 들어 본 적이 있는가? '바벨론 강가에 주저앉아 우리는 시온을 기억하면서 울고 있었다… By the rivers of Babylon, there we sat down, yeah we wept, when we remembered Zion…'라고 시작하는 그 노래의 가사가 시편 137편의 말씀에서 비롯되었음은 익히 알려진 사실이다. 그런데 가만히 들어 보면 가사가 나오기 전에 먼저 잔잔하게 물결치는 강물 소리로 노래가 시작된다. 바벨론에 있는 그발Chebar강의 물결 소리이다. 그발강이 어디인가? 바벨론에 포로로 끌려와 살던 유다 백성이 모여 살던 장소였다. 나라를 잃고 포로로 끌려온 유다 백성들이 멸망의 아픔과 상처를 간직하면서 그들의 노래를 부르던 장소였다. 아무도 돌아보지 않는 자신의 처지를 하나님 앞에 내보이면서 망국의 아픔을 간직하고 울던 장소였다. 에스겔

Ezekiel이 예언자로 활동했던 장소였고, 바벨론의 하늘이 열리며 하나님이 자신의 모습을 보여 주신 장소가 바로 그곳이었다.

> [1]서른째 해 넷째 달 초닷새에 내가 그발 강 가 사로잡힌 자 중에 있을 때에 하늘이 열리며 하나님의 모습이 내게 보이니 [2]여호야긴 왕이 사로잡힌 지 오 년 그 달 초닷새라 [3]갈대아 땅 그발 강 가에서 여호와의 말씀이 부시의 아들 제사장 나 에스겔에게 특별히 임하고 여호와의 권능이 내 위에 있으니라
>
> — 에스겔 1:1-3

에스겔서는 '서른째 해 넷째 달 초닷새에'라는 말로 시작한다. 언제를 기점으로 해서 서른째 해라는 말일까? 에스겔서 안에서 이에 대한 단초를 찾아내기는 쉽지 않은 문제이다. 아마도 에스겔의 나이를 말하는 것으로 추측하는 것이 가장 신빙성이 있어 보인다. 그리고 그때는 '여호야긴 왕이 사로잡힌 지 오 년 그 달 초닷새'였다는 말이 덧붙고 있다. 남유다의 마지막에서 두 번째 왕이었던 여호야긴이 바벨론으로 사로잡혀간 해는 흔히 말하는 1차 포로 사건이 있었던 해를 말한다. 유다 왕국이 바벨론에 의해 멸망하고 백성이 포로로 끌려간 사건은 모두 세 차례에 걸쳐 일어났다. 그중 첫 번째 포로 사건이 열왕기하 24장 10절부터 17절까지 기록되어 있다. 기원전 604년부터 바벨론을 치리하기 시작한 느부갓네살 왕은 고대 근동의 모든 지역을 장악하려는 야심을 가지고 있었다. 느부갓네살의 세력이 점차 확장되고 있었던 그때, 예루살렘의 지도 계층은 애굽에 의존하여 바벨론의 팽창 정책에 맞서려고 했다. 느부갓네살은 막강한 군대를 앞세우

고 예루살렘으로 쳐들어왔고, 왕위에 오른 지 석 달밖에 되지 않은 여호야긴과 지도 계층에 속한 사람들은 바벨론으로 끌려가게 된다. 에스겔도 바로 이 포로로 끌려가는 무리 중에 속해 있었다. 이는 기원전 597년의 일이었다. 그렇다면 '여호야긴 왕이 사로잡힌 지 오 년'은 기원전 592년(경)을 말하고, 예언자 에스겔이 포로로 끌려온 지도 오 년이 지난 후를 말한다고 볼 수 있다. 바로 그 해가 에스겔이 예언자로 부름 받은 때였다. 에스겔은 스물다섯 열혈 청년의 나이에 남의 나라에 포로로 끌려와서는 서른의 나이에 바벨론의 그발강에서 하나님의 예언자로 부름을 받는다.

에스겔은 '부시의 아들 제사장'으로 소개된다(겔 1:3). 예레미야처럼 제사장 집안 출신이다. 오경의 법에 따르면 레위 사람은 서른의 나이에 제사장의 직무를 감당하기 시작한다(민 4:3). 제사장의 직무를 감당해야 할 바로 그 시점에서 에스겔은 제사장이 아닌 예언자의 직무를 감당하기 시작한다. 하나님의 성전이 없는 곳, 예루살렘이 아닌 이방 땅 갈대아에서, 하나님의 임재가 있는 거룩한 성전이 아닌, 포로민들이 힘겹게 모여 살고 있는 그발강에서 사역을 해야 한다. 거룩한 에봇을 입고 제사를 집례하는 것이 아니라, 포로민들과 똑같은 상황에서 그들과 같은 누더기를 입고 하나님의 말씀을 전해야 한다. 힘겹고 어려운 일이지만 그것은 하나님이 계획하신 '특별한' 일이었다. 예언자의 직무를 감당한다는 것이 어디 에스겔에게만 특별한 일이겠는가? 어느 시대에서나 하나님이 맡겨 주신 사명을 감당한다는 것은 특별한 일이다. 그러나 이 일은 분명 에스겔에게는 그 어떤 사명보다도 특별한 일이 틀림없었다. 아직은 예루살렘이 멸망하기 이전이다. 예루살렘에 남아 있었더라면, 에스겔은 예루살렘 제사장이라는 견고한 제도 안에서 안정된 권위를 가지고 사역을 시작했을 것이다. 그러나 지금은 상황이 다르다. 성전이라는 특별한 공간이 없는 곳에서 그는 자신이 처해 있는 상황을 불평하거나 원망하지 않고 하나님이 주시는 말씀을 특별한 것으로 받아들이고 있다. 그가 예언 사역을 감당해야 하는 바벨론의 그발강은 거룩한 예배장소였던 것이다.

에스겔은 자신이 '그발 강 가 사로잡힌 자 중에 있을 때에 하늘이 열리며 하나님이 모습이 내게 보이니'라고 말한다(겔 1:1). 이방 땅 갈대아의 하늘이 열리며 그곳에 계신 하나님이 당신의 모습을 에스겔에게 보여 준다. 에스겔이 무엇을 보았다는 말인가? 지금 에스겔이 보고 있는 것은 하나님의 모습이다. 하나님의 모습을 보다니, 이 얼마나 영광스러운 일인가? 예루살렘 성전에 있었더라면 성전에서 하나님의 임재를 기대해야 했을 것이지만, 지금 그는 인간이 지은 구조물이 아닌 하나님이 창조한 하늘에 계신 하나님을 본다. 꽉 막힌 성전 안으로 임재하는 하나님이 아닌 이 땅을 내려다보시는 하나님을 보고 있다.

그런데 아무리 자세히 읽어 보아도 도대체 어떤 모습인지 우리 머리로는 그 모습이 그려지지 않는다. 에스겔은 우선 네 마리 생물의 모습을 본다(겔 1:4-14). 북쪽에서부터 폭풍과 큰 구름이 일었고 불이 번쩍번쩍하여 빛이 그 사방에 비치며, 그 불 가운데 달군 쇠 같은 것이 있고 그 속에서 네 생물의 형상이 나타났다. 네 생물은 각각 사람, 사자, 소, 독수리의 얼굴을 가지고 있다. 모두 열여섯 얼굴이다. 날개도 네 개씩 가지고 있는데, 그 중 두 날개씩을 들어 펴서 이웃해 있는 생물의 날게 닿아 있으니 아마도 그 전체 모양은 정사각형의 모양을 이루고 있는 것처럼 보인다. 사각형의 모양체가 움직이는 방향은 하나님의 영靈, spirit이 결정한다(겔 1:12). 에스겔 1장 15절부터는 바퀴가 달려 있는 수레가 나타난다. 이 바퀴는 우리가 흔히 보는 바퀴와는 그 모양이 전혀 다르다. 바퀴 안에 또 다른 바퀴가 들어 있고, 바퀴 테에는 눈eye이 가득하다. 이 보좌 수레의 방향을 결정하는 것도 또한 하나님의 영이다(겔 1:20). 22절부터는 다시 생물의 모습을 묘사한다. 네 생물의 머리 위에는 수정처럼 투명하면서도 궁창(하늘) 같은 덮개가 있다. 그 생물들이 움직일 때는 날개가 들리고, 지나가고 설 때에는 날개가 내려온다. 지나갈 때 날개에서 들려오는 이상한 소리가 있다. 큰 물소리 같기도 하고, 전능자의 음성 같기도 하고, 군대의 함성처럼 들린다.

에스겔이 본 이 환상은 '사람의 모양'이 있는 보좌에 대한 묘사로 끝난다. 남보석sapphire 같은 보좌의 형상 위에 사람의 모양 같은 형상이 있다. 허리 위아래의 모양이 온통 불 같고 사방으로 광채가 나고 있다. 사방으로

Matthäus Merian, 〈에스겔의 환상〉, 17세기.

비치는 그 광채는 비 오는 날 구름에 뜬 무지개처럼 보인다. 아무리 그 모양을 정리해 보려 해도 쉽지가 않다. 에스겔은 이 모습을 최종적으로 '여호와의 영광의 형상의 모양이라'고 말한다.

> 그 사방 광채의 모양은 비 오는 날 구름에 있는 무지개 같으니 이는 여호와의 영광의 형상의 모양이라 내가 보고 엎드려 말씀하시는 이의 음성을 들으니라
>
> — 에스겔 1:28

'여호와'가 아니다. '여호와의 영광'도 아니다. '여호와의 영광의 형상'도 아니다. '여호와의 영광의 형상의 모양'이다. 도대체 무슨 말인가? 에스겔조차 자신이 보았다는 하나님을 자신 있게 말할 수 없었던 것이다. 감히 하나님의 모습을 형언할 수 없었던 것이다. 아니 이제 더 이상 하나님의 모습을 감히 볼 수도 없었던 것이다. 사실 구약성서에서 하나님의 모습을 본다는 것은 불가능한 일이다. 피조물인 인간이 감히 창조주 하나님의 모습을 볼 수 없다고 말한다. 혹여 하나님을 본다면 그는 죽음을 맞이하게 된다. 하나님을 가장 가까이에서 대면했다는 모세에게조차 하나님은 당신의 얼굴을 볼 수 없다고 하셨다.

> 또 이르시되 네가 내 얼굴을 보지 못하리니 나를 보고 살 자가 없음이니라
>
> — 출애굽기 33:20

예언자 이사야가 성전에서 환상 중에 여호와의 임재를 보면서 두려워했던 이유도 바로 이 때문이다. 이사야는 연기가 성전 안에 충만하고 여호와의 옷자락이 성전을 가득 채우는 장면을 목격하면서 '화로다 나여 망하게 되었도다'라며 두려워 떤다. 왜 하나님을 보고 기뻐하지 않고 망하게 되었다고 할까? 그것은 감히 거룩하신 하나님을 뵈었으니 이제 자신은 죽을 수밖에 없게 되었다는 두려움의 표현이다.

에스겔이 할 수 있는 것은 그저 엎드리는 것뿐이었다. 엎드린 상태에서는 더 이상 아무것도 볼 수가 없다. 그저 듣는 것이 전부였다. 에스겔이 할 수 있는 것이라고는 두려움 속에서 엎드려서 '말씀하시는 이의 소리'를 듣는 것뿐이었다(겔 2:2).

엎드려 있는 에스겔에게 하나님은 '네 발로 일어서라 내가 네게 말하리라' 하신다. 하나님은 에스겔에게 일어나라고 하시지만, 에스겔은 감히 하나님 앞에서 일어날 수가 없었다. TV 속의 한 장면을 떠올려 보면 이 모습을 이해할 수 있을 것 같다. 자신이 맡은 직무에서 실패한 신하가 왕 앞에 엎드려 있다. 신하는 죽어 마땅한 죄를 지었다고 생각하지만, 왕은 그의 죄를 용서하고 더 큰 임무를 맡기려 한다. 왕은 신하에게 자리에서 일어나라고 말하지만 신하는 감히 고개조차 들지 못한다. 이때 왕은 신하에게로 다가와 그의 손을 붙들고 일으켜 세운다. 에스겔은 제사장 직무에서 실패한 신하이다. 왕이신 하나님은 미동조차 하지 못하는 신하를 일으켜 세우시고 새로운 사명을 주신다.

하나님은 에스겔을 '이스라엘 자손 곧 패역한 백성' 하나님을 배반하는 자들에게 보내신다(겔 2:3). 에스겔을 파송하는 하나님에게 이스라엘은 패역으로 가득한 곳이다. 문자적으로 패역이라는 말은 반역과 반항을 뜻한다. 이스라엘은 하나님께 반역하고 반항한 백성이라는 말이다. 하나님을 향하여 반역하고 반항을 일삼는 그 패역이 왕국을 멸망의 직전까지 몰아갔다. 그럼에도 불구하고 그들의 표정은 뻔뻔하고 마음은 굳어 있었다. 바로 그 패역한 족속에게 에스겔을 보내며 '주 여호와의 말씀'을 전하라고 하신다(겔 2:4).

이미 패역할 대로 패역해졌고, 뻔뻔할 대로 뻔뻔해졌고, 굳을 대로 굳어져 버린 백성이, 포로로 끌려온 일개 제사장의 말을 어찌 하나님의 말씀으로 듣겠는가? 하나님도 알고 계셨다. 그들이 얼마나 패역하고, 얼마나 뻔뻔하고, 얼마나 마음이 굳은 백성인지를 말이다. 그럼에도 불구하고 하나님은 '그들이 듣든지 아니 듣든지 그들 가운데에 선지자가 있음을 알지니라'고 하신다(겔 2:5). 에스겔이 하나님의 말씀을 들고 나아가야 할 이스라엘이라는 현장은 가시와 찔레와 전갈로 가득한 곳이다. 그러나 하나님은 그들을 두려워 말고 그들이 하는 말도 두려워하지 말라고 하신다. 그들이 아무리 패역한 백성이라고 해도 그들의 말이나 그 얼굴을 두려워하지 말라고 하신다. 오직 하나님의 말씀으로 고하라고 하신다(겔 2:7).

하나님은 새로운 사명을 감당하러 나서야 하는 에스겔에게 무언가 먹을 것을 주신다(겔 2:8). 하나님이 먹으라고 내어 미신 것을 보고 에스겔은 다시 한번 놀랄 수밖에 없었다. 하나님이 내미신 손에는 우리가 원하는 먹을 것이 아니라 두루마리 책이 놓여 있었다. 하나님은 그 두루마리를 에스겔에게 펴 보이신다. 보통의 두루마리는 한쪽 면에만 글이 적혀 있는데, 그 두루마리는 양편으로 글이 적혀 있었다. 적힌 글은 애가哀歌와 애곡哀曲과 재앙의 말들이었다. 그것은 에스겔이 백성에게 가서 전해야 할 말이었고, 무엇보다도 에스겔이 먼저 먹어야 할 말씀이었다. 그렇다. 에스겔이 먹어야 할 것은 음식으로 대변되는 풍족한 여건이 아니었다. 우리 시대의 사회와 예배현장은 하나님의 말씀을 전하는 자마저 패역해 버리지 않았는가? 하나님의 안타까움이 바로 여기에 있다. 하나님은 예언자에게 사명을 맡기고 보내시면서 그 사람마저 패역한 사회에 물들어 버릴 것을 염려하신다. 그래서 '그 패역한 족속 같이 패역하지 말고' 당신께서 주는 것을 먹으라고 하신다.

에스겔은 하나님이 주신 두루마리를 먹는다(겔 3:2). 음식조차 먹지 못한 에스겔이지만 그는 그발강가에서 종횡무진하며 하나님의 말씀을 전한다. 때로는 들로 나아가고(겔 3:22), 때로는 환상 중에 마른 뼈가 가득한 골짜기로 나아가고(겔 37장), 때로는 예루살렘을 다녀오기도 한다(겔 40-48장). 에스겔은 여호와의 권능이 자신에게 임한 것을 깨닫는다. 구약성서에서 말하는 권능을 직역하면 손hand이다. 하나님의 권능은 하나님의 손이다. 하나님의 능력 있는 손이 지금 에스겔 위에 내려왔다. 그 손이, 무능하고 힘이 없어서 끌려온 포로민에 지나지 않는 에스겔을 위로하고 있다. 에스겔은 예루살렘의 제사장이었기에 더 많은 좌절을 느낄 수밖에 없었을 것이다. 지금까지 배워 온 것은 제사였지, 말씀을 전하는 것이 아니었다. 그런 그에게 하나님의 말씀은 특별한 것이 아닐 수 없었을 것이다. 그러나 에스겔이 하나님의 말씀을 특별하다고 말하는 이유는 자신에게 생소하기 때문이 아니다. 포로민으로 살고 있는 자신과 백성들에게 임한 하나님의 말씀은 하나님이 그들을 포기하지 않는다는 증거가 되었기 때문이다. 하나님의 말씀을 특별한 것으로 받아들이지 못할 때에 하나님의 능력은 우리와 함께할 수 없다. 그 하나님의 말씀이 우리를 위한 것임을 고백하게 될 때에 하나님의 진정한 권능, 그분의 능력은 우리와 함께할 수 있는 것이다.

아무리 한국 교회가 혼탁하고 사회가 무너지고 있어도, 하나님의 선지자는 그 사명을 감당하고 있다. 그들이 있음을 잊지 말아야 한다. 그리고 선지자는 하나님이 맡겨 주신 사명을 잊지 말아야 한다.

오바댜

포로기에 활동한 오바댜Obadiah가 외친 말씀의 주제는 형제 민족인 에돔Edom이 받을 심판과 이스라엘이 앞으로 받을 구원을 다루고 있다. 문서예언서뿐 아니라 구약성서의 모든 책 중에서 가장 짧은 책인 오바댜서는 단 1장으로 구성되어 있다. 이 책에는 에돔이라는 단어가 3회, 에서라는 단어가 7회 등장한다. 에돔은 야곱(이스라엘)의 형인 에서의 별명이었고, 또 그 후손을 일컫는 말이기도 하다.

> 야곱에게 이르되 내가 피곤하니 그 붉은 것을 내가 먹게 하라 한지라 그러므로 에서의 별명은 에돔이더라
>
> — 창세기 25:30

> 에서 곧 에돔의 족보는 이러하니라
>
> — 창세기 36:1

혈통적으로 볼 때 에돔은 이스라엘과 가장 가까운 민족이라고 할 수 있다. 그러나 구약성서에 나타나는 이 두 민족은 처음부터 친밀하지 못했다. 야곱은 태어날 때부터 형 에서의 발꿈치를 잡았고(창 25:26), 장성해서는 장자의 명분을 가볍게 여긴 형에게서 죽 한 그릇으로 장자권을 샀다(창

25:33-34). 실제로 이 장자권은 아버지 이삭이 죽기 직전 빌어 준 장자의 복을 빼앗는 사건으로 이어졌다(창 27장). 이 일로 인해 야곱은 오랫동안 하란으로 도망해 있기도 했다. 20년의 세월이 흐른 후 형제는 극적으로 화해했지만(창 32장), 한 공동체를 형성하지 못하고 끝내 갈라서고야 만다(창 33장).

에돔 사람들, 곧 에서의 후손은 가나안 땅의 가장 남쪽 지역이라고 할 수 있는 세일(사해 남쪽, 요단 저지대 동쪽) 땅 산지에 살았다(창 36:8-9). 이때부터 구약성서에서 이스라엘과 에돔은 늘 적대적인 관계로 나타난다. 출애굽한 이스라엘 민족이 가나안으로 진입하려 했을 때 모세가 에돔 왕에게 이스라엘이 에돔의 형제 민족인 것을 운운하며(당신의 형제 이스라엘, 민 20:14) 에돔 땅을 지나가게 해 달라고 했으나, 에돔 왕은 그들의 진입을 허락하지 않았다.

> 18에돔 왕이 대답하되 너는 우리 가운데로 지나가지 못하리라 내가 칼을 들고 나아가 너를 대적할까 하노라 19이스라엘 자손이 이르되 우리가 큰길로만 지나가겠고 우리나 우리 짐승이 당신의 물을 마시면 그 값을 낼 것이라 우리가 도보로 지나갈 뿐인즉 아무 일도 없으리이다 하나 20그는 이르되 너는 지나가지 못하리라 하고 에돔 왕이 많은 백성을 거느리고 나와서 강한 손으로 막으니 21에돔 왕이 이같이 이스라엘이 그의 영토로 지나감을 용납하지 아니하므로 이스라엘이 그들에게서 돌이키니라
>
> — 민수기 20:18-21

왕정 시대에는 다윗이 에돔을 정복하여 만 팔천 명을 죽인 이후(삼

하 8:13-14) 에돔과의 사이는 더욱 나빠졌고, 후에 남유다가 멸망할 때에 가장 기뻐했던 민족이기도 하다.

기원전 587년 남유다가 바벨론 군대에 의해 무너질 때 에돔은 바벨론 군대 편에 서서 유다 왕국에 적대적인 행동을 하기도 했고, 그 공을 인정받아 옛 왕국의 일부 영토를 배당받기도 했다.

> 10네가(에돔) 네 형제 야곱에게 행한 포학으로 말미암아 부끄러움을 당하고 영원히 멸절되리라 11네가 멀리 섰던 날 곧 이방인이 그의 재물을 빼앗아가며 외국인이 그의 성문에 들어가서 예루살렘을 얻기 위하여 제비 뽑던 날에 너도 그들 중 한 사람 같았느니라
>
> — 오바댜 1:10-11

오바댜는 형제 민족인 에서가 하지 말았어야 할 일들을 마치 죄목처럼 나열한다. 예루살렘이 멸망하던 날에 에서는 형제 민족이 멸망하는 것을 방관하고 입을 벌려 가며 기뻐했다(옵 1:12). 또 바벨론 군대와 함께 성문에 들어갔고, 고난을 당하는 형제들을 방관했고, 예루살렘의 재물에 손을 댔다(옵 1:13). 더 나아가 예루살렘 사람들이 피신하지 못하도록 막아섰고, 예루살렘의 남은 자들을 바벨론 사람들에게 넘겨 버리기까지 했다(옵 1:14). 에돔을 친형제처럼 생각했던 예루살렘 사람들로서는 바벨론 사람들이 예루살렘을 멸망시킬 때 바벨론 편에 서 있던 에돔에 치를 떨었고, 그 아픈 마음이 예언자 오바댜를 통해 고스란히 전해지고 있다. 오바댜는 하나님이 만국을 벌하실 날(여호와의 날)에 에돔이 그 심판을 면하지 못하리라는 한 맺힌 절규를 토해 낸다. 그날에는 폐허가 되어 버린 시온산(예루살렘)

에 구원받은 자들이 올라와서, 에서의 산(세일산)[51]을 심판하게 될 것이고, 하나님의 백성은 에돔 민족을 마치 불사르듯 멸망시킬 것이다.

> 야곱 족속은 불이 될 것이며 요셉 족속은 불꽃이 될 것이요 에서 족속은 지푸라기가 될 것이라 그들이 그들 위에 붙어서 그들을 불사를 것인즉 에서 족속에 남은 자가 없으리니 여호와께서 말씀하셨음이라
>
> — 오바댜 1:18

오바댜와 동시대의 예언자인 에스겔에게서도 예루살렘이 멸망할 때 에돔이 보인 태도로 인해 유다 사람들의 마음에 입은 깊은 상처가 잘 나타나 있다. 에스겔은 예루살렘 사람들이 에돔으로부터 억울하게 당한 일들에 대해 하나님께서 보응하심으로써 하나님이 '하나님 되심'을 입증하시리라고 말한다.

> 내가 내 백성 이스라엘의 손으로 내 원수를 에돔에게 갚으리니 그들이 내 진노와 분노를 따라 에돔에 행한즉 내가 원수를 갚음인 줄을 에돔이 알리라 주 여호와의 말씀이니라
>
> — 에스겔 25:14

> 이스라엘 족속의 기업이 황폐하므로 네가 즐거워한 것 같이 내가

51 욥 1:8, 19–20 참조.

너를 황폐하게 하리라 세일 산아 너와 에돔 온 땅이 황폐하리니 내가 여호와인 줄을 무리가 알리라 하셨다 하라

— 에스겔 35:15

탄원시 가운데 하나인 시편 137편은 예루살렘이 멸망한 다음 바벨론에 끌려온 사람들의 상황과 심정을 잘 표현해 주고 있다. 바벨론 사람들이 포로민들에게 시온의 노래를 불러 보라고 했을 때, 성전에서 부르던 찬송을 낯선 이방 땅에서 부를 수 없었던 이들의 애환이 그대로 드러나고 있다. 그들의 애환은 누군가가 보복해 주기를 바라고, 바벨론 사람들의 어린 아이들을 바위에 메어치고 싶다는 분노로 나타나기까지 한다(시 137:8-9). 이 노래가사 중간에 에돔 사람들을 향한 저주가 나타나는 것은 에돔에 대한 포로민들의 분노가 얼마나 대단했었는지를 단적으로 보여 준다.

여호와여 예루살렘이 멸망하던 날을 기억하시고 에돔 자손을 치소서 그들의 말이 헐어 버리라 헐어 버리라 그 기초까지 헐어 버리라 하였나이다

— 시편 137:7

그러나 오바댜의 예언은 단순히 에돔 민족에 대한 원망이나 하나님께서 그 보복을 해 주시기를 바라는 소망으로 끝나지 않는다. 그는 여호와의 날, 곧 하나님께서 이루실 구원의 날에는 이스라엘이 잃어버린 옛 영토를 다시 회복하게 될 것이라 소망한다(옵 1:21).

포로 후기 예언자

요엘

요엘Joel의 메시지는 포로기 이후 어느 시대에 있었을 메뚜기로 인한 심한 재해에 대한 소개로 유명하다. 요엘은 메뚜기 떼로 인한 재난을 하나님의 심판으로 보았다. 여기에 하나님의 섭리와 뜻이 있음을 인정하고 하나님 앞에 겸손한 마음으로 회개하고 나아갈 것을 촉구하였다. 고대 근동 지역에서 메뚜기 떼의 습격은, 출애굽기의 열 재앙 중 하나가 바로 메뚜기 떼로 인한 것이었듯이, 가장 절망스러운 재해 가운데 하나였다.

> 2너희의 날에나 너희 조상들의 날에 이런 일이 있었느냐 3너희는 이
> 일을 너희 자녀에게 말하고 너희 자녀는 자기 자녀에게 말하고 그
> 자녀는 후세에 말할 것이니라 4팥중이가 남긴 것을 메뚜기가 먹고
> 메뚜기가 남긴 것을 느치(늑메뚜기)가 먹고 느치가 남긴 것을 황충(풀

무치)이 먹었도다

— 요엘 1:2b-4

요엘은 당시에 있었던 이 재난을 이스라엘에 대한 이민족의 침입으로 비유하며, 하나님의 심판으로 해석한다. 요엘은 이 메뚜기 떼를 군대와 비교한다. 여러 종류의 메뚜기 떼가 차례로 이어졌듯이, 이스라엘은 여러 강대국들의 침략을 경험했다. 메뚜기 떼의 습격은 강력한 이빨을 지닌 사자의 공격과도 같았다. 그 습격을 받은 이스라엘은 마치 하얗게 변해 버린 포도나무와 무화과나무처럼 아무런 저항조차 할 수 없었던 것이다.

6다른 한 민족이 내 땅에 올라왔음이로다 그들은 강하고 수가 많으
며 그 이빨은 사자의 이빨 같고 그 어금니는 암사자의 어금니 같도
다 7그들이 내 포도나무를 멸하며 내 무화과나무를 긁어 말갛게 벗
겨서 버리니 그 모든 나무가 하얗게 되었도다

— 요엘 1:6-7

이 재난을 피해 백성이 회복되기 위해서 요엘은 일반 백성들뿐 아니라 제사장들을 포함한 모든 종교 지도자들이 국가적인 통곡의 날을 가져야 한다고 외치며, 금식을 선포하고 굵은 베옷을 입으라고 한다.

13제사장들아 너희는 굵은 베로 동이고 슬피 울지어다 제단에 수종
드는 자들아 너희는 울지어다 내 하나님께 수종드는 자들아 너희는
와서 굵은 베 옷을 입고 밤이 새도록 누울지어다 이는 소제와 전제

를 너희 하나님의 성전에 드리지 못함이로다 [14]너희는 금식일을 정하고 성회를 소집하여 장로들과 이 땅의 모든 주민들을 너희 하나님 여호와의 성전으로 모으고 여호와께 부르짖을지어다

— 요엘 1:13-14

'제사장'과 '여호와의 성전'이 등장하는 것은 요엘서의 저작 연대를 가늠케 하는 중요한 열쇠가 된다. 아쉽게도 '여호와는 하나님이시다'라는 뜻을 지닌 예언자 요엘에 대해서는 그가 '브두엘의 아들'이라는 것 외에는 우리가 알 수 있는 정보가 없다. 그의 아버지 브두엘이 누구인지도 남아 있는 자료가 없다. 게다가 요엘서 안에는 그의 활동 연대를 짐작할 만한 특별한 역사적 사건이 있는 것도 아니다. 그러나 대부분의 학자들은 이 정체불명의 예언자 요엘이 포로기 이후에 활동한 사람이라는 데에 동의하고 있다. '제사장'과 '성전'이라는 용어가 등장하는 것으로 보아 요엘이 활동하던 시대는 솔로몬 성전이 있었던 시대이거나 기원전 515년에 세워진 제2성전(스룹바벨 성전)이 지어진 시대였을 것인데, 14절에 '금식'이 등장하는 것으로 보아 아마도 제2성전 시대였다고 보아야 할 것이다. 구약의 이스라엘 역사에서 금식은, 솔로몬 성전이 무너진 후 활성화된 종교적 생활양태 가운데 하나이기 때문이다. 그렇다면 2장 7-9절에 등장하는 '성(벽)'은 기원전 445년에 다시 세워진 성전을 말하는 것이 된다. 게다가 요엘 3장이 이스라엘 백성이 바벨론으로 끌려갔던 포로기의 경험을 전제하고 있는 것(욜 3:1-3)은 요엘이 포로기 이후에 활동한 예언자였음을 말해 주는 단서가 되고 있다.

요엘의 예언에서 가장 중요한 단어는 사실 '메뚜기'보다는 '여호와의 날'이라고 보아야 할 것이다. 여호와의 날은 요엘의 예언 전체를 이해하는

주제가 된다. 이스라엘 백성들이 보편적으로 생각해 온 '여호와의 날'은 여호와 하나님이 그들에게 나타나셔서 승리와 기쁨을 주시는 날이었지만, 요엘은 메뚜기 떼의 습격에서 이 여호와의 날에 대한 새로운 의미를 찾는다.

> 슬프다 그 날이여 여호와의 날이 가까웠나니 곧 멸망 같이 전능자에게로부터 이르리로다
>
> — 요엘 1:15

> [1]시온에서 나팔을 불며 나의 거룩한 산에서 경고의 소리를 질러 이 땅 주민들로 다 떨게 할지니 이는 여호와의 날이 이르게 됨이니라 이제 임박하였으니 [2]곧 어둡고 캄캄한 날이요 짙은 구름이 덮인 날이라 새벽 빛이 산 꼭대기에 덮인 것과 같으니 이는 많고 강한 백성이 이르렀음이라 이와 같은 것이 옛날에도 없었고 이후에도 대대에 없으리로다
>
> — 요엘 2:1-2

이스라엘 백성에게 여호와의 날은 더 이상 기쁨의 날이 될 수 없고, 오히려 하나님의 백성에 대한 엄중한 심판의 날로 다가오리라는 말이다. 요엘은 모든 사람이 하나님의 성전에 모여서 금식하고 통곡해야 한다고 외친다. 이 여호와의 날에는 비단 사람뿐만 아니라, 곡식의 씨앗이 생명력을 잃고, 가축이 먹을 것을 상실하고(욜 1:16-19), 들짐승도 헐떡거리고 시내가 마르고 들의 풀이 불에 타 버릴 정도로(욜 1:20), 모든 피조 세계가 하나님 앞에서 철저한 고통을 겪게 될 것이기 때문이다. 요엘은 메뚜기의 재앙과

여호와의 날이라는 하나님의 거대한 진노 앞에서도 진심으로 통회한다. 그러면서 하나님께로 돌아오면 노하기를 더디 하시고 인애가 크신 하나님이 뜻을 돌이키셔서 복을 주실 것이며, 자기 백성들을 불쌍히 여기시고, 이스라엘이 열국 중에서 욕을 당할 일이 없게 될 것이며 북편 군대를 멀리 쫓아내실 것을 확신했다(욜 2:18-20).

요엘서는 어느 예언서보다도 묵시적인 요소를 많이 내포하고 있다. 요엘서에 나타나는 자연 세계는 하나님 여호와와 더불어 사는 이상적인 세계의 모습이며, 하나님의 영이 풍성히 임하는 세계이다.[52]

> [28]그 후에 내가 내 영을 만민에게 부어 주리니 너희 자녀들이 장래 일을 말할 것이며 너희 늙은이는 꿈을 꾸며 너희 젊은이는 이상을 볼 것이며 [29]그 때에 내가 또 내 영을 남종과 여종에게 부어 줄 것이며
>
> — 요엘 2:28-29

요엘이 말하는 '그 후에'는 이스라엘이 회개한 후 곧바로 다가올 자연적인 회복기가 아니라, 막연하게 기대하는 이상적인 때를 말한다. 이 이상적인 때는 원수가 대파되는 우주적 전쟁을 통해 이루어지며, 요엘은 이 전쟁에서 이스라엘의 원수들이 모두 패망하게 될 것으로 보았다(욜 3:11-15). 이와 같은 요엘의 묵시문학적 요소는 신약성서의 여러 곳에서 생생하게 재연되고 있다.[53]

52 [신약성서] 사도행전 2:17–18 참조.
53 [신약성서] 마태복음 25:31–46; 마가복음 13:24–25; 요한계시록 3:9–15; 12:7–12 참조.

이렇게 하나님의 영이 부어지는 이상적인 때는 '여호와의 크고 두려운 날'이기도 하다. 하나님이 심판하시는 이 무서운 날에 살아남을 이가 아무도 없을 것이다. 하나님은 두로와 시돈과 블레셋 사람을 비롯한 이방 사람들의 죄를 물으실 것이고(욜 3:4-8), 애굽과 에돔 등 이스라엘을 괴롭힌 모든 적에게 그들의 잘못한 데 있어 응당한 보복을 행하실 것이다(욜 3:18-21). 이방 민족을 심판하시는 그 때가 이스라엘 사람들에게는 구원의 날이 될 것이다. 하나님은 자기 백성의 피난처가 되고 이스라엘 자손의 산성이 되시기 때문이다(욜 3:16). 그러나 모든 이스라엘 사람이 다 구원을 얻는 것은 아니다. 요엘이 말하는 마지막 때에 궁극적으로 구원을 얻는 이는 마지막까지 하나님 여호와 외에는 이스라엘에 다른 이가 없음을 인정하는 자이다(욜 2:27).

> 누구든지 여호와의 이름을 부르는 자는 구원을 얻으리니 이는 나 여호와의 말대로 시온 산과 예루살렘에서 피할 자가 있을 것임이요 남은 자 중에 나 여호와의 부름을 받을 자가 있을 것임이니라
>
> — 요엘 2:32

하나님의 이름은 언제나 이스라엘이 고난당하고 위기의 순간 처했을 때 구원을 얻는 통로였다.[54] 하나님의 이름만이 이스라엘의 구원이 되신다는 이 같은 외침은 베드로와 바울의 입을 통해 모든 예수님의 이름으로만 구원을 얻는다는 모든 기독교인의 신앙고백으로 이어지게 된다.

54 시 54:1; 79:9; 96:2; 106:8, 47; 116:13; 사 47:4; 렘 14:9; 23:6; 33:16; 50:34 참조.

다른 이로써는 구원을 받을 수 없나니 천하 사람 중에 구원을 받을 만한 다른 이름을 우리에게 주신 일이 없음이라

— 사도행전 4:12

누구든지 주의 이름을 부르는 자는 구원을 받으리라

— 로마서 10:13

요나

요나Jonah에는 예언자라는 말이 등장하지는 않지만, '여호와의 말씀이… 임하니라'는 '전령 공식'(욘 1:1) 때문에 예언서에 포함된 책이다. 전령 공식이라니, 무슨 말인가? 이는 예언자가 전하는 말이 예언자 자신의 것이 아니라, 하나님으로부터 전달받은 말씀임을 나타내는 표현이다(여호와께서 이르시되…, 여호와의 말씀이 임하니라, 주께서 말씀하시기를… 등). 예언預言이란 본디 하나님의 말씀을 대신 전달하는 것이다. 구약의 예언자를 豫言者(미리 전하는 사람)가 아니라, 預言者(하나님으로부터 받은 말씀을 대신 전하는 사람, 대언자代言者)라고 부르는 이유가 여기에 있다. 요나서는 그 시대적 배경을 두고 많은 논의가 거듭되고 있는 책이다. '아밋대의 아들 요나'는 여로보암 2세가 치리하던 시대에 활동했던 예언자이다.

이스라엘의 하나님 여호와께서 그의 종 가드헤벨 아밋대의 아들 선지자 요나를 통하여 하신 말씀과 같이 여로보암이 이스라엘 영토를 회복하되 하맛 어귀에서부터 아라바 바다까지 하였으니

— 열왕기하 14:25

그러나 대부분의 학자들은 이 책을 이스라엘이라는 한계를 벗어나 전 세계적인 하나님의 사랑을 담고 있는 전형적인 포로기 이후의 예언서로 구분하고 있다. 그 이유는 이 책이 담고 있는 보편적인 구원 사상 때문이다. 누구의 주장이 옳은지를 따지자는 것이 아니다. 요나서는 이 책에 등장하는 예언자의 역사성을 찾는 것보다 이 책이 전하고 있는 하나님의 넓은 사랑과 보편적인 구원 사상에 주목할 것을 우리에게 요구하고 있다. 하나님의 사랑이 넓다고, 그분의 구원이 보편적이라고 말하는 이유는 이 책이 앗수르의 수도 니느웨를 배경으로 하고 있기 때문이다. 앗수르에 대한 이스라엘 백성의 원한은 나훔서에서 이미 살펴본 바 있다. 나훔은 앗수르의 멸망이 공의로우신 하나님의 뜻이라고 선포하지 않았던가? 기원전 8세기부터 하나님 백성의 존재와 신앙을 위협했던 제국의 멸망이 이스라엘에게는 이루 말할 수 없는 위로가 되지 않았던가? 그런데 그 하나님이 이제는 앗수르의 수도 니느웨로 가서 말씀을 전하라고 하신다.

화가 난 요나는 니느웨에 가서 회개의 메시지를 선포하라는 하나님의 명령을 거역하고 스페인 남쪽 항구인 다시스Tartessus(타르테소스)로 가는 배를 탄다. 당시 다시스는 세계의 끝으로 알려진 곳이었다. 니느웨로 가기를 거부하는 요나의 마음은 세계의 끝을 향하고 있었다. 세상의 끝으로 가면 하나님을 피할 수 있으리라고 생각했다. 하나님이 어떤 분이신지를 착각하고 있는 예언자의 모습을 보라. 입으로는 '나는 히브리 사람이요 바다와 육지를 지으신 하늘의 하나님 여호와를 경외하는 자로다'(욘 1:9)라고 고백하지만, 정작 세상의 끝으로 가면 하나님의 통치 영역에서 벗어날 수 있다는 어리석음에 사로잡혀 있다. 고대 시대의 대부분의 다른 신들에게는 정해진 통치 영역이 있지만, 천지를 지으신 하나님께는 그 제한이 없다는 사실을 망각하고 있다.

하나님을 피해 도망하는 요나는 끊임없이 '내려간다'. 먼저 욥바로 내려가더니(욘 1:3) 그곳에서 다시스로 가는 배를 타고 배 밑층에 내려가서 깊은 잠에 빠진다(욘 1:5). 그런데 항해를 시작한 지 얼마 안 돼서 폭풍을 만나 배는 거의 깨질 지경에 이르렀고, 사공들과 함께 사투를 벌이던 선장은 잠자고 있던 요나를 깨워 '네 하나님께 구하라 혹시 하나님이 우리를 생각하사 망하지 아니하게 하시리라'(욘 1:6)고 질책한다. 저마다 자기 신에게 기도를 드리던 이방 사람들이 하나님의 예언자에게도 기도하라고 닥달한다. 그러다 이 예상치 못한 풍랑이 요나 때문인 것을 안 그들은 '네가 어찌하여 그렇게 행하였느냐'고 묻는다. 몰라서 묻는 말이 아니다. 궁금해서 묻는 질문이 아니다. 하나님의 사람답지 못함을 탓하는 이방인의 질책이다. 자기를 들어 바다에 던져야 폭풍이 사라지리라는 말에도, 그들은 요나를 곧바로 바다에 던지지 않았다. 요나를 죽이지 않고도 폭풍에서 벗어나고자 '힘써 노를 저어 배를 육지에 돌리고자' 했지만, 점점 더 흉용하게 몰아치는 바다를 이길 수는 없었다(욘 1:13). 급기야 그들은 여호와께 부르짖었고 기도하면서 마지못해 요나를 바다에 던지고야 만다.

> 여호와여 구하고 구하오니 이 사람의 생명 때문에 우리를 멸망시키지 마옵소서 무죄한 피를 우리에게 돌리지 마옵소서 주 여호와께서는 주의 뜻대로 행하심이니이다.
>
> — 요나 1:14

이제야 바다는 잔잔해졌다. 이방인들이 하나님께 기도하고 제물을 드리고 안전하게 육지에 닿으면 다시 제사하기로 서원하는 동안에도(욘 2:9) 정작 하나님의 사람 요나는 단 한 마디의 기도도 하지 않고 있다. 바다에 던져진 요나는 거대한 물고기에게 삼켜졌고, 물고기 뱃속에서 기도하는 요나는 죽음의 세계로 한 걸음 더 '내려가 버린' 자신을 경험한다(욘 2:6).

우리는 요나를 삼킨 물고기의 정체에 대해서는 알지 못한다. 흔히 큰 물고기라면 고래를 떠올리지만, 고래라는 단어가 등장하지 않는다. 요나가 그 물고기 뱃속에서 어떻게 생명을 유지할 수 있었는지에 대해서도 아무런 설명이 없다. 이미 바다에 던져지는 순간부터 요나는 죽음의 자리로 내려가고 있었다. 당연히 죽어 있어야 할 자신이 스올의 뱃속에서 여전히 살아 있음을 깨닫는 데는 그다지 오랜 시간이 걸리지 않았다. 밤낮 3일

Pieter Lastman, 〈요나와 고래〉, 1621년.

을 그 안에 있으면서 요나는 자신이 고백하던 하나님이 어떤 분이신지를 비로소 다시 경험하게 된다. 하나님은 천지와 바다를 지으신 분일 뿐 아니라, 죽음의 세계마저도 다스리시는 분이었던 것이다. 그렇게 그가 3일의 죽음을 경험한 후에, 하나님은 물고기에게 말씀하셨고, 물고기는 다시 요나를 육지에 내려놓았다.

바다와 물고기도 하나님의 말씀에 순종했건만, 그 말씀에 순종하지 못한 요나는 다시 어느 육지 위에서 하나님의 말씀을 듣는다. '일어나 저 큰 성읍 니느웨로 가서 내가 네게 명한 바를 그들에게 선포하라'(욘 3:2)는 것이다. 니느웨로 가라는 처음 명령을 다시 들었고, 이번에는 순종한다. 그런데 그 순종이 이상하다. 그는 성읍에 들어가 하루 동안 다니며 '40일이 지나면 니느웨가 무너지리라'고 외쳤다. 사흘 동안 걸을 만큼 큰 성읍(욘 3:3)에서 그는 단 하루만 걸어다니며 성의 없이 외쳤을 뿐이다(욘 3:4). 하나님으로부터 받은 심판의 말씀만 전했을 뿐이지, 그들의 죄를 지적하면서 회개할 것은 요구하지 않는다. 아니, 아예 그들의 회개를 기대하지도 않는다. 혹시라도 그들이 하나님의 은혜 입기를 바라지도 않는다.

그러나 요나가 생각하지 못했던 역사가 일어나기 시작했고, 바라지 않았던 일들이 벌어지기 시작했다. 니느웨의 온 성읍 사람들이 굵은 베옷을 입고 회개했던 것이다. 왕도 보좌에서 벗어나 재灾 위에 앉았다. 앗수르에서 발견된 문헌들에 따르면, 국가적 재앙을 만났을 때 왕은 그 재앙이 지나갈 때까지 보좌를 떠나야만 했다. 니느웨가 무너진다는 하나님의 말씀을 국가적 재앙으로 보고 보좌를 떠나 회개의 자리에 앉은 것이다.

왕으로부터 모든 백성들, 심지어 짐승들에게까지 이르는 대대적인 회개를 하면서 하나님이 뜻을 돌이켜 자신들이 멸망하지 않기를 기도

했다. '그렇지 않을 줄을 누가 알겠느냐'는 니느웨 왕의 기대에는 자신들이 회개했다는 사실이 하나님의 재앙을 돌이키는 권리가 되지 못한다는 겸손함이 배어 있기까지 한다. 마침내 그들의 회개와 기도는 하나님을 감동시켰다. 하나님은 니느웨 사람들이 악한 길에서 돌이켜 떠난 것을 보셨다. 그래서 뜻을 돌이키시고 그들에게 내리리라고 말씀하신 재앙을 거두셨다. 처음부터 하나님의 관심은 니느웨의 멸망에 있지 않았다. 그렇지 않다면 요나를 보낼 필요도 없었을 것이다. 하나님은 악행을 일삼던 니느웨 사람들마저도 악한 길에서 돌이켜 구원받기를 원하셨던 것이다.

니느웨 사람들에 대한 하나님의 심판이 철회되자, 요나는 결국 분을 감추지 못한다. 그의 불평에는 요나가 왜 다시스로 도망했으며, 니느웨에서는 하나님의 말씀을 기꺼운 마음으로 전하지 못하고 짜증을 내면서 예언할 수밖에 없었는지가 고스란히 드러난다.

> [2]…여호와여 내가 고국에 있을 때에 이러하겠다고 말씀하지 아니하였나이까… 주께서는 은혜로우시며 자비로우시며 노하기를 더디하시며 인애가 크시사 뜻을 돌이켜 재앙을 내리지 아니하시는 하나님이신 줄을 내가 알았음이니이다 [3]여호와여 원하건대 이제 내 생명을 거두어 가소서 사는 것보다 죽는 것이 내게 나음이니이다
>
> — 요나 4:2-3

요나는 하나님이 어떤 분이신지 잘 알고 있었다. 요나가 알고 있는 하나님은 '은혜로우시며 자비로우시며 노하기를 더디하시며 인애가 크시사 뜻을 돌이켜 재앙을 내리지 아니하시는' 분이었다. 일찍이 이스라엘 역

사에서 드러난 이 위대한 신앙고백에 등장하는 하나님을 그는 누구보다도 잘 알고 있었다.[55] 그 하나님이 원수 같은 니느웨 사람들을 용서하시는 것이 처음부터 싫었던 것이다.

요나서에 나타나는 하나님은 심판하시는 하나님이 아니라, 구원하시는 하나님이다. 요나가 물고기 뱃속에서 '구원은 여호와께 속하였나이다'라고 기도했던 그대로(욘 2:10), 하나님은 모든 사람이 구원받기를 원하시는 분이다. 1장에서 하나님은 여호와를 알지 못하던 이교도 선원들을 구원하신다. 2장에서는 스올Sheol(음부)의 뱃속과 산의 뿌리까지 내려가 갇힌 요나를 구원하신다. 3장에서는 철저한 심판을 받아야 했던 니느웨 사람들을 구원하신다. 그렇다면 마지막 4장에서 하나님의 구원은 누구를 향하고 있는가? 요나서가 말하는 마지막 구원 대상은 편협한 국수주의적 민족주의에 사로잡혀 있는 요나 자신이었다. 이미 한 번 구원받은 요나를 다시 구원하신다. 폭풍 속에서 요나를 건지시기 위해 큰 물고기를 예비하셨던 하나님은(욘 1:17) 차라리 죽는 것이 사는 것보다 낫다고 떼를 쓰는 요나를 구원하시기 위해 또 다른 것들을 예비하고 계셨다. 햇볕을 피해 쉴 수 있도록 박넝쿨을 예비하셨고(욘 4:6), 동시에 벌레와(욘 4:7) 뜨거운 동풍을(욘 4:8) 예비하셨다. 니느웨가 구원받는 것을 불평하던 요나는 햇볕을 가려 주는 박넝쿨로 인해 조금 편해지자 '크게 기뻐'하다가, 이내 벌레가 넝쿨을 갉아 먹고 동풍에 잎이 전부 말라 버려 햇볕을 피할 수 없게 되자, 다시 한번 죽고 싶다고 불평한다. 요나의 불평에 하나님은 당신의 관심이 의인과 죄인을 막론한 모든 사람에게 있고, 하나님은 모든 민족의 하나님이심을 가르쳐 주

55 출 34:6; 욜 2:13 참조.

시면서 요나서는 막을 내린다.

> 이 큰 성읍 니느웨에는 좌우를 분변하지 못하는 자가 십이만여 명이요 가축도 많이 있나니 내가 어찌 아끼지 아니하겠느냐
>
> — 요나 4:11

이 하나님의 말씀에 요나가 어떻게 반응했는지 우리는 알 수 없다. 다만 우리가 알 수 있는 것은 하나님의 사랑과 구원은 우리가 원하는 사람에게만 독점될 수 없다는 사실이다. 또한 하나님은 모든 사람이 회개하고 구원을 얻을 수 있도록 가능한 모든 기회를 예비하셨다는 것이다. 요나가 포기하려 했던 니느웨 사람들은 하나님이 잠시 '잃어버린 자들'이었을 뿐이다. 요나가 스올의 뱃속에서 경험한 하나님의 구원은 모든 사람들이 경험해야 할 은혜였던 것이다. 요나를 달래시는 하나님의 모습은 돌아온 탕자로 인해 분노하는 맏아들을 달래는 아버지와 비슷하다(신약성서: 누가복음 15:31-32). 심판으로 인해 영원히 잃어버릴 뻔한 영혼을 다시 찾은 하나님의 기쁨의 소리가 들려온다. '내가 어찌 아끼지 않겠느냐'는 하나님의 음성 속에 의인을 부르러 온 것이 아니요 죄인을 불러 회개시키러 오시고, 잃은 양과 드라크마(동전)와 아들을 찾고 기뻐하시며(누가복음 15:1-32), 모든 족속으로 하여금 회개하여 죄 사함을 얻게 하시는 예수님의 모습이 비쳐진다.

학개

기원전 538년, 바사 왕 고레스는 바벨론에 끌려온 사람들이 예루살렘으로 돌아가서 무너진 성전을 재건하고 그들의 하나님 여호와를 섬길

수 있도록 허락하는 칙령을 발표했다. 이 칙령에 따라 유다 사람들은 네 번에 걸친 귀향을 할 수 있었다. 첫 번째 귀향은 기원전 536년, 유다 행정 구역의 총독이었던 세스바살이 이끌었다. 이 귀향민들은 가나안 땅에 돌아오자마자 성전 재건의 기초를 마련했으나(스 3:8-10), 경제적인 어려움 등으로 인해 성전 재건에 발목이 잡혔다. 두 번째 귀향민들을 이끈 지도자는 스룹바벨과 예수아(여호수아)였다. 그들 역시 무너진 예루살렘 성전을 재건하려 했다. 그러나 이번에도 귀향민들은 흉작으로 인한 생계 문제를 먼저 해결하고자 했고, 성전 재건보다는 자기 집 마련을 위해 노력하고 있었다. 이때 포로기 이후 가장 먼저 활동한 예언자 학개Haggai가 등장한다. 그는 대뜸 귀향민들에게 '산에 올라가서 나무를 가져다가 성전을 건축하라'고 외쳤다. 성전 재건 사역이 중단된 지 16년 만의 일이었다. 하나님의 집이 황폐한 상황에서 각각 자기의 집을 위해 분주히 노력하는 유다 사람들의 모습을 질타하는 예언자의 외침을 들어 보라

> [9]너희가 많은 것을 바랐으나 도리어 적었고 너희가 그것을 집으로 가져갔으나 내가 불어 버렸느니라 나 만군의 여호와가 말하노라 이것이 무슨 까닭이냐 내 집은 황폐하였으되 너희는 각각 자기의 집을 짓기 위하여 빨랐음이라 [10]그러므로 너희로 말미암아 하늘은 이슬을 그쳤고 땅은 산물을 그쳤으며 [11]내가 이 땅과 산과 곡물과 새 포도주와 기름과 땅의 모든 소산과 사람과 가축과 손으로 수고하는 모든 일에 한재를 들게 하였느니라
>
> — 학개 1:9-11

학개의 외침을 다시 자세히 들어 보자. 그는 유다 사람들의 상황이 어려워서 성전을 재건하지 못하는 것이 아니라, 하나님의 성전이 지어지지 않았기 때문에 유다 사람들이 어려움을 당한다고 말한다. 백성들이 자기들의 집만 짓고 하나님의 성전을 짓지 않는 것을 죄로 간주하고, 하나님은 거기에 대한 벌로 자연재해와 경제적인 어려움을 주었다고 설명한다. 이 말을, 집도 없는 백성들의 형편을 헤아리지 못하는 예언자의 욕심으로 오해하지 말았으면 한다. 귀향민들의 어려운 상황을 몰라서 하는 말이 아니다. 하나님은 당신의 백성이 아무리 어려운 가운데 있다 하더라도 하나님을 삶의 우선순위에 두기를 바라신다는 것이다. 포로기 이후의 난관을 성전 중심, 하나님 중심, 신앙 중심으로 극복하지 않으면 안 된다고 본 것이다.

구약성서를 읽어 가노라면 마음이 답답할 때가 있다. 이스라엘 백성이 하나님의 마음과 말씀을 외면할 때가 그때이다. 예언자들이 하나님의 말씀을 전할 때마다 백성과 지도자들은 대부분 그 말씀에 등을 돌렸다. 온갖 우상숭배와 사회적 불의를 질타하는 책망에도 부끄러운 줄을 몰랐고, 하나님의 심판이 다가온다는 긴박한 외침을 외면하기 일쑤였다. 회개하라는 외침에도 그들의 곧은 목은 전혀 굽을 줄을 몰랐다. 그런데 여기서는 다르다. 예언자의 외침이 간절해서였을까? 백성과 지도자들은 학개의 말을 듣고 따르기 시작했다.

12스알디엘의 아들 스룹바벨과 여호사닥의 아들 대제사장 여호수아와 남은 모든 백성이 그들의 하나님 여호와의 목소리와 선지자 학개의 말을 들었으니 이는 그들의 하나님 여호와께서 그를 보내셨음이라 백성이 다 여호와를 경외하매 13그 때에 여호와의 사자 학개가

여호와의 위임을 받아 백성에게 말하여 이르되 여호와가 말하노니 내가 너희와 함께 하노라 하니라

— 학개 1:12-13

놀라운 일이 벌어졌다. 일찍이 유다 백성이 예언자의 말에 이처럼 순종한 적은 없었다. 회개하고 여호와께 돌아오라는 수많은 예언자들의 외침을 흘려듣던 백성이었는데, 학개의 메시지를 들은 사람들은 학개의 말을 귀담아 '들었고', '여호와를 경외'하기 시작했다(학 1:12). 하나님 또한 그들과 '함께 하노라'고 말씀하셨다(학 1:13). 예언자가 하나님의 외침을 전하고, 백성이 회개하며 그 외침을 받아들이고, 하나님이 그들과 함께하시는 이 멋진 모습을 보라. 옛날옛적 이사야가 외쳤던 임마누엘의 모습이 그대로 펼쳐지고 있는 것이다.

무너진 성전의 재건은 그렇게 시작되었다. 학개의 지원에 힘을 얻은 스룹바벨과 대제사장 여호수아는 성전 재건 작업에 바로 착수하게 된다(학 1:14-15). 그런데 성전이 재건되는 모습을 지켜보던 백성들 중에는 나이가 많은 사람들도 있었다. 그들은 옛 솔로몬 성전을 본 적이 있는 사람들이었다. 그들이 기억하고 있는 옛 성전과 비교해 볼 때, 지금 다시 짓고 있는 성전은 '보잘것없는' 것에 지나지 않았다.

너희 가운데에 남아 있는 자 중에서 이 성전의 이전 영광을 본 자가 누구냐 이제 이것이 너희에게 어떻게 보이느냐 이것이 너희 눈에 보잘것없지 아니하냐

— 학개 2:3

'보잘것없다'는 말은 문자적으로 '마치 없는 것처럼'이라는 의미이다. 그만큼 솔로몬 성전의 위용은 대단했었다. 일찍이 솔로몬 시대에 지어진 성전은 풍요로움 속에서 지어진 성전이었다. 금이 넘쳐서 은을 귀하게 여기지 않을 정도였으니(왕상 10:21), 역사상 솔로몬 시대만큼 이스라엘이 경제적으로 풍요로웠던 적은 없었다. 하지만 귀향민들의 상황은 달랐다. 당시 포로에서 돌아온 귀향민들이 경제적으로 넉넉한 가운데 성전을 재건한 것이 아니다. 그들은 자기 집 짓기를 중단하면서까지 스스로 성전 재건에 착수한 것이다. 당연히 새로 짓고 있는 성전은 처음 성전에 비해 초라할 수밖에 없었다. 그러나 중요한 것은 성전의 크기나 화려함이 아니라 하나님이 함께하시는 성전이 될 수 있는가라는 점이었다. 빈궁한 가운데 하나님의 성전을 재건하는 사람들의 마음을 하나님께서 기억하시고 위로하신다. 하나님은 귀향민들이 어려운 가운데에서 재건한 성전을 통해 많은 영광을 받으시리라고 말씀하신다.

> 이 성전의 나중 영광이 이전 영광보다 크리라 만군의 여호와의 말이니라 내가 이 곳에 평강을 주리라 만군의 여호와의 말이니라
>
> — 학개 2:9

아무리 화려한 성전일지라도 하나님이 거하시지 않는 곳은 더 이상 성전이 아니다. 이미 오래전 하나님이 떠나 버리신 솔로몬 성전은 이미 성전으로서의 기능이 상실되어 버렸다. 아무리 작은 성전이라도 하나님이 거하시는 곳이라면 그곳은 그 어떤 곳보다 거룩한 하나님의 처소가 된다. 바울은 더 이상 예루살렘 성전이 하나님이 현존하시는 곳으로서의 기능을

하지 못할 때에 고린도교회의 교인들에게 '너희는 너희가 하나님의 성전인 것과 하나님의 성령이 너희 안에 거하시는 것을 알지 못하느냐'고 말했다(신약성서: 고린도전서 3:16). 수많은 성전이 무너지고 새로 지어지는 시대를 살고 있는 우리는 비록 보잘것없는 모습에 지나지 않는다 하더라도, 교회와 성도는 하나님이 역사하는 성전으로 남아 있을 거룩한 책임이 있다.

귀향민들이 아무리 힘과 정성은 모은다 할지라도 옛 솔로몬 시대의 성전처럼 짓는다는 것은 불가능한 일이었다. 온갖 정성과 힘을 다 쏟아부어도 보잘것없는 성전밖에는 지을 수 없었던 백성들은 낙심하고 있었다. 그들에게는 위로와 용기가 필요했다. 학개는 옛날 다윗이 솔로몬을 격려했던 것처럼(대상 28:20), 백성들을 격려한다.

> [4]그러나 여호와가 이르노라 스룹바벨아 스스로 굳세게 할지어다 여호사닥의 아들 대제사장 여호수아야 스스로 굳세게 할지어다 여호와의 말이니라 이 땅 모든 백성아 스스로 굳세게 하여 일할지어다 내가 너희와 함께 하노라 만군의 여호와의 말이니라 [5]너희가 애굽에서 나올 때에 내가 너희와 언약한 말과 나의 영이 계속하여 너희 가운데에 머물러 있나니 너희는 두려워하지 말지어다
>
> — 학개 2:4-5

하나님은 스룹바벨과 여호수아에게, 그리고 그 땅의 모든 백성에게 스스로 굳세게 하여 일하라고 말씀하신다. 하나님께서 영으로 함께하실 것이니 두려워 말라고 하신다. 이 말씀을 가만히 보노라면 옛적 가나안 땅 진입을 눈앞에 두고 있던 여호수아와 백성들에게 하나님이 하신 말씀

Lieven van Lathem, 〈예언자 학개가 스룹바벨과 여호수아에게 이야기하다〉,
《Master of Catherine of Cleves》 삽화, 15세기.

을 떠올리게 된다. 이와 더불어 학개서에서 여호사닥의 아들 대제사장 '예수아'의 이름이 '여호수아'로 소개되고 있다는 사실이 흥미롭다. 출애굽한 백성을 이끌고 가나안으로 들어온 지도자 여호수아와 포로에서 돌아온 백성들을 이끌고 있는 지도자 여호수아의 이름이 같기 때문이다. 사실 이 두 여호수아는 서로 아무런 관련이 없는 사람이다. 그런데 흥미로운 것은 이들에게 주신 하나님의 말씀이 너무도 닮아 있다는 것이다. 가나안 진입 당시 하나님은 장군 여호수아에게 마음을 강하게 하고, 담대하며 두려워하지 말라고 하셨다. 두려움에 사로 잡혀 있는 그에게 '내가 너와 함께 할 것이라'고 용기를 북돋아 주셨다(수 1장). 그 하나님께서 지금 포로기 이후에 유다 백성을 이끄는 새로운 여호수아에게도 같은 말씀을 하고 계신다. 하나님께서 함께할 것이니 두려워하지 말라고 말이다. 모세가 다하지 못한 사명을 짊어지고 가나안 땅에서 성전聖戰을 준비하던 여호수아나 하나님의 집인 성전聖殿을 다시 지어야 하는 여호수아는 같은 짐을 지고 있었다. 성전을 재건하는 일이 전쟁을 치르는 것만큼이나 두렵고 어려운 일인 것이다.

사실 성전을 재건하는 데 있어서 경제적인 빈곤보다도 더 큰 어려움이 하나 있었다. 그것은 바벨론 포로로 잡혀갔다가 돌아온 자들과 가나안 땅에 남아 있던 사람들 사이에 생긴 갈등이었다(스 4:1-4). 바벨론으로 끌려가지 않은 본토인들 중에는 이방인들과의 혼인으로 피가 섞인 이들이 있었고, 귀향민들은 혼혈인들을 배척하여 성전 재건에 참여하지 못하도록 했다. 예루살렘 성전 재건에서 밀려난 혼혈인들은 협력하려던 처음 태도를 바꾸어 반대자들이 되었고, 결국 성전 재건에 커다란 방해자들이 되어 버렸다. 이로 인해 성전을 재건하려던 노력은 중단될 수밖에 없었다. 학개는 이 문제에 대해 분명한 답변을 제기한다. 학개는 사마리아 사람들과의 문제에 대한 해답을 율법에서 찾는다(학 2:12-13). 제사장들만이 먹을 수 있는 거룩한 고기를 옷자락에 싼다면 그 옷자락은 거룩하게 구별되지만, 다시 그 옷자락에 접촉한 다른 음식물들은 거룩하게 구별되지 않는다. 즉 간접적인 접촉으로는 거룩함이 전달되지 않는다는 것이다. 반면, 부정한 시체를 만진 자와 접촉된 음식물은 부정한 음식을 간주된다.[56] 이 말은 다분히 비유적이다. 부정함은 간접적으로 전달되는 것이다. 성전 재건에 착수한 유다 사람들이 사마리아 사람들을 거룩하게 만들 수는 없지만, 이미 부정하게 된 사마리아 사람들은 유다 사람들을 부정하게 만들 수 있다는 말이다. 그것이 사마리아 사람들을 성전 재건 작업에서 제외시킬 수밖에 없는 결정적인 이유였고, 그렇게 벌어져 버린 유대인과 사마리아인 사이의 틈은 다시는 메워지지 않았다.

아쉽게도 학개서에는 실제로 성전이 재건된 이후의 모습에 대해서는 언급이 없다. 새롭게 재건된 성전 봉헌(기원전 515년)의 감격적인 장면은 동시대에 활동한 유다 총독 에스라와 느헤미야의 이야기에서 확인할 수 있다(스 6:16-18).

스가랴

학개와 같은 시대에 활동을 개시한 스가랴Zechariah는 '잇도의 손자 베레갸의 아들'로 소개된다(슥 1:1). 잇도Iddo는 바벨론에서 돌아온 제사장들 중 한 사람이다(느 12:4, 16). 에스라 5장 1절과 6장 14절에서는 스가랴를 '잇도의 손자'라고만 소개하고 있는 것으로 보아 아마도 스가랴의 아버지 베레갸Berekiah는 일찍 죽은 것으로 추정된다.

스가랴는 이스라엘의 열조烈祖들이 하나님의 경고와 교훈의 말씀을 듣고도 행치 않음으로 인해 하나님께서 그들의 행위대로 갚으셨으니, 포로기 이후의 백성도 그 행위를 하나님 앞에 회개해야 함을 강조하고, 성전

56 레 5:2; 민 19:11, 22; 18:8-19 참조.

재건을 촉구했다.[57] 기원전 519년 2월, 성전 재건의 초석을 놓기 두 달 전(슥 1:7; 학 2:18), 스가랴는 하룻밤 동안에 여덟 가지의 환상을 본다.

첫 번째 환상에서 스가랴는 여호와의 천사로부터 하나님이 예루살렘과 유다 성읍들에 대해 노하신 지 칠십 년이 되었다는 말씀(슥 1:12)과 여호와께서 다시 예루살렘에 돌아오셨다는 소식을 듣는다.

> 그러므로 여호와가 이처럼 말하노라 내가 불쌍히 여기므로 예루살렘에 돌아왔은즉 내 집이 그 가운데에 건축되리니 예루살렘 위에 먹줄이 쳐지리라 만군의 여호와의 말이니라
>
> — 스가랴 1:16

예루살렘 위에 먹줄이 쳐진다니, 무슨 말일까? 먹줄이란 건축을 위해 사용되는 측량줄을 말한다. 포로에서 돌아온 사람들이 진행하려던 성전 재건의 공사가 일시적으로 중지되어 있는 상황에서 본 이 환상은 성전을 다시 건축해야 할 때가 임박했음을 일러 주는 것이었다.

여러 번의 환상을 지나 다섯 번째 환상에서 스가랴는 순금 등잔대(메노라)를 본다. 성서 역사 속에서 이 등잔대는 광야 여정을 하던 출애굽 공동체의 성막 안에 있었던 것이고, 솔로몬 성전 안에는 열 개의 등잔대가 있었다. 재건될 성전 안에 빛을 발하게 될 새로운 등잔대를 보고 있는 것이다. 이때 스가랴는 성전 재건의 주역이 되는 스룹바벨에게 하시는 말씀을 듣는다.

57 슥 1:16–17; 4:6–9; 5:11; 6:12–13 참조.

여호와께서 스룹바벨에게 하신 말씀이 이러하니라 만군의 여호와께서 말씀하시되 이는 힘으로 되지 아니하며 능력으로 되지 아니하고 오직 나의 영으로 되느니라

— 스가랴 4:6

스룹바벨의 손이 이 성전의 기초를 놓았은즉 그의 손이 또한 그 일을 마치리라 하셨나니 만군의 여호와께서 나를 너희에게 보내신 줄을 네가 알리라 하셨느니라

— 스가랴 4:9

학개가 받은 이 하나님의 말씀은 실제로 스룹바벨에게 큰 힘과 용기를 주었을 것이다. 포로에서 돌아온 유다 사람들의 상황은 경제적으로나 정치적으로나 솔로몬 시대와는 비교가 되지 않았다. 스룹바벨이 성전 재건의 기초를 놓을 때의 상황은 초라하기 그지없었고(스 3:12; 학 2:3), 자발적으로 성전 재건에 동참하는 이들이 기댈 수 있는 것이라고는 하나님의 영밖에는 없는 상황이었다.

스가랴는 벧엘에서 온 몇몇 사람들로부터 중요한 질문 하나를 받는다. 그들은 자기들이 섬기고 있는 주인이 여러 해 동안 행한 대로 앞으로도 계속 금식을 해야 옳은지를 물었다. 바벨론 포로기 동안 유다인들이 행해 온 금식을 앞으로도 유지해야 하는지를 묻는 것이다. 왜 이런 질문을 하고 있는지를 잠시 생각해 보자. 예루살렘이 멸망하기 이전 이스라엘 백성들은 성전 중심의 종교생활을 했다. 제사장이 있었고, 제단이 있었다. 레위기에서 말하는 종교적 규정에 따라 제의를 행했고, 절기를 지키면서 그들의

Michelangelo, 〈예언자 스가랴〉, 시스티나 예배당 천장화 일부, 1508-1512년.

신앙을 지켰다. 그러나 포로기의 상황은 달랐다. 성전도 제사장도 없으니 예루살렘을 찾아가 절기를 지키는 일도 없었고, 제사도 드릴 수 없었다. 남의 땅에 끌려와 살고 있는 이스라엘 백성들은 성전 없이도 그들의 신앙을 지켜 나갈 방법이 필요했다. 그들은 성전 대신 회당에 모이기 시작했고, 제의를 행하는 대신 성서를 읽었다. 안식일을 철저히 준수했고, 하루에 세 번씩 예루살렘이 있는 곳을 향해 기도하는 관습이 생겨났으며, 금식하는 종교적 관행들이 자리를 잡기 시작했다. 그러한 금식을 계속해야 하느냐는 질문에 스가랴는 의미심장한 질문으로 그 대답을 대신한다.

5 온 땅의 백성과 제사장들에게 이르라 너희가 칠십 년 동안 다섯째

달과 일곱째 달에 금식하고 애통하였거니와 그 금식이 나를 위하여, 나를 위하여 한 것이냐 [6]너희가 먹고 마실 때에 그것은 너희를 위하여 먹고 너희를 위하여 마시는 것이 아니냐

— 스가랴 7:5-6

이 질문 속에 나타나는 칠십 년은 기원전 587년의 대재난으로부터 스가랴가 활동하던 시대까지의 기간을 말한다. 칠십 년의 세월 동안 지켜왔던 금식의 의미를 다시 생각하게 한다. 스가랴의 눈에 비친 그들의 금식은 하나님을 위한 금식이 아니었다. 포로에서 돌아온 백성들의 상황이 좋아지기 시작하니까, 더 이상 그들에게 금식이 절박한 기도의 표현이 되지도 않았다. 그들에게 있어서 금식이란 하나님으로부터 자신들이 원하는 어떤 것을 받아내기 위한 수단에 불과했던 것이다. 스가랴는 포로기 이후 유대인들이 중요한 종교생활로 여긴 금식에 대해 금식 규례를 지키는 것보다 더 중요한 것은 하나님의 의, 윤리적 요구에 순종하는 것임을 전파했다. 금식을 하면서도 신앙이 결여된 형식적인 종교생활은 기만이고, 진실, 인애, 긍휼을 베푸는 생활을 할 때 하나님은 성실과 정의로 그들의 하나님이 되어 주실 것임을 전파했다.

[18]만군의 여호와의 말씀이 내게 임하여 이르시되 [19]만군의 여호와가 이같이 말하노라 넷째 달의 금식과 다섯째 달의 금식과 일곱째 달의 금식과 열째 달의 금식이 변하여 유다 족속에게 기쁨과 즐거움과 희락의 절기들이 되리니 오직 너희는 진리와 화평을 사랑할지니라

— 스가랴 8:18-19

포로기 유다인들의 금식은 그들이 겪은 아픈 역사의 기억들을 상기하는 통로였다. 금식은 매년 넷째 달, 다섯째 달, 일곱째 달, 그리고 열째 달에 행해졌다. 기원전 587년 넷째 달에 예루살렘 성벽에 처음으로 구멍이 뚫렸고(왕하 25:3-4), 열째 달에 성읍이 포위되기 시작했기 때문이다(왕하 25:1). 해마다 다섯째 달에는 예루살렘의 파괴(왕하 25:8-9)를 상기했고, 일곱째 달에는 그달리야가 암살당했던 사건(왕하 25:25)을 상기하기 위해 금식했다.

그러나 스가랴가 말하는 진정한 금식, 곧 하나님이 진정으로 원하시는 금식은 형식적인 종교 의식이 아니라, 하나님의 말씀에 순종하며 살아가는 삶이다. 하고 싶은 것이 있어도 하나님의 말씀 때문에 절제할 줄 알고, 하기 싫은 것이 있어도 하나님의 영광을 위해 나설 수 있는 것이 진정한 금식이라는 것이다. 그럴 때에 우리가 행하는 금식은 슬픔의 시간이 아니라 기쁨과 즐거움의 절기가 될 수 있는 것이다. 스가랴서의 뒷부분(슥 9-14)은, 이사야서가 셋으로 구분되는 것처럼, 다른 사람에 의한 기록이 첨부된 것으로 보이며, 이사야 24-27장, 에스겔 38-39장, 요엘 2-3장 등과 함께 묵시문학의 초기 형태를 띠는 것으로 구분되고 있다.

말라기

학개와 스가랴가 성전의 재건을 부르짖은 예언자였다면, 말라기 Malachi는 재건된 성전에서 올바른 예배를 드릴 것을 외친 예언자이다. 경제적인 어려움과 사마리아 사람들의 방해 속에서도 하나님의 집인 성전이 재건되었다. 사람들은 재건된 성전을 보면서 눈물을 흘렸고, 감격하는 가운데 성전 봉헌식도 거행되었다(기원전 515년). 그러나 학개와 스가랴 시대에 있었던 감격과 열정은 오래가지 못했다. 하나님의 백성은 다시 사회적, 종교적 부패를 낳기 시작했다. 도덕성의 해이로 인해 옳고 그름의 분별이 혼돈해지고, 이혼과 잡혼이 성행했으며(말 2:11, 16), 종교적으로는 정의의 하나님을 인정치 않고(말 2:17; 3:15), 유일한 지도 계층인 제사장들마저도 부패한 실정이었다(말 1:6-2:9). 예배공동체, 신앙공동체로서의 하나님 백성은 다시 한번 위기에 봉착했던 것이다. 말라기는 이러한 전체적인 풍조의 위험성을 직시했고, 유다인의 정신적 위기를 극복하며 하나님에 대한 열정을 다시 불러일으키고 싶어 했다. 그리고 그 열정의 중심에는 예배의 회복이 있었다.

말라기의 눈에 비친 예배는 하나님이 기뻐하시는 예배가 아니었다. 그는 우선적으로 제사장들의 개념 없는 예배를 질타한다. 그들은 하나님께 쓰레기 같은 제물로 제사를 드리고 있었기 때문이다.

> 만군의 여호와가 이르노라 너희가 눈 먼 희생제물을 바치는 것이 어찌 악하지 아니하며 저는 것, 병든 것을 드리는 것이 어찌 악하지 아니하냐 이제 그것을 너희 총독에게 드려 보라 그가 너를 기뻐하겠으며 너를 받아 주겠느냐
>
> — 말라기 1:8

제사장들은 눈 먼 희생제물, 저는 것, 병든 것 심지어 훔친 것(말 1:13)을 봉헌물로 바쳤다. 말라기는 그런 물건들을 총독에게 선물로 가져다주어 보라고 한다. 인간인 총독도 받을 수 없는 것들을 하물며 제사장이 하나님께 바치고 있었다니 심각한 일이었다. 하나님이 원하시는 것은 많은 제물도 아니고, 값비싼 제물도 아니다. 하나님이 참으로 원하셨던 것은 아들

Francesco Rosselli & Baccio Baldini, 〈예언자 말라기〉, 《Prophets and Sibyls》 삽화, 1480-1490년.

인 유다 백성이 아버지이신 하나님을 사랑하고 공경하는 마음으로, 거룩하신 하나님의 이름을 위하여 바치는 '깨끗한 제물'(말 1:11)이었다.

율법이 규정하고 있는 기본적인 제물의 종류는 소, 양과 염소, 그리고 비둘기이다(레 1장). 사람이 하나님께 소나 양, 염소를 번제로 바치는 경우, 그 제물은 흠 없는 것이어야 했다. 제물의 가죽을 벗기고 각을 뜬 후 제단 위에서 불살라 하나님께 바쳤다. 가난한 자의 경우는 비둘기를 바칠 수 있었다. 비둘기의 날개 끝을 잡고 그 몸이 두 동강이 나기 직전까지 찢어야 했다(레 1:17). 아마도 비둘기가 너무 작은 제물이라서 조금이나마 더 크게 보이도록 하기 위함이자, 비록 경제적인 형편이 좋지 못하여 비둘기밖에는 바치지 못하지만, 다른 사람들처럼 소나 양, 염소를 바치고 싶다는 마음의 표현이었을 것이다. 이처럼 제물의 종류와는 상관없이 하나님께 바치는 모든 것은 흠이 없는 것, 깨끗한 것이어야 했다. 깨끗한 제물, 그것은 하나님이 요구하시는 예배자의 바른 마음가짐인 것이다. 그러나 말라기의 눈에 비친 이스라엘의 제물들은 그러한 마음가짐이 상실된 것들이었고, 이미 제물로서의 가치가 없는 것들이었다. 하나님은 그들이 가지고 온 제물을 기뻐하지도, 받지도 않으셨기 때문이다.

> 만군의 여호와가 이르노라 너희가 내 제단 위에 헛되이 불사르지 못하게 하기 위하여 너희 중에 성전 문을 닫을 자가 있었으면 좋겠도다 내가 너희를 기뻐하지 아니하며 너희가 손으로 드리는 것을 받지도 아니하리라
>
> — 말라기 1:10

오죽하면 하나님이 '차라리 누군가 성전 문을 닫아 주었으면 좋겠다'고 말씀하실까. 구약성서를 읽어 가노라면 하나님이 기뻐하신 예배의 현장이 그리 많지 않았다는 사실이 놀랍다. 비단 말라기뿐만이 아니다. 구약성서의 예언자들이 전하는 충격적인 말씀 중 하나는 신앙의 생명력을 잃고, 사회 부패가 만연한 이스라엘이 지키는 각종 절기와 성회, 제사를 하

나님이 '기뻐하지 아니하고' 오히려 '미워하고 멸시하며' 제물을 받지 않으신다는 것이다. 사람이 아무리 좋은 제물을 가져오고, 화려한 예배를 드린다 할지라도 하나님은 그곳에 눈길을 주지 않겠다고 하신다(암 5:21-22). 예언자들의 예배비판은 여기에서 그치지 않고, 심지어 예배를 범죄로 규정하기까지 한다(암 4:4-5; 호 8:11). 예배의 주인은 하나님 한 분뿐이다. 하나님이 받으셔야만 그것이 제물이 될 수 있고, 예배도 될 수 있다는 사실이다. 인간이 '드려서' 예배가 되는 것이 아니라, 하나님이 '받으시기에' 예배가 될 수 있기 때문이다.

사람은 기본적으로 눈에 보이는 것을 신뢰한다. '백문이 불여일견'이라는 말이 있는 것처럼, 자기 눈으로 보고 확인고야 비로소 인정한다. 많은 종교들이 신상神像, icon을 가지고 있는 이유도 마찬가지이다. 그런데 기독교의 하나님은 눈에 보이지 않는 분이다. 하나님은 모든 종류의 우상을 만들지 말라고 하실뿐더러, 하나님 자신의 형상도 만들지 말라고 하신다. 신상이 없는 종교를 상상할 수 없는 인간에게 하나님은 신상을 만들지 않는iconoclastic 신앙을 요구하신다. 기독교의 신앙은 신상을 보고 하나님을 믿는 신앙이 아니라, 하나님의 말씀을 듣고 그 신앙이 성장하고 성숙해진다는 점에서 여타의 다른 종교와 본질적인 차이가 있다.

그렇다면 눈에 보이지 않는 하나님의 모습을 성서는 어떻게 표현하고 있을까? 그것은 우리가 이해할 수 있는 비유적인 표현을 통해서이다. 우리가 하나님의 백성이라면 하나님은 우리의 왕이시고, 우리가 하나님의 양 떼라면 하나님은 우리의 목자가 되신다는 것이다. 이와 같은 비유적인 표현은 많다. 남편과 아내, 신랑과 신부, 아버지와 아들, 주인과 종 등이 바로 그것이다. 그중 예언자 말라기가 말하는 하나님과 이스라엘의 기본적인 관계는 아버지와 아들이다(말 1:6). 하나님과 일찍이 애굽에서 노예 생활을 하던 이스라엘 백성을 두고 '내 아들 내 장자'라고 말하신 바 있다(출 4:22). 호세아 예언자도 이스라엘이 어렸을 때에 하나님이 자기 아들을 사랑하여 애굽에서 불러내었다고 말한다(호 11:1). 어린 시절을 애굽에서 보내던 이스라엘을 건져 내신 하나님은 마치 아버지가 아들을 대하는 것처럼 사랑을 베푸셨다는 것이다. 그러나 유다 백성은 서로에게 진실하기를 원했던 아버지의 뜻을 거역했다.

> 우리는 한 아버지를 가지지 아니하였느냐 한 하나님께서 지으신 바가 아니냐 어찌하여 우리 각 사람이 자기 형제에게 거짓을 행하여 우리 조상들의 언약을 욕되게 하느냐
>
> — 말라기 2:10

아들인 유다 백성에게 아버지이신 하나님이 원했던 소원은 이방인과 혼인하지 않는 것이었다. 다문화 시대를 살아가고 있는 오늘날의 시각으로 볼 때는 이해하기 힘든 말일 수 있으나, 구약성서에서 이방인과의 결혼을 금지시킨 일차적인 목적은 언약공동체의 순수한 신앙을 지키기 위함이었다. 이스라엘은 처음부터 한 하나님을 섬기는 신앙공동체라는 정체성을 가지고 있기 때문이다(신 7:3-4; 출 34:15-16). 그럼에도 불구하고 말라기 시대 유다 백성은 이방 여인과 결혼하기 위해 '어려서 맞이한 아내' 곧 이미 혼인한 아내와 이혼하기를 서슴지 않았던 것이다(말 2:14-15). 아마도 이때 유다인들은 신명기 24장 1-4절에 나오는 이혼 규정을 활용하면서 이혼을 했을 것이다. 그래서 하나님은 억울하게 쫓겨나는 힘없는 여인들의 대변자가 되

어 주셨다(말 2:16). 말라기가 전하는 이 말씀은 흔히 결혼 예식에서 단골 메뉴로 듣는 말씀인 신약성서 마가복음 10장 2-12절의 말씀을 떠올리게 한다. 부부란 하나님이 짝지어 주신 사람들이기에 누구든지 그 아내를 버리고 다른 데에 장가드는 사람은 본처에게 간음을 행한 것과 같다는 말이다.

말라기서를 읽어 가노라면 매우 흥미로운 표현 하나가 등장한다. 그것은 하나님이 당신의 사자를 보내 주신다는 약속의 말씀이다(말 3:1). 이 구절이 흥미로운 것은 말라기라는 예언자의 이름의 뜻이 바로 '내 사자my messanger'이기 때문이다. 이 때문에 말라기라는 이름이 예언자의 이름이 아니라는 주장도 있고, '말라기야(여호와의 사자)'라는 고유명사의 축약형일 것이라는 주장도 있다. '내 사자'가 바로 뒤이어 나오는 '언약의 사자'와 같은 사람을 말하는 것인지도 분명하지 않다. 말라기 4장 5절에서 '내가(하나님) 선지자 엘리야를 너희에게 보내리니'라는 말씀이 나오는 것 때문에 '내 사자'를 엘리야로 보는가 하면, 탈굼Targums[58]은 말라기가 말하는 '내 사자'를 포로기 이후 위대한 지도자였던 에스라로 보기도 한다. 그런가 하면 신약성서 마태복음 11장 10절은 이를 '세례 요한'으로 보고 있다. 이 사자의 정체를 두고는 앞으로도 많은 해석과 논란이 있을 수 있겠지만, 말라기는 예언자 자신이 하나님으로부터 보냄을 받은 사람인 것을 은연중에 강조하고 있음에는 틀림없다. 그에게는 하나님의 부름을 받은 사자로서 붙들고 있는 소명이 있었다. 그것은 하나님의 백성 유다가 한 하나님을 온전히 섬기는 순전한 예배공동체로 다시 거듭나는 것이었다. 하나님의 백성 사이에

58 히브리어 성서를 아람어로 번역한 7세기의 성서. 7세기, 바벨론 포로 이후 아람어를 사용하는 유대인들을 위해 번역된 성서이다. 탈굼이라는 말은 '해석', '설명'이라는 뜻인데, 실제로 이 성서에서는 문자적으로 충실한 번역 외에도 본문을 설명하고 주해하는 삽입구들이 발견된다.

널리 퍼져 있는 부패와 비윤리성을 질책하는 예언자의 목소리를 우리는 우리 시대를 향한 하나님의 진노로 들어야 할 것이다. 예배를 거부하시고 부자관계마저 끊어 버리고자 하시는(말 2:12) 하나님의 진노로부터 벗어나 종교적으로, 사회적으로 다시 하나님의 백성답게 올곧게 서기를 소망하는 그 마음을 읽어야 한다.

예언서의 마지막이자, 구약성서 전체의 마지막이라고 할 수 있는 말라기 4장 4-6절에는 구약을 대표하는 두 인물 모세와 엘리야가 언급되고 있다.

> [4]너희는 내가 호렙에서 온 이스라엘을 위하여 내 종 모세에게 명령한 법 곧 율례와 법도를 기억하라 [5]보라 여호와의 크고 두려운 날이 이르기 전에 내가 선지자 엘리야를 너희에게 보내리니 [6]그가 아버지의 마음을 자녀에게로 돌이키게 하고 자녀들의 마음을 그들의 아버지에게로 돌이키게 하리라 돌이키지 아니하면 두렵건대 내가 와서 저주로 그 땅을 칠까 하노라
>
> — 말라기 4:4-6

모세는 구약성서의 핵심이라고 할 수 있는 오경(율법)의 주인공이고, 죽지 않고 승천한 엘리야는 구약성서의 모든 예언자를 대표하는 인물이다. 특히 갈멜산에서 엘리야의 선포 앞에 백성들이 머뭇거렸던 이야기(왕상 18:21)는 예언의 말씀 앞에서 주저하지 말아야 할 백성의 당위성을 제공해 주고 있다. 말라기의 마지막 외침은 세례 요한의 첫 외침과 닮아 있다. '회개하라 천국이 가까이 왔느니라'(신약성서: 마태복음 3:2). 죄를 뉘우치고 하나님

께 진실한 마음으로 돌아가는 것, 그것은 말라기가 말하는 예언자의 사명이기도 하다. 아버지이신 하나님의 마음을 자녀인 이스라엘에게 돌이키게 하고, 또한 자녀의 마음을 아버지에게로 돌이키게 하는 것이다. 만약 그 사명이 실패로 돌아간다면, 여호와의 날이 이를 때에 그 땅은 다시 하나님의 저주에 놓이게 되고야 말 것이다. 모든 하나님의 백성에게 결단을 요구하는 이 말씀이 모든 예언서와 구약성서의 마지막 말씀이라는 것을 기억하자. 이 말씀은 비단 예언자 말라기가 살던 시대에만 던져진 것이 아니라 하나님의 말씀을 절대적인 기준으로 삼고 사는 이 시대의 모든 기독교인에게 맡겨진 책임이기에 말이다.

다니엘과 묵시문학

다니엘Daniel은 헬라 제국의 안티오쿠스 4세Antiochus IV Epiphanes 치하에서 극심한 종교 탄압을 받고 있던 때(기원전 160년대)에 기록된 구약성서의 대표적인 묵시문학이다. 히브리 정경에서 이 다니엘서는 성문서 중의 하나로 자리 잡고 있지만, 그 내용과 분량이 대예언서들과 비슷하기 때문에 우리말 성서에서는 에스겔 다음에 위치하고 있다.

이스라엘의 전통적 종교생활이 금기시되던 헬라 제국 시대 유대인들의 경건한 신앙 이야기가 바벨론 포로기에 죽음을 무릅쓰고 자신의 신앙과 종교생활을 지키려 하는 사람들의 이야기를 통하여 전개된다. 종교적 전통을 지키기 힘든 상황 가운데서도 신앙의 순수성과 하나님을 향한 충성스러운 신앙을 지키는 모습을 그리고 있는 것이다. 다니엘서의 시작은 주인공 다니엘과 그의 세 친구인 하나냐Hananiah, 미사엘Mishael, 아사랴Azariah가 바벨론의 왕궁에서 왕의 음식과 포도주로 스스로를 더럽히지 않으려 하는 이야기로 전개된다.

> 다니엘은 뜻을 정하여 왕의 음식과 그가 마시는 포도주로 자신을 더럽히지 아니하리라 하고 자기를 더럽히지 아니하도록 환관장에게 구하니
>
> — 다니엘 1:8

이들이 왕궁의 음식을 거부한 것은 채식주의자였기 때문이 아니라, 이방인의 음식으로 인해 율법에 규정된 유대인의 식사법을 범하지 않으려는 전통적인 신앙생활의 실천을 보여 주기 위함이었다.

모든 고기와 포도주가 다 부정한 것이 아님에도 불구하고, 다니엘이 왕의 음식과 포도주를 거절한 이유는 무엇이었을까? '자기를 더럽히지 아니하리라'는 말에서 그 대답을 찾을 수 있다. 포로로 함께 끌려온 동포들이 고통과 울분과 학대 속에서 하루하루를 사는데 자신만 호의호식할 수 없다는 생각도 있었겠지만, 무엇보다도 큰 이유는 율법이 금하는 것이었기 때문이다. 먹어서는 안 되는 부정한 동물이거나 피가 흐르는 고기(신 12:20-25) 혹은 우상숭배와 관련된 고기였을 가능성이 크다.

전통적인 신앙을 지키려는 이들의 노력은 금으로 만든 신상에 절하기를 거부하고, 불타는 풀무 속에 버려지는 이야기에서도 나타난다. 느부갓네살은 금으로 된 신상을 세우고 모든 사람들이 그 앞에 절하도록 하였다. 이때 사드락(하나냐), 메삭(미사엘), 아벳느고(아사랴)는 신상에 절하기를 거부한 일로 고발되었고, 왕은 그들을 불태워 죽이리라고 위협했지만, 그들은 하나님을 부르면서 끝까지 절하기를 거절한다(단 3:17-18). 결국 이들은 평

작가 미상, 〈느부갓네살의 화로에 던져진 세 청년〉, 호시오스 루카스 수도원, 11세기.

소보다 일곱 배나 더 강한 풀무불에 던져졌다. 오히려 이를 수행하는 왕의 신하들이 그 불에 타 죽을 정도였지만, 세 친구들은 무사하였다.

이와 같은 기적적인 이야기는 전반부의 마지막인 6장에서 다시 한 번 나타난다. 풀무불에서 세 친구가 구원받은 이야기가 바벨론의 느부갓네살 시대를 배경으로 하는 반면, 여기서는 제국이 바뀌어 바사의 다리오 왕 때의 이야기로 전개된다. 다니엘은 세 명의 지방 총독 중의 하나였는데, 왕 다음으로 가장 큰 권력을 지닌 사람으로 묘사된(단 6:3). 이러한 다니엘의 모습은 요셉을 떠올리게 한다. 요셉이 17세에 종으로 팔려 가 30세에 애굽의 국무총리가 된 것처럼, 바벨론 왕 느부갓네살이 유다를 1차 침공했을 당시 포로로 끌려온 소년이었던 다니엘은 바벨론에 이어 고대 근동의 패권을 차지한 바사 제국의 2인자가 되어 있었다.

요셉과 다니엘이 이방 나라에서 총리가 되었다는 점에서는 비슷하지만, 다니엘의 이야기가 요셉의 이야기와 다른 것은, 그를 시기하는 무리가 있었다는 점이다. 다니엘을 시기하던 자들은 공직자로서의 다니엘에게서는 어떤 흠도 찾을 수 없었기에 그를 무너뜨릴 다른 방도를 찾아내야만 했다. 그들은 다니엘이 가지고 있던 신앙에서 그 방법을 찾아냈다. 다니엘을 시기하는 무리는 왕으로 하여금 한동안 그 어떤 사람도 왕 이외의 사람이나 신에게 절해서는 안 된다는 조서를 내리게 한다. 왕의 조서 뒤에는 다니엘을 죽이고자 하는 음모가 깔려 있었다. 이는 다니엘의 종교적 일상이 이미 많은 사람들에게 알려져 있었음을 알려 준다. 결국 다리오 왕이 조서에 도장을 찍어 금령을 내렸음에도 불구하고, 다니엘은 유대인의 종교적 관습에 따라 하루에 세 번씩 예루살렘을 향하여 기도했다.

> 10다니엘이 이 조서에 왕의 도장이 찍힌 것을 알고도 자기 집에 돌
> 아가서는 윗방에 올라가 예루살렘으로 향한 창문을 열고 전에 하던
> 대로 하루 세 번씩 무릎을 꿇고 기도하며 그의 하나님께 감사하였
> 더라 11그 무리들이 모여서 다니엘이 자기 하나님 앞에 기도하며 간
> 구하는 것을 발견하고 12이에 그들이 나아가서 왕의 금령에 관하여
> 왕께 아뢰되 왕이여 왕이 이미 금령에 왕의 도장을 찍어서 이제부
> 터 삼십 일 동안에는 누구든지 왕 외의 어떤 신에게나 사람에게 구
> 하면 사자 굴에 던져 넣기로 하지 아니하였나이까 하니 왕이 대답
> 하여 이르되 이 일이 확실하니 메대와 바사의 고치지 못하는 규례
> 니라 하는지라 13그들이 왕 앞에서 말하여 이르되 왕이여 사로잡혀

온 유다 자손 중에 다니엘이 왕과 왕의 도장이 찍힌 금령을 존중하지 아니하고 하루 세 번씩 기도하나이다 하니

— 다니엘 6:10-13

다니엘은 '조서에 왕의 도장이 찍힌 것을 알고도' 기도했다. 사자굴 속에 던져지게 된다는 사실을 알고도 '자기 집에 돌아가서는 기도하며 감사하였다'. 이방 땅에 와서 포로 신분으로 쌓아 올린 공든 탑이 한순간에 무너질 수 있는 상황 앞에 서 있었고, 목숨을 잃게 되리라는 것을 알면서도 여전히 하나님 앞에서 기도했고 감사했던 것이다. 이는 그의 기도가 단순히 감정에 이끌려 했던 감사가 아니라 의지에서 나온 감사였기에 가능한 일이었으리라. 순탄한 환경 속에서 감사하지 못할 사람은 아무도 없다. 나를 둘러싸고 있는 모든 환경이 계획대로 잘 되어 갈 때, 우리는 본능적이고 당연한 감사를 드린다. 그러나 내 앞에 고난과 어려움이 닥치고 심각한 위기를 만났을 때 드리는 감사는 분명 다른 차원의 감사이다. 그것은 말 그대로 범사凡事에 대한 감사이다.

16항상 기뻐하라 17쉬지 말고 기도하라 18범사에 감사하라 이것이 그리스도 예수 안에서 너희를 향하신 하나님의 뜻이니라

— 데살로니가전서 5:16-18

다니엘이 '예루살렘을 향한 창문을 열고 하루 세 번씩 무릎을 꿇고 기도했다'는 점은 특히 눈여겨볼 필요가 있다. 유대인들이 하루에 세 번씩 기도하는 습관은 포로기 때에 형성된 일이다. 성전이 무너진 상황에서 포

로생활을 영위해 가는 유대인들은 날마다 예루살렘 쪽을 바라보면서 기도하는 새로운 전통을 만들어 냈던 것이다.

> [48]자기를 사로잡아 간 적국의 땅에서 온 마음과 온 뜻으로 주께 돌아와서 주께서 그들의 조상들에게 주신 땅 곧 주께서 택하신 성읍과 내가 주의 이름을 위하여 건축한 성전 있는 쪽을 향하여 주께 기도하거든 [49]주는 계신 곳 하늘에서 그들의 기도와 간구를 들으시고 그들의 일을 돌아보시오며
>
> — 열왕기상 8:48-49

> 저녁과 아침과 정오에 내가 근심하여 탄식하리니 여호와께서 내 기도를 들으시리로다
>
> — 시편 55:17

성전을 지은 후 솔로몬이 드린 기도로 알려진 시편 55편은 사실 포로기에 이방 땅에서 예루살렘을 향해 기도하던 유대인들의 종교적 습성을 보여 주고 있다. 범사에 감사하는 다니엘의 기도 역시 '하루 세 번씩' 무릎을 꿇고 하는 기도로 규칙화, 습관화되었다. 그의 기도는 '그 무리들이' 쉽게 발견할 수 있을 정도로 규칙적이었다. 다니엘을 죽이려고 했던 무리들은 다니엘을 가리켜 바사의 총리라든지 왕의 총애를 받는 신하라는 표현 등을 사용하지 않고 '사로잡혀 온 유다 자손'이라고 부른다. 이는 그를 향한 주변의 시기가 얼마나 컸었는지를 간접적으로 보여 준다. 결국 그들은 눈엣가시 같은 존재였던 다니엘을 제거할 수 있게 되었노라고 기뻐했을

것이다. 그런데 사건이 예상치 못한 방향으로 전개되기 시작했다. 이 사건으로 인해 다니엘은 사자굴 속에 던져졌지만, 다니엘을 아꼈던 다리오 왕은 다음 날 아침 다니엘이 살아 있음을 발견했다. 결국 다니엘을 참소한 사람들이 대신 그들의 처자들과 함께 사자굴에 던져졌고, 이방인의 왕 다리오는 새로운 조서를 통해 이스라엘의 하나님을 참 신으로 고백하게 된다.

> [26]내가 이제 조서를 내리노라 내 나라 관할 아래에 있는 사람들은 다 다니엘의 하나님 앞에서 떨며 두려워할지니 그는 살아 계시는 하나님이시요 영원히 변하지 않으실 이시며 그의 나라는 멸망하지 아니할 것이요 그의 권세는 무궁할 것이며 [27]그는 구원도 하시며 건

Peter Paul Rubens, 〈사자굴 속의 다니엘〉, 1614-1616년경.

져내기도 하시며 하늘에서든지 땅에서든지 이적과 기사를 행하시는 이로서 다니엘을 구원하여 사자의 입에서 벗어나게 하셨음이라 하였더라

— 다니엘 6:26-27

다니엘은 하루에 세 번씩 예루살렘을 향해 창문을 열고 하나님께 무슨 기도를 드렸을까? 구약성서의 묵시록이라고 할 수 있는 이 책의 후반부에서 그의 기도 내용을 확인해 볼 수 있다(단 9장). 그는 이스라엘의 죄를 하나님 앞에서 대신 참회하며 하나님의 긍휼을 호소한다. 하나님의 백성이 율법을 범하고 하나님의 목소리를 듣지 않았기에 이방 땅에 포로로 끌려와 살게 된 것을 참회하고(단 9:10-14), 사람의 정의가 아닌 하나님의 긍휼을 의지한다(단 9:18). 그는 하루에 세 번씩 예루살렘을 향하여 하늘에 '주여 들으소서, 주여 용서하소서'(단 9:19) 하는 백성을 위한 중보와 하나님의 긍휼을 구하는 기도를 새겨 놓았던 것이다.

이와 같은 기적적인 이야기들은 묵시문학의 시대적 상황이 핍박과 고난의 시대였음과 그러한 상황 속에서도 변절하지 말아야 할 충성스러운 신앙을 강조하고 있다. 분명 하나님은 지금도 우리 시대의 다니엘을 찾고 계신다. 조건과 상황에 갈대처럼 흔들리는 기도자가 아니라 흔들리지 않는 믿음의 주인공, 감사절이 되어서야 인색한 감사를 되새기는 기도자가 아니라, 범사에 습관화되어 있는 감사기도의 주인공을 말이다.

참고문헌

국내 단행본

고웬, D. E.(2004), 차준희 역, 『구약 예언서 신학』(서울: 대한기독교서회).

김덕중·안근조·이사야 편(2014), 『구약성서의 경건, 구약성경의 영성』(서울: kmc).

김영진(2006), 『구약성서 읽기』(서울: 이레서원).

______(2009), 『구약성서의 세계』(서울: 하늘기획).

김재구(2017), 『구약성경 로드맵』(서울: 홍림).

김학철(2008), 『성서, 그토록 오래된 새 이야기』(서울: Bluesword).

문시영·이사야(2014), 『현대인과 성서』(천안: 남서울대학교 출판국).

민영진(2009), 『성경주석 20: 전도서/아가』(서울: 대한기독교서회).

박유미(2018), 『내러티브로 읽는 사사기』(서울: 새물결플러스).

박종수(1996), 『구약성서 역사이야기』(서울: 글터).

박준서(1992), 『성지순례』(서울: 조선일보사).

______(2001), 『구약세계의 이해』(서울: 한들출판사).

성서교재위원회(1991), 『함께 읽는 구약성서』(천안: 한국신학연구소).

성서와 함께 편집부(1988), 『보시니 참 좋았다: 성서가족을 위한 창세기 해설서』(서울: 성서와 함께).

______________(1991), 『어서 가거라: 성서가족을 위한 출애굽기 해설서』(서울: 성서와 함께).

안근조(2007), 『지혜말씀으로 읽는 욥기』(서울: 한들출판사).

알베르츠, 라이너(2003), 강성열 역, 『이스라엘 종교사 I』(서울: 크리스천다이제스트).

____________(2004), 강성열 역, 『이스라엘 종교사 II』(서울: 크리스천다이제스트).

알터, 로버트(2015), 황규홍·박영희·정미현 역, 『성서의 이야기 기술』(서울: 아모르문디).

앤더슨, 버나드(1994), 강성열·노항규 역, 『구약성서 이해』(서울: 크리스천다이제스트).

오택현(2005), 『새롭게 읽는 구약성서』(서울: 크리스천 헤럴드).

왕대일(1993), 『신앙공동체를 위한 구약성서 이해』(서울: 성서연구사).

______(1994), 『묵시문학연구』(서울: 대한기독교서회).

월요신학서당(1990), 『새롭게 열리는 구약성서의 세계』(서울: 한국신학연구소).

윌슨, 로버트(2011), 유윤종 역, 『사회학으로 읽는 구약성서』(용인: 킹덤북스).

유윤종(2011), 『마음으로 읽는 소예언서』(용인: 킹덤북스).

이사야(2016), 『구약 성서와의 만남』(서울: 북코리아).

이희학(2017), 『예언자들의 신앙과 삶』(용인: 킹덤북스).

장석정(2001), 『출애굽기의 광야생활』(서울: 대한기독교서회).

장일선(1997), 『다윗왕가의 역사이야기』(서울: 대한기독교서회).

종교교재편찬위원회 편집부(1985), 『성서와 기독교』(서울: 연세대학교 출판부).

차일즈, B. S.(1987), 김갑동 역, 『구약정경개론』(서울: 대한기독교서회).

차준희(2014), 『열두 예언자의 영성』(서울: 새물결플러스).

프리드만, R. E.(2008), 이사야 역, 『누가 성서를 기록했는가』(서울: 한들출판사).

하젤, G. F.(1984), 이군호 역, 『현대구약신학의 동향』(서울: 대한기독교출판사).

외국 단행본

Bailey, L. R.(1981), *The Pentateuch*(Nashville: Abingdon).

Barton, J.(1984), *Reading the Old Testament: Method in Biblical Study*(London: Darton Longman & Todd).

Bright, J.(1981), *A History of Israel*(Philadelphia: The Westminster Press).

Brueggemann, W. & H. W. Wolff, eds.(1982), *The Vitality of Old Testament Traditions*(Atlanta: John Knox Press).

Clines, D. J. A.(1978), *The Theme of the Pentateuch*(Sheffield: JSOT).

Fretheim, T. E.(1983), *Deuteronomic History*(Nashville: Abingdon).

Gooder, P. (2000), *Pentateuch: A Story of Beginnings* (New York: T&T Clark).

Jagersma, H. (1979), *A History of Israel in the Old Testament Period* (Philadelphia: Fortress).

Mann, T. W. (1988), *The Book of the Torah* (Atlanta: John Knox Press).

Rendtorff, R. (1986), *The Old Testament: An Introduction* (Philadelphia: Fortress).

Schmidt, W. H. (1984), *Old Testament Introduction* (New York: Crossroad).